バンコク 1883 年
水の都から陸の都市へ

坪内良博

BANGKOK 1883

京都大学学術出版会

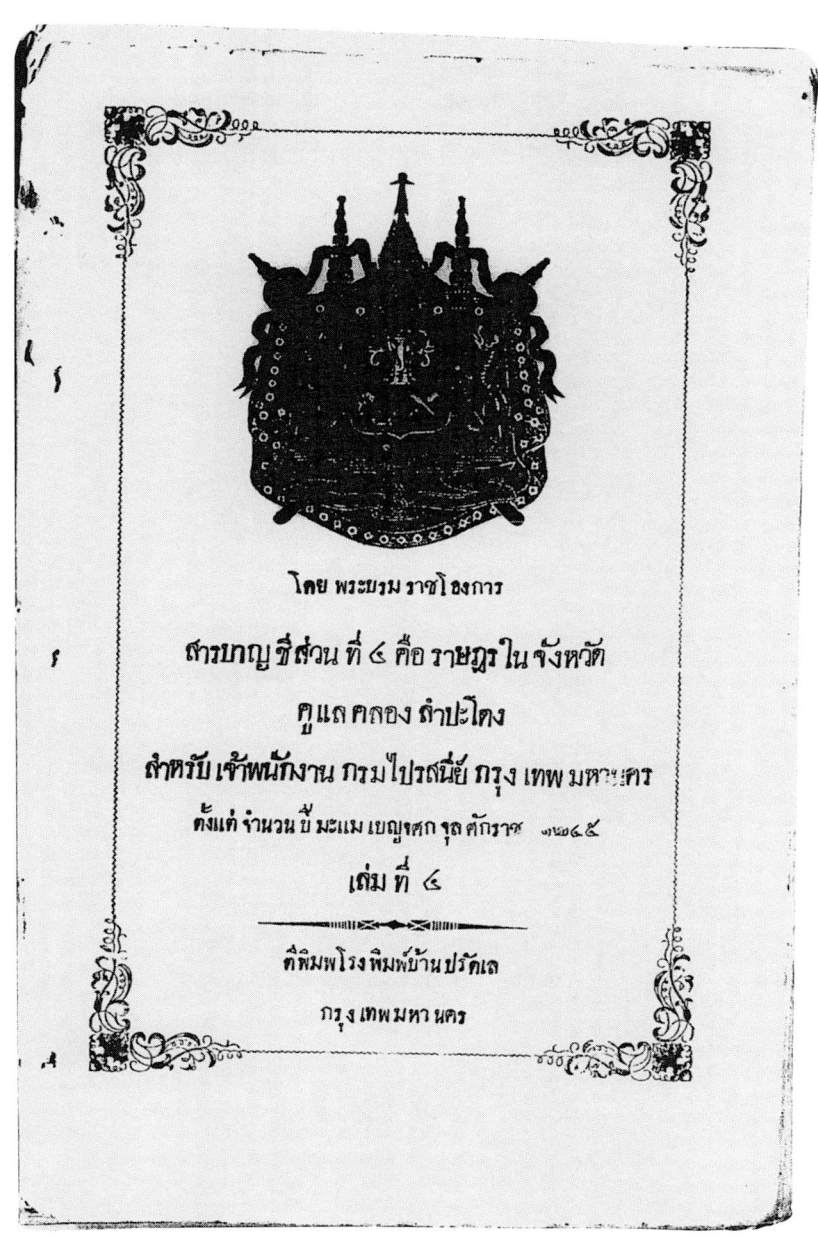

โดย พระบรม ราชโองการ

สารบาญ ชี่ส่วน ที่ ๔ คือ ราษฎร ใน จังหวัด
คู แล คลอง ลำปะโดง
สำหรับ เจ้าพนักงาน กรมไปรสนีย์ กรุง เทพ มหานคร
ตั้งแต่ จำนวน ขี้ มะแม เบญจศก จุล ศักราช ๑๒๔๕
เล่ม ที่ ๔

ที่พิมพ์ โรง พิมพ์ บ้าน ปรัดเล
กรุง เทพมหา นคร

『バンコク郵便家屋台帳』(郵便局職員のためのクルンテープ住民リスト) 第4巻 (水路と運河) のタイトルページ

บาญชี่ สารบาญ สำหรับ เจ้าพนักงาน กรมไปรสนีย์ ๒๕

คลอง ข้าง วัด สังกระจาย

๘๕ นาย พราว บุตร นายเนียม ขึ้น พระนายวัง ฝ่าทำ สวน หมาก เรือน ฝา กระดาน

๘๖ อำแดง เล็ก บุตร นาย ยาน ทำ สวน เรือน จาก

๘๗ นายอิน บุตร นายฉิม ทำ สวน ขึ้น กรม พระยาลักษณ์ เรือน จาก

๘๘ นาย เนตร บุตร นาย อิน ทำ นา ขึ้น กรม ราชบันดิด เรือน จาก

๘๙ นาย คล้าย บุตร นาย อิน ทำ นา ขึ้น กรมทหาร เรือน จาก

๙๐ นาย คิด บุตร นาย โต ทำ สวน หมาก ขึ้น พระสุนทรา เรือน จาก

คลองขวางดาว คนอง

กรุง เทพ ฯ

๑ นาย ขุน บุตร นาย คี ทำ สวน เรือน จาก

๒ อำแดง กิบ บุตร นาย เกษ ทำ สวน เรือน จาก

๓ นาย พรม บุตร เขย นายพุ่ ทำ สวน เรือน จาก

๔ นาย ทอง บุตร เขย นายภู่ ทำ สวน โรง จาก

๕ นาย ฉ่ำ บุตร นาย กลิ่น ทำ นา เรือน จาก

๖ อำแดง ซ่อย บุตร นาย เนน ทำ สวน เรือน จาก

๗ นาย ฉ่ำ บุตร นาย ทอง ทำ สวน ขึ้น สมเด็จ กรมหลวง ภาณุพันธุวงษ วรเดช โรง จาก

๘ นาย แกร บุตร นาย เนน ทำ สวน ขึ้น พระยาจัก วังยน เรือน แตะ

๙ จีนคอง แซ่ยัก ทำ สวน โรง จาก

๑๐ นาย ถึก บุตร นาย สี ทำ สวน ขึ้น พระพิบุลไวสวัน โรง จาก

はじめに

　タイ国の首都バンコクは，東南アジア地域最大の都市の一つで，800万人を超える人口を擁するといわれる。1782年にチャクリ王朝によってチャオプラヤー河西岸のトンブリから，対岸に王宮を移して建設されたバンコクは，それから100年後においても小都市の姿をとどめていた。しかもそれは，現在の都市概念では捉えきれない独自の様相を保持していた。19世紀におけるタイ国（シャム王国）において，首都バンコクはどのような構造をもっていたか。「東洋のヴェニス」として，旅行者などによる叙述は多いが，市域，家屋形態，居住者の民族，職業構成等について詳細に記述したものは少ない。ましてやそれらを地区別に数量的に叙述し，分析を加えたものは皆無といっても良い。

　1883年に作成された『バンコク郵便家屋台帳』(原タイトルは「郵便局職員のためのクルンテープ住民リスト」, Anonymous 1883, タイ語) は，郵便制度創設に当たって，当時の郵便電信局関係者が，首都に居住する戸主の名前と職業および家屋形態等を調べ上げて，4巻にまとめたものである。4巻の構成は，第1巻王族と官吏，第2巻道路と街路，第3巻集落と河，第4巻水路と運河というように，地区区分とは異なり，居住環境別ともいうべきユニークな形態をとっている。残念なことに家屋の位置を示す地図や見取り図などは一切残されておらず，それらが作られたかどうかも不明である。筆者は，1981年頃に共同研究者石井米雄とともにこの資料の分析に着手したが，その後タイ人共同研究者ポーパント・ウーヤノンとともに，この資料をデータベース化し，民族の混住等若干の側面に関して報告書を作成した。このデータベースに，実地調査による知見と確認を加えて，当時のバンコク（タイ語ではクルンテープと記される）の記述・分析を行ったのが本書である。

　この時代のバンコクは，冒頭に記したように「東洋のヴェニス」とも称せられたが，王城を中心に，チャオプラヤー河を利用して張り巡らされた長大な水路網は，海に展開するヴェニスとは異なった様相を示し，この意味で，バンコ

クは独自の性格を有していた。他方，1864年のニューロード（チャルンクルン道路）建設に始まったバンコクの近代都市化は，水路依存の形を次第に変容させつつあった。

　本書において，筆者はバンコクの観察を以下の視点から行い，下記の知見を含め，バンコクの捉え方，さらには，都市概念の見直しを含む新たな見解を提出しようとしている。

1. 都市の広がり　　水路に沿って展開するバンコク（クルンテープ）は，広大な範囲に及び，通常のバンコク市街図には示されない地域にまで達していた。
2. バンコク人口　　上述の広がりにもかかわらず，バンコク（クルンテープ）人口は19世紀中葉の推定値40万人をはるかに下回って，15万人ないし16万人規模であり，市街地人口に限定すれば，その規模はさらに小さいものであった。
3. 道路沿いの住民　　新設された道路を中心に，各種の商店が開かれ，流通の中心が道路に移行してきた。酒屋，質屋，娼家を含む歓楽的性格の職種が道路沿いに多く見られ，一般の商店でも商品の専門分化や奢侈化が認められる。中国人の比率は道路沿いにおいて高く，周辺部分の道路においては，官吏，徭役従事者（コルベー，当時のタイ人成人男子には労役が義務付けられていた），職人を含むタイ人の居住が少なからずみられる。
4. 水路沿いの住民　　水路沿いには日常生活に必要な物品を供給する商店からなる複数のショッピングセンターが存続していた。若干の水路では，筏上に組み立てられた「浮き家」に居住して商店を営む者も多い。周辺部には，園芸農業および稲作農業従事者が多数居住している。水路による広がりに注目すると，バンコク（クルンテープ）を都市と判定するには，若干の留保が必要である。水路沿いは，道路沿いに比してタイ人の比率が高い。
5. 多民族社会　　戸主の民族所属を判定することによって，多民族社会としてのバンコクを視覚的に再現することができる。タイ人および中国人が住民の主要部分を占めているが，インド人およびマレー人（ケークと総称される），ラーオ人，ビルマ人，ベトナム人，欧米人などの数や地域的分布もある程度明らかになる。各民族の混住状態も地域的に明らかにな

る。そこには民族的凝集と拡散とが同時に見出される。
6. 放射状都市　この時期のバンコクは，複数の線として放射状に，道路および水路に沿って，中心である王宮から拡散する形態を示している。この形態の根源は水路に求められる。中心をもち，線的に，広範囲に拡張したコミュニティを，バンコクとして捉え，ここに独自な形態を認めることができる。

　本書の構成は，1883年時点のバンコクの人口および職業を吟味する第1章に続いて，新しい居住空間である道路の様相，および伝統的な居住空間であった水路の様相を記述し，それらを総合する形でバンコク（クルンテープ）の性格に言及するという流れを追っている。本書をまとめるまでに，多くの試行錯誤を繰り返したが，その過程の一部を付論として再録した。付論には事実認識あるいは論理構成において，本論部分と食い違う記述も含まれるが，筆者の辿った思考経路を示すものとして再録することにした。郵便家屋台帳の成立に関する事情も付論に含まれている。

バンコク 1883 年 ── 水の都から陸の都市へ

目　　次

目　次

はじめに　iii

第1章　水の都から陸の都市へ ── 19世紀末バンコク ……………………………… 1
  1．城壁と水路　3
  2．バンコク人口の謎　6
  3．バンコク郵便家屋台帳　10
    （1）市域／（2）民族別人口／（3）職業別人口／（4）家屋形態
  4．バンコク郵便家屋台帳から見たバンコク居住者　16
    （1）市域／（2）民族別人口
  5．職業別世帯主　22
    （1）官吏および徭役従事者／（2）農業従事者／（3）日用品の商い／（4）嗜好品の商い／（5）質屋，売春宿，賭博場／（6）職人／（7）米取引，精米所／（8）徴税請負人／（9）専門職
  6．浮き家とレンガ造り家屋　38

第2章　道路沿いの市街の構造 …………………………………………………………… 45
  1．ニューロード（チャルンクルン道路）　47
  2．サンペン道路　55
  3．バムルンムアン道路　60
  4．フアンナコン道路　62
  5．城壁沿いの道路　64
  6．道路沿いの生活の出現　67

第3章　水路沿いの住民 …………………………………………………………………… 69
  1．水路の住民　71
  2．バンコクノーイ水路　71
  3．バンコクヤイ水路　76
  4．バンコクヤイ水路からの延長水路　81
    （1）バーンウェーク水路／（2）バーンチュアクナン水路およびバーンノーイ水路／（3）モーン水路およびワットターイタラート水路／（4）バーンプロム水路／（5）バーンラマート水路ほか
  5．マハチャイ水路　86
  6．パシチャルン水路　90

目　次

　　　7. 連絡水路　92
　　　8. 独立集落　95
　　　9. 水路の性格（まとめ）　99

第4章　タイ人女性戸主の位置づけ……………………………………… 101
　　　1. 民族と女性戸主　103
　　　2. タイ人女性戸主の職業　104
　　　3. 若干の道路と水路の観察　106
　　　4. 女性の位置づけ（まとめ）　109

おわりに ── 都市の不在あるいは東南アジア的都市　111
　　　(1) 拡散的存在としてのバンコク／(2) クルンテープ ── 中心を持つ広がり／
　　　(3) 放射状の都市／(4) 都市への急展開 ── 首位都市としてのバンコクへ

|付論1| **郵便家屋台帳からみた19世紀末のバンコク人口**
　　　── 予備的考察（坪内・石井）……………………………………… 123
　　　　　1. タイ国における郵便制度の成立と家屋台帳の作成／2. 家屋群の
　　　　規模／3. 異民族の割合／4. 民族的隔離／5. タイ人中の特定要素
　　　　と中国人居住とのかかわり／6. 家屋配列順の観察／7. 今後の分析
　　　　のためのその他の問題点と可能性／8. おわりに

|付論2| **19世紀末のバンコクを求めて**（坪内）……………………… 139
　　　　　1. 郵便家屋台帳記載のバンコクの境界を求めて／2. マハチャイ水
　　　　路／3. センセーブ水路／4. チャルンクルン道路／5. これから
　　　　の分析

　　　19世紀末のバンコクを求めて　続編（坪内）……………………… 150
　　　　　1. 再びバンコク／2. 運河沿いの広がり／3. 拡散都市バンコク／4.
　　　　首都バンコク／5. 水路の広がり／6. 水路沿いの小中心／7. 点と
　　　　線

参考文献　161
巻末付表　165
あとがき　229
索引　233

ix

表目次

表 1-1	バンコク人口民族別推計値（ターヴィエルの収集による）	8
表 1-2	クルンテープおよびバンコク市域人口 1882（スターンスタインによる推計）	13
表 1-3	スターンスタインによるバンコク市域における戸主の職業	14
表 1-4	郵便家屋台帳記載クルンテープ民族別戸主数	21
表 1-5	官位保持者・官吏および徭役従事者民族別戸主数（クルンテープ）	23
表 1-6	農業従事者民族別戸主数（クルンテープ）	24
表 1-7	日用品を商う者民族別戸主数（クルンテープ）	27
表 1-8	食品を商う者民族別戸主数（クルンテープ）	28
表 1-9	嗜好品を商う者民族別戸主数（クルンテープ）	30
表 1-10	賭博・富籤・売春・質屋従事者民族別戸主数（クルンテープ）	32
表 1-11	各種職人民族別戸主数（クルンテープ）	34
表 1-12	米関係業者民族別戸主数（クルンテープ）	36
表 1-13	徴税請負人民族別戸主数（クルンテープ）	36
表 1-14	専門職従事者民族別戸主数（クルンテープ）	38
表 1-15	浮き家居住者民族別戸主数（クルンテープ）	39
表 1-16a	浮き家居住者の職業	42
表 1-16b	レンガ造り家屋居住者の職業	43
表 2-1	ニューロード（チャルンクルン道路）家屋形態別戸数	50
表 2-2	ニューロード（チャルンクルン道路）家屋群別・所有状況別家屋数（有人家屋）	51
表 2-3	ニューロード（チャルンクルン道路）戸主職業〔抜粋〕	52
表 2-4	ニューロード（チャルンクルン道路）家屋群別・民族所属別戸主数	54
表 2-5	主要道路における家屋形態・所有状況および居住者民族別家屋数	56
表 3-1	バンコクノーイ水路・戸主の主な職業	73
表 3-2	バンコクヤイ水路家屋群別に見た戸主の主な職業	78
表 3-3	バンコクヤイ水路家屋群別に見た戸主の民族所属	80
表 3-4	バンコクヤイ水路における家屋形状（家屋群別，民族別）	80
表 3-5	マハチャイ水路 家屋群別概要	88
表 4-1	民族別に見た女性戸主の割合	104
表 4-2	職業別に見たタイ人女性従事者の占める割合	105
表 4-3	職業不明者	106
表 4-4	若干の道路および水路におけるタイ人女性戸主の割合	108
表 付1-1	バンコク人口に関する記述	127

| 表 付1-2 | タイ人のみの家屋群と中国人との混住家屋群における王族・貴族および女性の有無 | 131 |
| 表 付1-3 | タイ人のみの家屋群と中国人との混住家屋群における王族・貴族および Amdɛɛŋ 数と，そのタイ人戸主に対する割合 | 132 |

図目次

地図1	タイ国とバンコク周辺概念図	xii
地図2	バンコク周辺水路	xii
地図3	バンコク広域図	xiii
地図4	パレゴワのバンコク図	5
地図5	スターンスタインのバンコク人口分布図	12
地図6	トンブリ南西部連絡水路図	93
地図7	シーサクラブーおよびバーンクラディ位置図	96
地図8	クルンテープの広がり	115
図 付1-1	家屋群の戸数別分布	126
図 付1-2	家屋群単位に観察した中国人とタイ人の混住状況	129
図 付1-3	家屋の配列例	133

巻末付表目次

【道路】
付表1-1	内ニューロード（内チャルンクルン道路）家屋配置	166
付表1-2	外ニューロード（外チャルンクルン道路）家屋配置	168
付表1-3	サンペン道路家屋配置	180
付表1-4	バムルンムアン道路家屋配置	185
付表1-5	フアンナコン道路家屋配置	189
付表1-6	内側周環道路家屋配置	193
付表1-7	外側周環道路家屋配置	198

【水路】
付表2-1	バンコクノーイ水路家屋配置	201
付表2-2	バンコクヤイ水路家屋配置	208
付表2-3	マハチャイ水路家屋配置	216
付表2-4	パシチャルン水路家屋配置	226

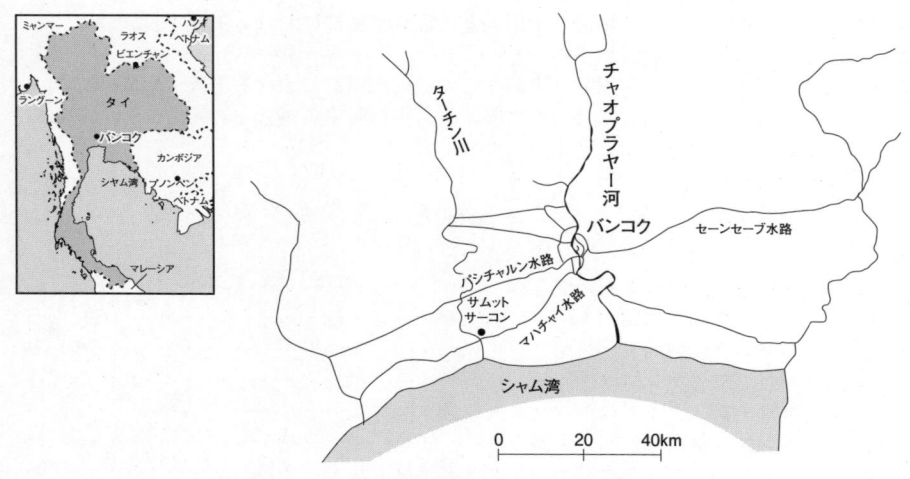

地図1　タイ国（左上の地図）とバンコク周辺概念図

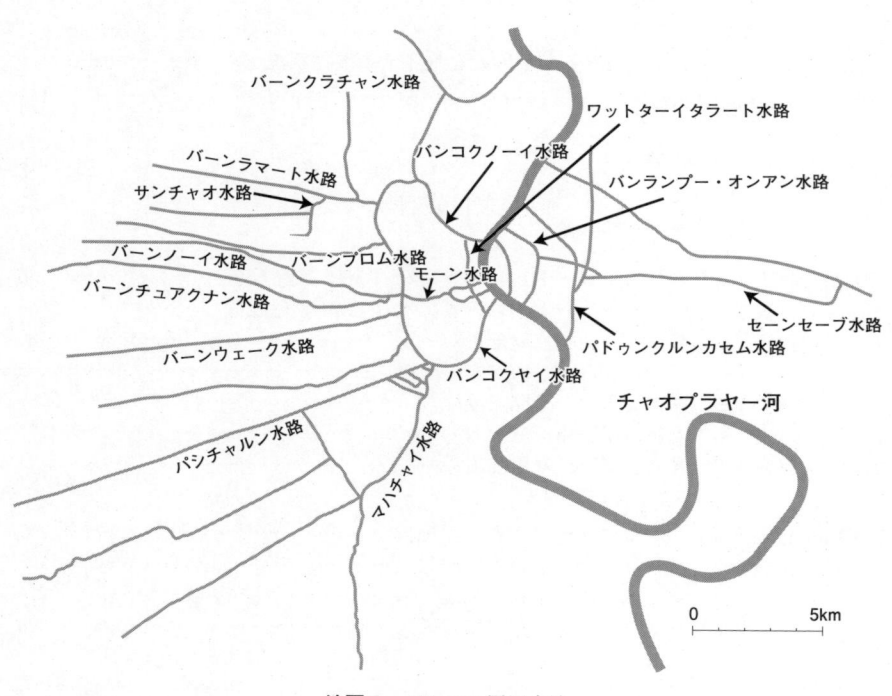

地図2　バンコク周辺水路

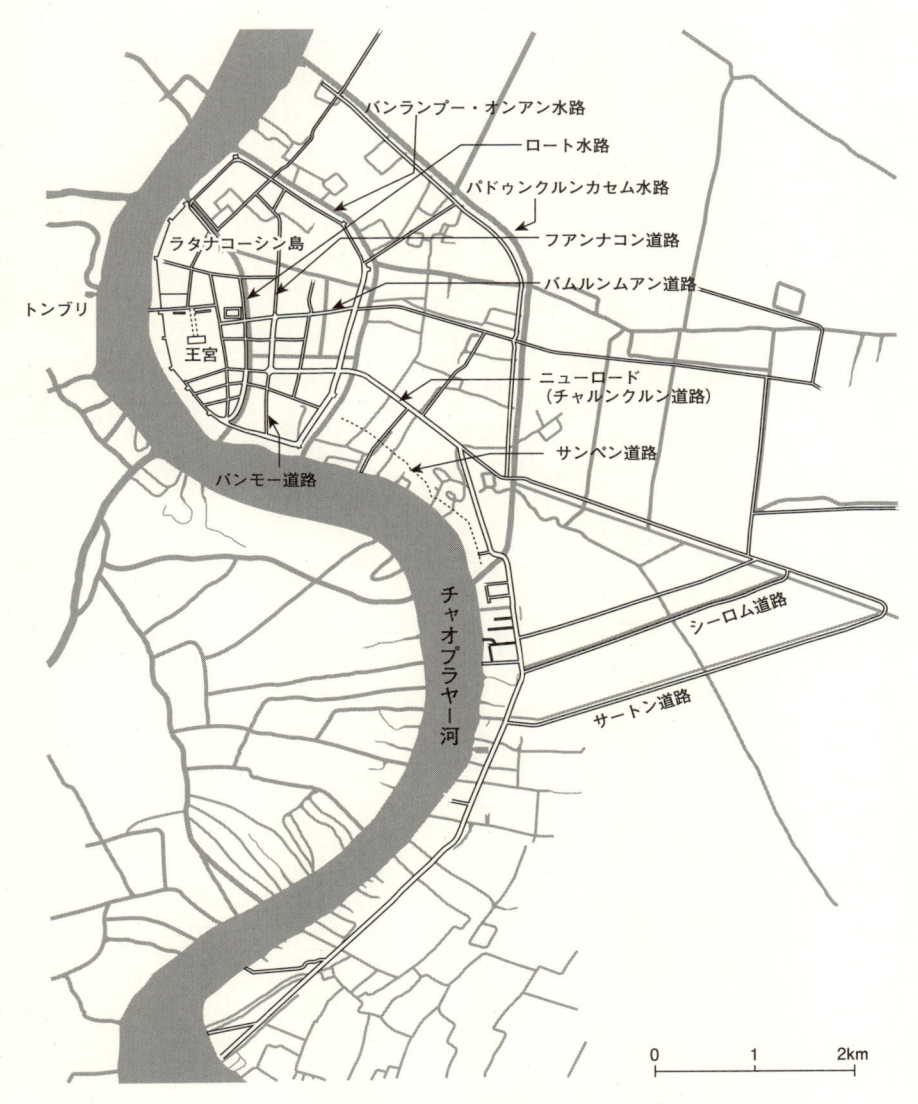

地図 3　バンコク広域図
1888年に英国で印刷された二色刷りのバンコク地図をベースにしている。時間の経過のために，郵便家屋台帳作成時（1883年）に比して，シーロム道路，サートン道路等を含む新しい道路が加わっている。チャオプラヤー河とバンランプー・オンアン水路に囲まれたエリアはラタナコーシン島と呼ばれ，往時は城壁がめぐらされていた。

第 1 章

水の都から陸の都市へ
19世紀末バンコク

1 城壁と水路

　中国とインドという巨大人口地域に挟まれた東南アジアは，伝統的に小人口的性格を示してきた。この地域において，大人口の集中が見られるようになったのは，20世紀以降であった。現在の東南アジア諸国の首都は，そのほとんどが往時の欧州列強の植民地経営にともなう成立事情を有するのに対して，独立国の王都として成立したバンコクは東南アジア固有の性格を保有しており，それが維持されると同時に，独自の変容過程を経験したとみられる。本論で探究するのはこの側面である。

　いかなる形にせよ広域支配が成立し，国としての支配組織が形成されると，そこに王と家臣団を中心とする支配層によって都が営まれる。「都」には，支配集団の安全を確保し，住民と財産を保護するために城壁が築かれる。城壁都市の形成は東西の世界において見られるが，全住民が城壁の中で生活するのか，城壁は敵の侵攻の際に住民を収容する役割を果たすのみなのかという機能上の違いに着目する必要がある。後者の極端な例は，砦ということになる。中国の都市や中世ヨーロッパの都市が前者の性質を顕著に具有するのに対して，東南アジアでは植民地都市を含んで後者への傾斜が見られる。

　バンコクは，チャオプラヤー河右岸のトンブリ地区に立地したトンブリ王朝の終焉にともない，チャクリ王朝の始祖ラーマ1世が，1782年，即位とともに王宮を対岸の現在の位置に移したことに始まる。この場所には，中国人集落が存在していたが，王宮の建設に当たって現在のサンペン地区に移住させられた。王宮がチャオプラヤー河左岸に遷されると，既に存在していたロート水路の外側に，バンランプー・オンアン水路が建設された。この水路とチャオプラヤー河に沿って築かれた城壁は，ラタナコーシン島の名で呼ばれるこの地域に対して，都城のイメージとその境界を明示するものであった。サンペン地区の中国人居住地が城壁外に存在することは，バンコクが，王宮をめぐる統治のための中心と，それといくばくかの距離を保つ外国人居住区から成り立っていたことを示唆しており，このような配置構造はトンブリ以前のシャム王国の王都アユタヤにおいても見られた。バンコクではやがて王都の膨張とともに城壁外との連続性が強化されることになる。

元来，隣接する強大国ビルマ（ミャンマー）からの侵攻を念頭において建設さ
れた城壁都市バンコクが，脅威が現実化されないままに存在し続けたことが，
その後の姿を決定したとも思われるが，城壁都市としての性格を事実上消失さ
せているのは，「浮き家」(phε; floating house) の存在であった。1822年に英領イ
ンド総督からの外交使節としてバンコクを訪れたクロファード (Crawfurd, John)
は，チャオプラヤー河の両岸に並ぶ浮き家の列や行き交う舟の数に印象付けら
れるが，まもなく，バンコクには道路がほとんどなく，川と運河が交通路であ
ることを知った (Crawfurd 1828: 79)。後にバンコクを訪ねる欧米人たちが，こ
の都市を「東洋のヴェニス」に比したことは興味深い。チャオプラヤー河本流
に沿って浮かぶ竹の筏上に建てられた家屋，すなわち浮き家は，時には二重，
三重となって延々と連なり，その多くは中国人の商店であった。パレゴワ
(Pallegoix, Jean-Baptiste) の19世紀中葉のバンコク図には，チャオプラヤー河に
沿って，連続的に並ぶ「浮かぶ店」(Boutiques flottantes) が，右岸に63戸，左
岸に62戸記載されている。1戸の長さが100メートルに達するほど実際より
はるかに大きく模式的に描かれているが，現実にはより多くの戸数があったに
違いない (Pallegoix 1854)（地図4参照）。時には，バンコクのほとんどが筏上家
屋から成り立っているような印象を与える旅行記さえ見出され，ヴィンセント
(Vincent, Frank) は12,000戸におよぶ浮き家の存在を伝えている (Vincent 1874:
122)。後に検討するように，これは明らかに過大評価である。コレラの流行を
機に，清潔さと通気性による健康的な生活のゆえに人々は水上に住むことを王
によって命じられたという。ハンター (Hunter, Robert) という人物は，陸上に
家屋を建設することを特別に許可された最初のヨーロッパ人であるという
(Neale 1852: 30)。
　城壁外に展開する筏上の家屋群が都市そのものとみなされたということは，
この時期，すなわち，19世紀半ばのバンコクが，既に城壁都市としての機能
を喪失していたことを意味している。当時開鑿が盛んに進められた運河沿いに
建てられた家屋が，バンコクの広がりを途方もなく大きなものとした可能性が
ある。縦横に張り巡らされていく水路に沿って開発された農地は，後のチャオ
プラヤーデルタの主要輸出品となる米をはじめさまざまな農産物を生産するの
だが，掘削された水路は，既に述べたように当初はむしろデルタ上の川を結ぶ
交通路としての役割を果たした (高谷1982; Hubbard 1977)。この意味での水路

第1章 水の都から陸の都市へ

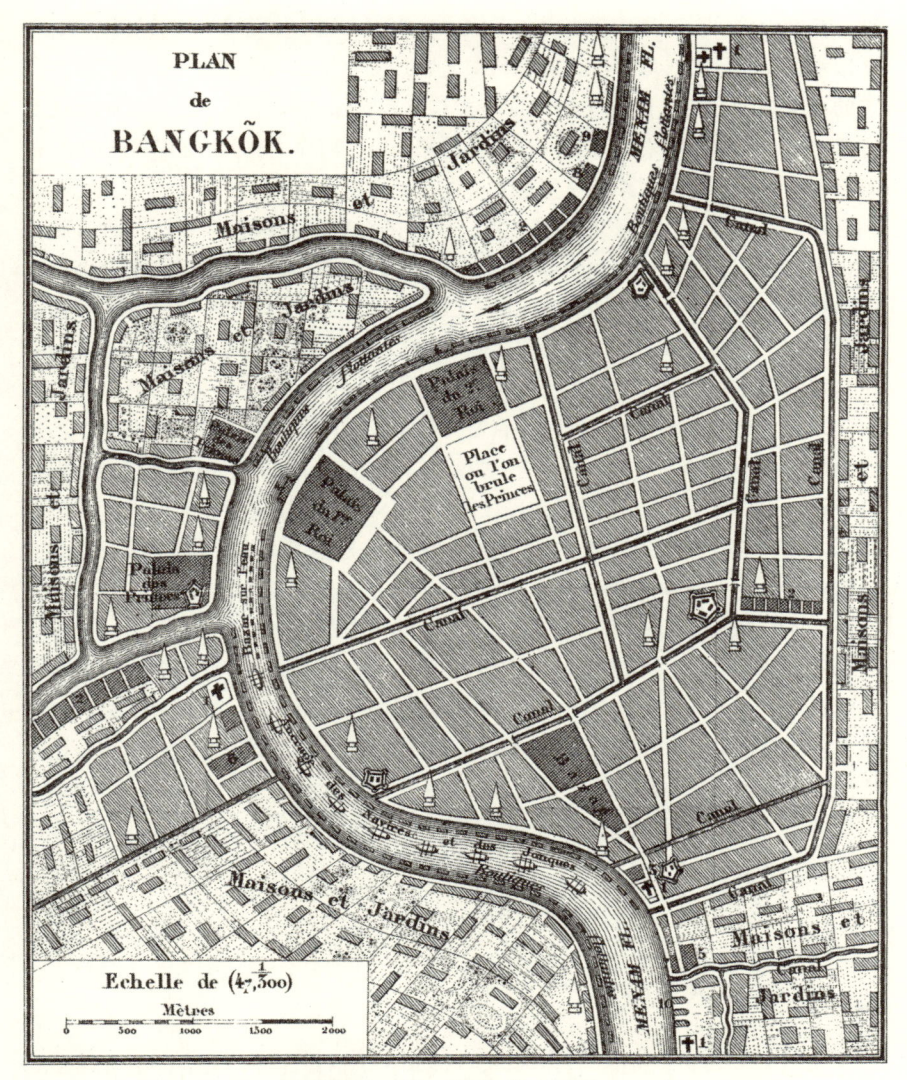

地図4 パレゴワのバンコク図
パレゴワの書物にシャム王国地図などと共に折り込まれたもので，実物は本図の1.2倍の大きさである。チャオプラヤー河両岸に浮き家が模式的に描き込まれている。Pallegoix 1854 より。

は，ラタナコーシン島を起点とする線状の水路交通を作り上げたので，バンコクは水路に沿ってまばらな放射線状に展開していたとみなされる。これをアジア的なものとして一般化するにはあまりにも特殊であるが，19世紀中葉におけるバンコクは，少なくとも，植民地支配ないし西洋的発想の影響を最小に留めた，ユニークな都市の姿を呈していたのである。

しかしながら，水路中心の時代は，永続的なものではなかった。19世紀後半に入ると，在住する外国人の要望を背景に，1864年にバンコク最初の計画道路タノン・チャルンクルン (Thanon Charoen Krung, ニューロード the New Road の別名で知られる) が，続いてバムルンムアン道路 (Thanon Bamrung Mueang) を含む他の道路が建設され，バンコクは急激に陸上の世界へと変容していった。もっとも，チャオプラヤー河に平行して数マイルにわたって続くバンコクの主要道路であったニューロード（チャルンクルン道路）は，少なくとも1882年時点では，南西モンスーンの季節にはその本体がしばしば部分的に水面下となり，コミュニケーションのために重要な裏道や支道は常に塵芥であふれた状態であったという (Bock 1884: 41)。1928年のバンコク案内書でサイデンファデン (Seidenfaden, Erik) は，バンコクが「大きな広がりの都」(the city of great distances) として知られ，それは道路によって，東および南東に向かってさらに延長しつつあることを述べている (Seidenfaden 1928: 90)。バンコクでは，道路もまた水路に似て，平野を横切って一直線に伸び，この意味で水路の時代の特性が保持されていたと考えられる。

本書は，1883年の時点で，水路から道路の時代に移りつつあったバンコクの姿を捉えようとしている。

2｜バンコク人口の謎

19世紀およびそれ以前のバンコクに関する人口情報は限られており，また信頼性に欠けている。バンコクが上記のように城壁内にとどまらぬ捉えにくい都市であったことに加えて，クルンテープというタイ語（「天使の都」の意）で表記される王都が，必ずしも都市を意味せず，周辺の属地をも含むことが，人口記述の曖昧さを生み出した可能性がある。日本の東京が時には市街部として，

第 1 章 水の都から陸の都市へ

浮き家。家舟（House-Boats）と説明されているが，正面に見える家屋は筏上に建てられており，まぎれもなく浮き家である。Sommerville 1897 より。

「浮かぶ都市」（The Floating City）として掲載された挿絵。Neale 1852 より。

表 1-1　バンコク人口民族別推計値（ターヴィエルの収集による）

	Malloch 1827	Schuurman 1828	Dean 1835	Neale 1840	Pallegoix 1854
シャム人	48,090	8,000	100,000	240,000	120,000
中国人	60,700	310,000	400,000	70,000	200,000
中国人の子孫		50,000			
モーン人	15,000	5,000			15,000
ラオ人（古）	3,500	7,000			25,000
ラオ人（新）		9,000			
カンボジア人	1,000	2,500			10,000
タボイ人	700	3,000			
コーチシナ人	500	1,000			12,000
マレー人	2,000	3,000	4,000		15,000
ビルマ人		2,000	1,000	20,000	3,000
ムーア人	1,500			20,000	
"Calies"		200			
キリスト教徒	950	800			4,000
合計	133,940	410,000	505,000	350,000	404,000

Terwiel 1989: 226, Table 9.1 より。数値は原文のまま。

時には行政地域としての東京都全域として捉えられるという類の曖昧さである。加えて，シャム王国における地方行政制度の未発達が，クルンテープ自体の領域あるいは行政を曖昧なままにしてきたという経緯もある（Bunnag 1977）。

　ターヴィエル（Terwiel, B. J.）は，19世紀初頭および中葉における外国人の推定したバンコク人口を手際よく整理している（Terwiel 1989）。彼が最初に検討した五つの数値を引用すると表1-1のようになる。133,940人を提示するマロック（Malloch）を除けば，バンコク人口として35万人ないし50万人が挙げられている。マロックの数値もそれが成人男子の数であるという解釈から，ターヴィエルはその意味するところが30万人ないし40万人の人口であると解釈する。重要なことは，彼がこれらの数値に疑問を表明して，バンコクの人口を10万人のレベルで捉えようとしていることである。

　19世紀中葉のバンコク人口に関する推定値を30万人あるいは40万人規模から10万人程度まで圧縮しようとする論理には興味深いものがある。ここでは，まず，スキナー（Skinner 1957）によるものを紹介しよう。スキナーが用いたのはトムリン（Tomlin）が報告した数値で，それはもともとシューマン

(Schuurman)による1828年の数値であるという。スキナーは中国人310,000人という数字に疑問を抱き，それが一桁間違って記載されたものと推定した。実際，それより6年前の1822年にバンコクを訪問したクロファードは当時のバンコクの中国人納税者を31,000人と見積もっているという。クロファードが示した数値は実際には31,500人だから，一桁の誤記があれば315,000人と書かれているはずだというのがターヴィエルのコメントで，彼はこの数字がタイ国全体における中国人の数であるとするマルコムの見解（Malcom 1839）に賛意を表している。このことを受け入れると，結局，バンコクにおける中国人の人口は如何ほどかという元の問いに戻り，ターヴィエルはとりあえず中国人とその子孫の合計に当てられた360,000人というシューマンの数値にクロファードの数値を代替して，73,000人というバンコク人口を提示するのである。納税者という捉え方からすると，この数値が中国人の最小見積もりであることは容易に理解できよう。このように，ターヴィエルは順当な手続きを展開しながらも，もっともらしいバンコク人口を提示するにいたっていない。

ターヴィエルは，結局，1882年のバンコク人口として，スターンスタインのクルンテープ人口（the population of Krungthep）169,300人および市域人口（the population of the City of Bangkok）119,700人を信頼すべきよすがとすることになる。それは，郵便家屋台帳（postal roll）という資料に依拠したことを強調しながらも，推計方法を明示していない数値なのだが，ターヴィエルはこの数値を，「バンコク市内の男子，女子，および子どもを，詳細な郵便家屋台帳のかたちで，もっとも早期に組織的に数えたもの」（Terwiel 1989: 232）と受け取っている[1]。

19世紀におけるバンコクの人口は，クルンテープの定義，すなわち，地域的な広がりに関する確認を欠いたままで，過大評価されて示される場合が多かったというのがここまでの結論である。スターンスタインの数値は，数値そのものとしては可能性ないし妥当性を含んでいるのだが，数値の提示に至る過

---

(1) スターンスタインは，「私はこの名簿をタイ国国立図書館で発見した。（中略）各世帯の人数を含むがゆえに，単なる名簿（roll）というよりはセンサスとしての性格を有する」（Sternstein 1980: 126）と述べているので，ターヴィエルの受け取り方は正当である。ただし，タイ国国立図書館でスターンスタインが発見したものが，『バンコク郵便家屋台帳』と同一のものであるならば，そこには世帯の人数に関する記述はない。

程が明示されないということが重大な欠陥となっている。詳細については，次節以降の『バンコク郵便家屋台帳』の検討の中で触れることにする。

3 バンコク郵便家屋台帳

　ここで「郵便家屋台帳」というのは，1883年におけるタイ国郵便制度の導入（付論1参照）に際して，王都（クルンテープ）内の各家屋の「家屋番号」を定め，これを各戸に表示させるとともに家屋台帳を作成し，これを整理して郵便配達夫の手引きとなる詳細な家屋名簿を作成することにしたものである。こうして印刷されたのが『郵便局職員のためのクルンテープ住民リスト』（1883）すなわち，ここでいう郵便家屋台帳である。この家屋台帳は，4部に分けられ，第1巻は王族と官吏，第2巻は道路と街路，第3巻は集落と河，第4巻は水路と運河の記載が行われている。いずれの場合にも小は数戸，大は1,000戸以上から成る家屋群ごとに，各戸主について，(1)家屋番号，(2)姓名，(3)官職名あるいは職業，(4)貴族を除く各人が所属するムーン・ナーイ（主人）あるいは外国領事等の名，および父または母の名，(5)家屋の形状などが記され，19世紀末のバンコク住民の居住状況を知るためにきわめて有用な情報が含まれている。ただし，記載対象は戸主のみであり，家族員に関する記述は含まれていない。

　筆者らは，1980年代に，この資料の一部を利用して2篇の論考を公表したが（坪内良博・石井米雄1982〔本書付論に収録〕；Tsubouchi 1984)，さまざまな事情のため分析が未完に終わっている。この時点での分析は，第2巻と第3巻を対象として家屋群ごとの検討を行ったものである。第1巻に関しては，そこに記載された者について他の巻との間に重複が認められるので分析の対象から省いている。この時点で第4巻が対象に組み入れられなかったのは，当時バンコクの国立図書館で第1巻から第3巻のみが入手できたので，これらを完結したものとみなしたためである。第3巻で完結とみなしたのは，第3巻（集落と河）の中に，サムセン水路やバンコクノーイ水路を含むかなりの水路周辺の住民が含まれているという構成のためでもあった[(2)]。

---

　(2)　第2巻および第3巻に記載された家屋数を集計すると17,540戸となる。空き家を含

第 1 章　水の都から陸の都市へ

　郵便家屋台帳第 4 巻（水路と運河）の存在が判明し，その利用が可能になったのは，日本学術振興会の共同研究プロジェクトによって 1998 年 6 月から 1 年半にわたって京都に滞在したタイ国の社会経済史研究者ポーパント・ウーヤノンとともにこの資料に関する分析を再び開始したときであった。この作業によって，郵便家屋台帳の第 2 巻から第 4 巻には合計 31,110 戸の家屋の記載があることが分かった[3]。1 戸あたり 5.44 人を見込めば，スターンスタインの提示する人口との整合性が認められ，スターンスタインが郵便家屋台帳の 4 巻すべてを使用して，上述の数値に達したことを想定することができるとともに，彼と同じ土台に立って作業を進めることが可能となる。

　スターンスタインの示す数値は，一見もっともらしく見えるが，既に述べたように，手続きを明示していないという点で問題がある。ここでは，いくつかの側面から，彼が示した数値に内包される疑問に言及しておこう。

(1) 市域

　スターンスタインは，クルンテープ人口のほかにバンコク市域人口の概数 120,000 人を提示している（Sternstein 1979: 13）。スターンスタインは，ブラッドレー（D. B. Bradley）が 1870 年に作成したバンコク地図を提示し，郵便家屋台帳（postal roll；以下，スターンスタインの用いたものも「郵便家屋台帳」と表記する）がカバーする範囲はこの約 3 倍の地域であるというコメントを付している（Sternstein 1979: 11）。ブラッドレーの地図はバンコクヤイ水路からのマハチャイ水路分岐点およびパシチャルン水路分岐点を範囲内に収め，この意味である程度の広域を含んでいる。スターンスタインはこの地図をベースにしてバンコクの人口分布をプロットしてみせる（Sternstein 1979, Figure 9）（地図 5 参照）。しかし筆者が確認した郵便家屋台帳に記載された住民の居住の広がりは，実際には，ブラッドレーの地図の 3 倍の範囲をはるかに超えている。すなわち

　　んで 1 戸あたり 9.65 人の居住者を想定しない限り，スターンスタインの提示するクルンテープ人口 169,300 人（Sternstein 1979; Sternstein 1980; Sternstein 1982）を得ることができない。
(3)　空き家，寺院などのすべての建築物，および，家屋番号以外に記載がまったくないものを含む。Porphant & Tsubouchi (2000) では，32,156 戸が提示されているが，これはデータベースからの集計過程で，第 4 巻に重複が生じていたことを見逃したために誤った合計値となったものである。

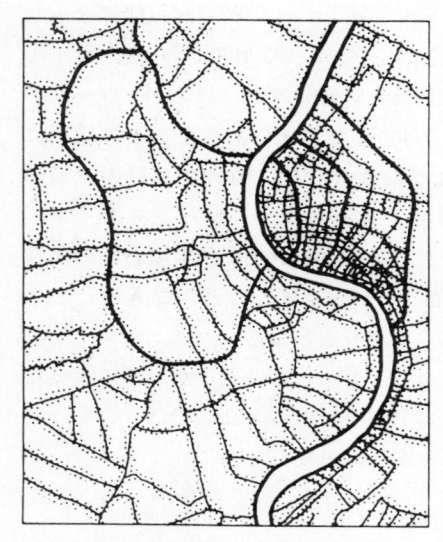

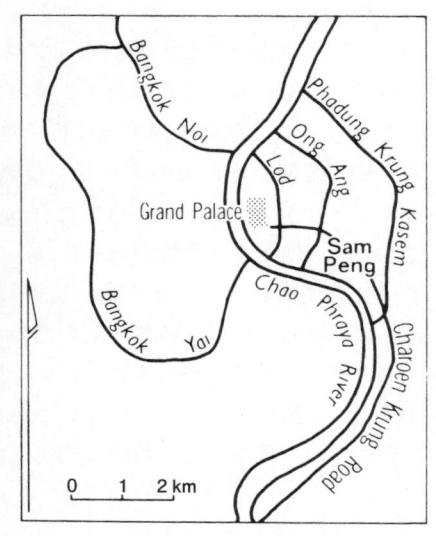

地図5　スターンスタインのバンコク人口分布図。Sternstein 1979より。

スターンスタインが同じ郵便家屋台帳を用いたとすれば，彼は記載範囲を正しく認識していないか，少なくとも，正しく示していない。

スターンスタインは，さらに，「1882年のバンコク市域がブラッドレーの地図の3分の2を占める東側部分から成り立つ」という仮定（Sternstein 1979: 13）とともに，バンコク市域人口119,700人を提示する（表1-2）。郵便家屋台帳に記載された家屋群からこの部分を抜き出す作業は実際にはほとんど不可能である。クルンテープの全人口169,300人に対して単純にその3分の2を計算すると112,867人となるが，スターンスタインの示すバンコク市域内の民族別人口との整合性が得られない。第4巻（水路と運河）の構成人口を市域内と市域外に配分するために何らかの作業を行ったと推測されるが，スターンスタインはその過程にはまったく触れていない。

(2) 民族別人口

民族別人口に関しては以下の疑問がある。スターンスタインはクルンテープ人口の内訳として，タイ人136,000人，中国人27,000人，マレー人4,000人，インド人1,000人，その他のアジア人1,000人，西洋人300人を提示している。

第1章 水の都から陸の都市へ

表1-2 クルンテープおよびバンコク市域人口 1882（スターンスタインによる推計）

民族	クルンテープ	バンコク市域
タイ人	136,000	93,000
中国人	27,000	23,000
マレー人	4,000	1,800
インド人	1,000	700
欧米人	300	300
その他	1,000	900
計	169,300	119,700

Sternstein 1979: 11 および 13; Sternstein 1980: 126 より。

郵便家屋台帳では戸主を数えることのみが可能であり、たとえばタイ人戸主は20,557人、中国人戸主は8,318人である（表1-4後掲）[4]。スターンスタインの民族別人口と対応させて平均世帯員数を計算すると、タイ人については1戸あたり6.62人、中国人については3.25人となる。タイ人と中国人の世帯規模を異なったものと見ること自体は興味深いが、その根拠については人口推計の過程でまったく触れられていない[5]。マレー人とインド人については、それぞれに関する独立したカテゴリーが郵便家屋台帳に存在しない。存在するのは、マレー人やインド人に対する総括的なカテゴリーとしてのケーク（Khaek）で、このカテゴリーに属する戸主は743人である。ケークは1戸当たり6.73人ということになる。

(3) 職業別人口

スターンスタインは、バンコク市域の戸主について民族別に職業構成を示している。この場合、各民族についてそれぞれの戸主総数を100とした各職業従事者のパーセントだけが示されている。たとえば、農業および漁業従事者の割合は、タイ人の場合25パーセント、中国人の場合12パーセントである（表1-3）。我々が作成した郵便家屋台帳データベースからの集計では、クルンテープ

(4) データベース作成に使用した郵便家屋台帳第4巻に2ページにわたる欠損がある。欠損ページに空き家あるいは寺院がないとすれば、戸主数は、ここに示した数よりも最大で合計27人分多くなるはずである。Porphant & Tsubouchi 2000: 21 では、タイ人戸主22,089人、中国人戸主8,531人が提示されているが、重複計数に起因する間違いである。
(5) 郵便家屋台帳の作成過程で世帯人員数が記録され、それらが集計されて保存されていた可能性は否定できない。

表 1-3 スターンスタインによるバンコク市域における戸主の職業

職業	民族					
	タイ人	中国人	マレー人	インド人	欧米人	その他
農夫・漁夫	25	12	13	2		31
物品製造者	13	16	23	6	2	7
労働者・建設従事者	6	9	9	n		4
交通・通信従事者	1	n	5	6	17	3
事務職	8	3	4	3	8	1
販売職	14	40	22	66	10	9
サービス職	7	6	6	6	3	4
専門職・技術職	5	2	3	3	27	2
行政職・管理職	5	3	3	1	28	2
軍人・兵士	7	n	2			33
その他および不明	9	9	10	7	5	4
計	100	100	100	100	100	100

n はきわめて少数。Sternstein 1979: 17; Sternstein 1980: 131; Sternsten 1982: 84 より。

全体を対象として，タイ人戸主の農業および漁業従事者は27.1パーセント，中国人戸主の場合11.4パーセントとなる（表1-6後掲）[6]。上述の数値はスターンスタインの数値にある程度近似しており，スターンスタインが何らかの実際の作業からこれらの数値を得たことを示している。ただし，彼がバンコク市域の集計に当たって，周辺の農業地域を切り捨てたとすれば，農業従事者の比率が高すぎるといわざるを得ない[7]。

(6) 郵便家屋台帳において，漁業を主業とする者は，タイ人2人，中国人2人，ベトナム人3人，計7人が見出されるに過ぎない。
(7) スターンスタインの示すクルンテープのタイ人 (136,000人) に対するバンコク市域内のタイ人 (93,000人) の割合 (68.4パーセント) を郵便家屋台帳から得られたタイ人戸主総数 20,557人に適用すれば，市域内のタイ人戸主は 14,057人となり，その25パーセントを占める農漁業従事者は 3,514人となる。2巻と3巻がすべて市域内とみなされるとすれば，そこに含まれる農業従事者および漁業従事者 652人に加えて，第4巻に記載された 4,921人のタイ人農業従事者および漁業従事者のうち 2,864人 (58.2パーセント) が市域内人口に含まれることになる。市域外のタイ人農業従事者は 2,057人で，市域外タイ人戸主 6,500人の 31.6パーセントに相当する。
　同様の検討を中国人についても行ってみると，スターンスタインの示すクルンテープの中国人人口 (27,000人) に対するバンコク市域内の中国人 (23,000人) の割合 (85.2パーセント) を郵便家屋台帳から得られた中国人戸主 8,318人に適用すれば，バンコク市域内の中国人戸主は 7,087人となり，その12パーセントを占める農漁業従事者は 850

郵便家屋台帳にはこの時点でタイ人成人男子の義務とされていた徭役に従事する者（コルベー）が記載されている。スターンスタインの職業別表示においてはこの取り扱いが不明である。このカテゴリーは，郵便家屋台帳戸主の 13.6 パーセント（4,051 人）を占め，タイ人戸主においては，18.8 パーセント（3,848 人）に及ぶ（表 1-5 後掲）。スターンスタインの表に見出されるタイ人の 7 パーセントを占める軍人・兵士は，上述の徭役従事者の一部を含むかもしれない。そうであるとしても，残りはどのように処理されたのか謎として残る。

郵便家屋台帳における職業記載は，伝統的な生業構造を維持する当時のバンコクにおいて，抽象化されたカテゴリーとしてではなく，具体的・即物的に記載されている。スターンスタインにおいては，この具体性が生かされないまま，あらかじめ設定された職業カテゴリーに対して，パーセント表示だけが行われている。たとえば，「農業および漁業従事者」と一括されたカテゴリーが設けられているが，郵便家屋台帳に記載された者の中で漁業と記載された者はきわめて少なく，このようなカテゴリーの設定自体が実態を曖昧化していることを指摘しておきたい。

(4) 家屋形態

スターンスタインは郵便家屋台帳（postal roll）におけるクルンテープの住民を対象に，家屋形態を，独立家屋（平土間，高床），長屋（平土間，高床），浮き家，船に分けて民族別にそれぞれの割合を示している。これらはタイ語でより詳しく記述された家屋形状を，上述のカテゴリーに再分類したものとみなされる。バンコクの特徴とされてきた浮き家は，タイ人戸主の 4 パーセント，中国人戸主の 8 パーセントを収容している（Sternstain 1979: 12, table 2）。我々の郵便家屋

人となる。2 巻と 3 巻に含まれる農業従事者 102 人および漁業従事者 1 人に加えて，第 4 巻に記載された農業従事者 845 人および漁業従事者 1 人のうち 747 人（88.4 パーセント）が市域内人口に含まれることになる。市域外の中国人農業従事者は 103 人で，市域外中国人戸主 4,000 人の 2.6 パーセントに相当する。

市域内に多数の農業従事者を含むという点で，スターンスタインの市域内と市域外を区分する論理は曖昧になる。スターンスタインの市域には，マハチャイ水路，パシチャルン水路はもちろん，バンコクヤイ水路の大部分が含まれていないと想定されるが，後に示すようにこれらの水路に沿って居住する中国人農業従事者だけでも 100 人を超えている。概数使用にともなう誤差が大きいとしても，スターンスタインの事実把捉の確実さに対する疑念が残る。

台帳を用いた集計では，浮き家に居住するのはタイ人戸主の 3.2 パーセント (647人)，中国人戸主の 8.0 パーセント (666人) で，タイ人に関して若干の相違があるものの，総じて類似した数値が見出される（表 1-15 後掲）。ただし，タイ人戸主の絶対数の多さのために，パーセンテージの相対的な低さにもかかわらず，タイ人が居住する浮き家の数は中国人の居住する浮き家の数にほとんど等しく，浮き家と中国人を一義的に結びつけるのは誤りと言わねばならない。実数の記載をまったく欠くスターンスタインの報告には曖昧性が含まれるのである。

4 バンコク郵便家屋台帳から見たバンコク居住者

郵便家屋台帳に記載された各家屋に関する情報をデータベース化し，できる限り実数を示しつつ分析を行うことは，スターンスタインの手法に比して大きな前進であるといえよう。スターンスタインの報告が存在するという事実のために，それを無批判に引用したり，手間をかけて同じ作業を重ねることへの躊躇が生じたりすることは否定できない。ここでは，あえて，スターンスタインと類似の観点を含めつつ分析結果を提示することにしよう。ポーパントと筆者の共同プロジェクトにおいて，ポーパント自身およびタイ人研究協力者の作業として作製されたデータベースをこの目的で再集計した[8]。

第 1 巻を除くそれぞれの巻に記載された居住が確認される戸主の数は，第 2 巻 7,573 人，第 3 巻 9,247 人，第 4 巻 13,085 人である（民族所属不明者各巻 2 名を含む。表 1-4 参照）。第 2 巻と第 3 巻の合計は 16,820 人で，この数値は石井

---

(8) このデータベースを用いた集計結果は，2000 年時点で 2 冊の報告書として公表されている (Porphant & Tsubouchi 2000)。これらの報告書で用いられた集計値は，重複計数のため間違っており，修正の必要がある。本書では筆者による再集計値を用いている。重複は，第 4 巻に関して生じており，バンコクノーイ水路 (Khlong Bang Kok Noi) 家屋番号 28 (p. 200) からバーンチュアクナン水路 (Khlong Bang Chueaknang) 家屋番号 115 (p. 302) に至る 1,814 戸のデータに関するものであり，タイ人戸主 1,497 人，中国人戸主 220 人，ケーク戸主 18 人，西洋人戸主 1 人，寺院 21 等が重複計算されている。

また，データベース作成において，第 4 巻の pp. 198-199 が欠如していたことが報告されており，これらのページに含まれる記載が回復された場合，若干の家屋数の追加（おそらくバンコクノーイに関する 27 戸）が必要となる。

第1章　水の都から陸の都市へ

チャオプラヤー河から右岸のトンブリ地区を望む。中央はワットアルン（暁の寺）。

川沿いに並ぶ高床の家屋群

米雄と筆者が1982年に同じ資料を使って報告した16,565人を少し上回っている。カード手集計という方法が集計ミスを生み出していた可能性がある。資料入力のために，前回も今回もマイクロフィルムを使用したが，前回使用したマイクロフィルムと今回使用したものとは入手経路を別にしている。大量の資料をマイクロフィルム撮影する際に生じた脱漏，紙焼きの際における脱漏などが生じている可能性もないとはいえない。この種の齟齬は，資料評価を厳密に行うことが少ない統計処理を中心にする研究方法をとった場合に現れやすい。また，資料処理に際して補助者を使用した場合予期せぬ入力ミス等が生じることもある。幸い前回の分析に際して作成したカードは，大部分そのまま保管されているので，照合する機会は残されている。しかし，ここでは，照合作業を将来に残して論を進めることにする。このことによって数値上若干の誤差が生じるとしても，それは許容できる範囲内であり，結論には影響しないと考えられる。

　第2巻から第4巻までの収録戸主の合計は29,905人である。当時，戸主が一つの家屋に単身で住んでいたとは考え難い。それでは1戸の家屋に平均何人が居住していたかとなると推定の基礎となる数値がまるで欠如している。19世紀の人口推計においてしばしば用いられる1世帯平均5人をここに適用すると，149,525人，平均5.5人とすれば164,478人である。今日のバンコクにおいてもしばしば見られるように，親子，きょうだいなどが同一の屋敷地に居住する場合，これらの代表者が記載されたのか，あるいは家屋ごとの記載が行われたのかも問題であるが，1戸ごとに家屋形状，壁や屋根の材質などの記述があるところからみれば，建物ごとの把握がかなり正確に行われたと判断することもできる。当時のバンコクの規模がさほど大きくなかったことが比較的正確な把握を可能にしたとも考えられる。

　郵便家屋台帳には，寺院名が記載されているが，住職の名や僧侶の数は記載されていない。また，国王をはじめとする王宮居住者や兵営内に居住する兵士に関する情報もない。郵便家屋台帳には214の寺院が記載されている[9]。一つの寺院に平均して10人弱の僧および見習い僧が住むとすれば2,000人，王

---

(9) 少なくとも二つの寺院がそれぞれ2個の家屋番号をもち，少なくとも一つの寺院が家屋番号を与えられないまま記載されている。これらの扱い方によって寺院数に僅かの違いが生じる。

宮関係者を500人とすれば，クルンテープ人口は，152,025人ないし166,978人ということになる。後者はスターンスタインの数値にかなり近い。総数の推定に関する限り，スターンスタインのバンコク人口は妥当なものと考えられるのである。以下，郵便家屋台帳から得られた戸数について，市域，民族別に考察する。

(1) 市域

　郵便家屋台帳第2巻に記載された家屋は，ブラッドレーの地図の範囲内（地図5の範囲に相当）に収まる可能性が高い。第3巻に記載された家屋は，チャオプラヤー河沿いに北方に向かって，ブラッドレーの地図の範囲外に位置する若干の家屋群を含む。第4巻に記載された家屋は，特に西方に向かって顕著であるが，すべての方向においてブラッドレーの地図の範囲を大きく越えて分布している。集落が河や水路に沿って展開するので，居住地域の大きさを面積で表現することは事実上困難である。家屋の記載範囲は広域の行政単位であるモントンに近いと想定されるが，当時はこのような地方行政区画が成立していなかったので，定義あるいは境界が曖昧なままに，ブラッドレーの地図を北東に若干，南および西に大幅に延長拡大した範囲がこれにあたると考えられる。ブラッドレーの地図は，バンコクノーイ水路およびバンコクヤイ水路がラタナコーシン島に対してやや小さめに描かれていて，正確な面積を表現していないが，スターンスタインがブラッドレーの地図の3倍の面積を占めるとする郵便家屋台帳の収録範囲は，記載された集落や水路の位置を点検すると，少なくとも6倍と見積もったほうが良い。今日の発展方向とは逆にチャオプラヤー河の西に位置するトンブリ側が広域にわたって含まれていることが興味深い。スターンスタインが市域とするブラッドレーの地図の東側3分の2の人口が，如何にして推定可能かは謎のまま残る。第4巻に収録された水路を，上述の範囲内と範囲外に分けることは作業としてはきわめて困難なのである。市域を非農業地域として捉える限り，120,000の都市人口という推定は過大である。

　スターンスタインは，郵便家屋台帳作成時点の道路および水路を地図上に描き入れ，道路および水路に沿って家屋を点で表示している。これらの等間隔に描き入れられた点は，道路および水路の密集する地域では当然その数が多くなるので，地図は全体として人口密度を表現する観を呈する。この作業によっ

て,「1882年におけるバンコク人口分布」(Sternstein 1979: 25, Fig. 9)(地図5参照)が描かれるのであるが,この図にはバンコク市域を境界付ける手がかりは与えられていない。道路および水路に沿って等間隔に家屋を配置するというスターンスタインが採用した図法は,それ自体でも誤りを含んでいる。後述するように,新たに建設された道路のラタナコーシン島中心部(すなわち王宮に近い部分)ではレンガ造りの長屋が連なり,水路では結節点を中心に商店等の密集が見られるからである。また,水路建設の新旧も家屋分布の粗密に影響すると考えられる。

　間隔の問題は差し置き,道路や水路沿いに家屋が配置されていること自体は,バンコクの特徴として捉えることができる。道路が発達する前のバンコクが水路に依存し,水路が道路よりも輸送力に富んでいたとすれば,長距離にわたる線状の家屋配置がバンコクの特徴となる。バンコクを王宮からまばらな放射状に広がる線上に配置された家屋構成によって成り立つ都市として模式的に捉えることが可能であろう。

(2) 民族別人口

　戸主の民族所属は郵便家屋台帳において必ずしも明示されているわけではない。それらは,原則として,名前に冠せられた敬称ないしタイトルから判別することができるに過ぎない。ちなみに,タイ人平民男子に対してはナーイ(Naai),女子に対してはアムデーン(Amdεεŋ),中国人に対してはチーン(Ciin)などのタイトルが付されている。インド人およびマレー人はケークとして一括されている。各種のタイトルおよび付随する記載事項を民族所属判別の手がかりとして集計を行うと,多民族都市としてのバンコクの構造が浮かびあがってくる。この場合のタイトル付与は,調査者である郵便家屋台帳作成者の判断によるものであろう。

　上述の方法によって民族所属が判明するのは,29,899人についてであり,その内訳は表1-4に示すとおりである。民族が判明する者の総数に対するタイ人の割合は68.8パーセント,中国人の割合は27.8パーセントである。スターンスタインによる民族別人口においては,タイ人80.3パーセント,中国人15.9パーセントである。タイ人と中国人の世帯構成員数に与えられた数値の違いが,ここに示す割合の違いとして現れている。バンコクにおいて一般に言われ

表 1-4　郵便家屋台帳記載クルンテープ民族別戸主数

民族	タイ人	中国人	ケーク	欧米人	ベトナム人	ビルマ人	ラオ人	モーン人	計
第 2 巻	3,755	3,507	238	60		6	3	2	7,571
第 3 巻	6,257	2,608	267	66	32	2	10	3	9,245
第 4 巻	10,545	2,203	238	19	6	68	1	3	13,083
計	20,557	8,318	743	145	38	76	14	8	29,899

註：不明6（第2巻2，第3巻2，第4巻2）および欠損ページ（第4巻，2ページ分）に記載された家屋居住者を除く。

ている中国人の圧倒的な多さを効果的に否定するためには世帯員数を考慮したスターンスタインの手法が有効だが，このような手続きにおける正確さの保証はない。タイ国においては顕著な同化過程を経て，中国人戸主の世帯員も次の世代にはタイ人として捉えられるとしても，この時点では，戸主における中国人の割合を重視すべきであろう。

　マレー人とインド人を含む民族カテゴリー（ケーク）に相当する戸主の数は，743 人である。これは戸主総数の 2.5 パーセントにあたる。スターンスタインでは，マレー人 4,000 人とインド人 1,000 人を合計して総人口の 3.0 パーセントにあたる 5,000 人が提示されている。1 戸あたり 6.7 人ということになり，このどちらかというと大きな世帯員数は，提示された人口の概数のため現れたものであろう。欧米人人口は，スターンスタインでは 300 人という概数が与えられているが，郵便家屋台帳に記載された欧米人戸主の数は 145 人で，1 戸平均 2.1 人となる。

　郵便家屋台帳第 2 巻（道路と街路），第 3 巻（集落と河），第 4 巻（水路と運河）のそれぞれにおける民族別分布は，表 1-4（前掲）のとおりである。中国人の割合は第 2 巻では 46.3 パーセント，第 3 巻で 28.2 パーセント，第 4 巻で 16.8 パーセントとなり，都市的環境を示唆する道路と街路において高くなっている。バンコクにおける中国人の比率を議論する場合，バンコクの範囲をどこに設定するかが重要となるゆえんである。

5 | 職業別世帯主

郵便家屋台帳には戸主の従事する職業が具体的に記載されている。これらの具体的な職業記載をどの程度抽象化して計数するかは重要な問題である。抽象度が低いほど，当時のバンコクの生活を鮮明に描き出すことができるが，カテゴリーの数が多過ぎると分類作業が煩雑となり，また，全体像を把握することが困難になる。逆に抽象度が高い場合には，現代都市との比較や他文化における都市との比較が有効となる反面，実際の生活が見えにくくなる。以下，第2巻から第4巻に記載された者を対象とした職業分類から若干の留意点について述べる[10]。

(1) 官吏および徭役従事者

官吏（官位保持者を含む）や徭役従事者（コルベー），特に後者を職業として扱うことに問題がないわけではない。郵便家屋台帳2～4巻には，官吏（官位保持者を含む）2,808人が記載されており，その内訳はタイ人2,707人，中国人67人，ベトナム人19人，欧米人3人，インド人またはマレー人（ケーク）7人，ラオ人2人，モーン人2人，ビルマ人1人である。タイ人の割合は96.4パーセントで，ほとんど独占的な状況にあることが分かる。タイ人戸主総数20,557人に対して，その13.2パーセントが官吏（官位保持者を含む）である。ベトナム人は戸主総数38人に対して19人（50パーセント）が官吏で特異な存在といえる。官吏（官位保持者を含む）は，第2巻（道路と街路），第3巻（集落と河），第4巻（水路と運河）いずれにおいても見出されるが，人口比率からすれば「道路と街路」，「集落と河」の両方で16.6パーセント，「水路と運河」で9.9パーセントを占めている（表1-5）。

徭役従事者は4,051人で，これを単一カテゴリーとすると最大の存在である。タイ人3,848人を含み，総数に対してタイ人が95.0パーセントを占め，タイ人による占有地位ということができる。タイ人戸主総数に対して18.7パーセン

---

[10] 職業分類は各個人における具体的な記述をある程度保存することを心がけながら行っているが，元の記述の不統一などのために，ここで掲げる数値は必ずしも最終的なものではない。複数の職業が併記されている場合，二重に数えられることがある。

表1-5　官位保持者・官吏および徭役従事者民族別戸主数（クルンテープ）

官位保持者および官吏

民族	タイ人	中国人	ケーク	欧米人	ベトナム人	ラオ人	ビルマ人	モーン人	計
第2巻	622	40	5	2		1	1		671
第3巻	1,040	12		1	19	1		2	1,075
第4巻	1,045	15	2						1,062
計	2,707	67	7	3	19	2	1	2	2,808

徭役従事者

民族	タイ人	中国人	ケーク	欧米人	ベトナム人	ラオ人	不明	計
第2巻	751	12	9			1		773
第3巻	1,856	50	79		1		1	1,987
第4巻	1,241	23	24	1	1	1		1,291
計	3,848	85	112	1	2	2	1	4,051

トである。徭役従事者の居住は，道路と街路，集落と河，水路と運河のすべてに及ぶが，最も密度が高いのは集落と河においてであり，タイ人戸主6,257人に対して1,856人（29.7パーセント）に及ぶ。道路ではタイ人戸主3,755人に対して751人（20パーセント），水路ではタイ人戸主10,545人に対して1,241人（11.8パーセント）である。タイ人のほかに徭役従事者として記載されているのは，インド人またはマレー人（ケーク）112人，中国人85人などである。ケークは戸主総数743人に対して15.1パーセント，中国人の場合は8,318人に対して1.0パーセントである（表1-5）。

　徭役従事者に対しては記載された所属局あるいは主人の名と，居住地とを組み合わせた集計を行うことによって，彼らがどの程度集団的に居住しているか，あるいは分散的に居住しているかをある程度知ることができる。

(2) 農業従事者

　スターンスタインの職業分類における最初のカテゴリーは，「農業従事者および漁業従事者」で，バンコク市域（city of Bangkok）を対象に，タイ人において25パーセント，中国人において12パーセントを占めている。郵便家屋台帳から数え上げたクルンテープ（首都全域）を対象とする農業に従事するタイ人戸主は，タイ人総数の27.1パーセント（5,571人），中国人戸主は中国人総数の

表1-6 農業従事者民族別戸主数（クルンテープ）

農業従事者

民族	タイ人	中国人	ケーク	欧米人	ベトナム人	ビルマ人	モーン人	計
第2巻	30	3						33
第3巻	620	99	2					721
第4巻	4,921	845	92	1	2	63	2	5,926
計	5,571	947	94	1	2	63	2	6,680
%	83.4	14.2	1.4			0.9		100.0

稲作農業（内数）

民族	タイ人	中国人	ケーク	欧米人	ベトナム人	ビルマ人	モーン人	計
第2巻	5							5
第3巻	59	6	2					67
第4巻	1,518	45	85			63	2	1,713
計	1,582	51	87			63	2	1,785
%	88.6	2.9	4.9			3.5	0.1	100.0

園芸農業（内数）

民族	タイ人	中国人	ケーク	欧米人	ベトナム人	ビルマ人	モーン人	計
第2巻	25	3						28
第3巻	560	87						647
第4巻	3,397	789	7	1				4,194
計	3,982	879	7	1				4,869
%	81.8	18.1	0.1					100.0

註：他職種との兼業，重複集計を含む。

11.4パーセント（947人）である。漁業に従事する戸主は既に述べたようにきわめて少ない（表1-6）[11]。

　農業従事者（戸主）6,680人のうち，タイ人が83.4パーセント，中国人が14.2

---

(11) スターンスタインの数値は，バンコク市街を対象とするには高すぎることに注意したい。ちなみに第2巻道路と街路では農業従事者はタイ人30人（0.8パーセント），中国人3人（0.1パーセント），第3巻集落と河では，タイ人620人（9.9パーセント），中国人99人（3.8パーセント），第4巻水路と運河では，タイ4,921人（46.7パーセント），中国人845人（38.4パーセント）である。水路のかなりの部分がスターンスタインのバンコク市街のなかに含まれることが明らかである。また，バンコクにおいて「農業従事者および漁業従事者」というカテゴリーを設定することは，職業構成の内容を曖昧にするものであり，「農業従事者」を単独でカテゴリーとして用いるべきことが分かる。

パーセントを占める。農業に従事する傾向はタイ人において顕著である[12]。農業従事者は,「稲作農業」と「園芸農業」に区分するとより具体性を帯びて実態に近づくことができる。稲作農業を営むとみなされる戸主 (1,785 人) のうちタイ人は 1,582 人 (88.6 パーセント),中国人は 51 人 (2.9 パーセント) である。これに対して園芸農業に従事する戸主 4,869 人のうち,タイ人は 3,982 人 (81.8 パーセント),中国人は 879 人 (18.1 パーセント) である。中国人の水稲農業への関与は無視できるほどであり,園芸農業においていくばくかが認められることが分かる。園芸農業従事者については,野菜栽培において特に中国人の集中が目立ち (総計 150 人中,タイ人 10 人,中国人 140 人),キンマ栽培において,中国人がタイ人よりも実数が多い (総計 799 人中,タイ人 380 人,中国人 416 人,その他 3 人。バナナ栽培と兼業のタイ人 15 人を含む)。

(3) 日用品の商い

　当時のバンコクは,工業化以前の状態にあった。蒸気力で稼動する欧米人経営精米所がチャオプラヤー河岸に 1860 年代から既に数ヵ所設立されていたとはいえ,後に拡大する米輸出にともなう精米業はまだ萌芽状態にあった (Suehiro 1996: 46-48; Wilson 1981: 212-213)。街の機能は,食料,衣料,および雑貨を扱う商業活動を中心に成り立っていた。スターンスタインによるバンコク市域の民族別職業構成では,販売従事者 (sales workers) がタイ人戸主の 14 パーセント,中国人戸主の 40 パーセントなどを占めて大きな職業カテゴリーとなっており,製造従事者 (maker of products) がタイ人戸主の 13 パーセント,中国人戸主の 16 パーセントを占めてこれに次いでいる。郵便家屋台帳の職業記載では,製造と販売が必ずしも明確に区別されず,しばしば一体として営まれているので,スターンスタインの分類は若干の無理をともなっていることが分かる。職業記載は後の時代のセンサスのように,あらかじめ準備されたカテ

---

[12] 戸主総数に比例するならば,タイ人 68.8 パーセント,中国人 27.8 パーセントになるはずである。タイ人が徭役従事者としてリクルートされるという事実が,タイ人の職業選択の自由をあらかじめ制限しているとみなすならば,総人口から徭役従事者を除いた「職業選択可能戸主人口」における民族別割合との比較が有意味かもしれない。この場合にはタイ人 64.6 パーセント,中国人 31.9 パーセントが人口比に応じた比較の基準となる。この割合は他の職業においても民族的従事傾向を判断する基準として用いることができる。

ゴリーに従うものではなく，具体性のレベルが異なるので，カテゴリー化がかなり困難である。複数の職業活動に従事する者もあり，現象自体としては興味深いが，分類には困難がともなう。記載された職業から商売の規模を想定することは，当該従事者が居住する家屋の形態などとの組み合わせから，ある程度可能な場合があるとしても，概して困難である。

ここでは，まず，販売に従事する者を中心に，取り扱う商品別に，民族的分業に注意しながら記述を試みる。

商売の中で最も一般的な形態は雑貨商である。クルンテープ全域では，563人がこのカテゴリーに入るが，タイ人187人に対して，中国人339人で中国人の関与が大きい。しかし，タイ人が除外されているわけではない。第2巻（道路と街路）においては，タイ人100人，中国人251人，第4巻（水路と運河）では，タイ人44人，中国人32人というように，地域の民族別人口割合に影響されつつも中国人に傾斜した実態が現れている（表1-7）。

日常的な商売の代表は衣料に関連する職業である。衣料を商う者のほかに，織り手，染色従事者，仕立屋などの職人に至る衣料関係の職業従事者を数え上げると770人に達する。タイ人376人，中国人301人，インド人またはマレー人（ケーク）92人などからなり，第2巻（道路と街路）においては，タイ人90人，中国人216人，インド人またはマレー人（ケーク）25人，第4巻（水路と運河）では，タイ人150人，中国人23人，インド人またはマレー人51人などが含まれている。中国人の関与はその人口に対して相対的に大きいものの，特に周辺部においてはタイ人の関与が目立っている。また，インド人およびマレー人のこの分野での活動が顕著であることも分かる。職種別にみると，織り手を含む布地生産者においてタイ人の占める割合が高く，販売者において中国人の割合が相対的に高くなると同時に，インド人およびマレー人（ケーク）の参入が目立つ。

荒物に区分される日用品に関しては，タイ人の関与が顕著である。その中でも土器の甕類は最も一般的な商品であるが，甕類を製造あるいは販売する161人のうち136人（84.5パーセント）がタイ人で，中国人は21人，インド人およびマレー人は4人である。

さまざまな種類の食品（加工食品あるいは生鮮食料）を扱う者は総数としてはきわめて多数にのぼる。その総数は2,017人である。タイ人761人，中国人

表1-7 日用品を商う者民族別戸主数（クルンテープ）

雑貨を商う者						
民族	タイ人	中国人	ケーク	欧米人	ベトナム人	計
第2巻	100	251	20	3		374
第3巻	43	56		1	1	101
第4巻	44	32	12			88
計	187	339	32	4	1	563
％	33.2	60.2	5.7	0.7	0.2	100.0
衣料を扱う者						
民族	タイ人	中国人	ケーク	欧米人	ベトナム人	計
第2巻	90	216	25			331
第3巻	136	62	16		1	215
第4巻	150	23	51			224
計	376	301	92		1	770
％	48.8	39.1	11.9		0.1	100.0
甕類を扱う者						
民族	タイ人	中国人	ケーク	欧米人	ベトナム人	計
第2巻	6	9				15
第3巻	77	4	1			82
第4巻	53	8	3			64
計	136	21	4			161
％	84.5	13.0	2.5			100.0

1,234人，インド人およびマレー人（ケーク）18人などからなり，この分野は中国人の関与が大きいとはいえ，タイ人の参加もあることが分かる。取り扱う品目によって，民族的な偏りが見出され，たとえば，茶，豚，家鴨，鮮魚は中国人，バナナ，果物などはタイ人によって扱われることが多い。加工食品では，麺類における中国人の関与が大きく，菓子類についてはタイ人の割合がある程度高くなっている（表1-8）。

(4) 嗜好品の商い

酒，アヘン，タバコ，キンマを扱う者をそれぞれの品目ごとに民族別にみると表1-9のようになる。酒，アヘンなどの取り扱いは，主として中国人が従事する職業である。酒を扱う者（酒のほかに他の商品を扱う者を含む）は672人で，

表1-8 食品を商う者民族別戸主数（クルンテープ）

食品を商う者（食料一般，ただし酒・嗜好品を除く）

民族	タイ人	中国人	ケーク	欧米人	ベトナム人	モーン人	計
第2巻	226	557	10				793
第3巻	185	399	4		2		590
第4巻	350	278	4	1	1		634
計	761	1,234	18	1	3		2,017
%	37.7	61.2	0.9		0.1		100.0

[商品別]
豚を商う者

民族	タイ人	中国人	ケーク	欧米人	ベトナム人	モーン人	計
第2巻	8	63					71
第3巻	38	81			2		121
第4巻	1	12				2	15
計	47	156			2	2	207
%	22.7	75.4			1.0	1.0	100.0

家鴨を商う者

民族	タイ人	中国人	ケーク	欧米人	ベトナム人	モーン人	計
第2巻	4	50					54
第3巻	0	43					43
第4巻	4	6					10
計	8	99					107
%	7.5	92.5					100.0

茶を商う者

民族	タイ人	中国人	ケーク	欧米人	ベトナム人	モーン人	計
第2巻		23	1				24
第3巻	2	9					11
第4巻	1	7					8
計	3	39	1				43
%	7.0	90.7	2.3				100.0

鮮魚を商う者

民族	タイ人	中国人	ケーク	欧米人	ベトナム人	モーン人	計
第2巻	4	64					68
第3巻	13	19	4				36
第4巻	9	22					31
計	26	105	4				135
%	19.3	77.8	2.9				100.0

バナナを商う者

民族	タイ人	中国人	ケーク	欧米人	ベトナム人	モーン人	計
第2巻	9	1					10
第3巻	8	1					9
第4巻	15	2					17
計	32	4					36
%	88.9	11.1					100.0

果物（バナナを除く）を商う者

民族	タイ人	中国人	ケーク	欧米人	ベトナム人	モーン人	計
第2巻	5	2					7
第3巻	1						1
第4巻	54	2					56
計	60	4					64
%	93.8	6.3					100.0

麺類を商う者

民族	タイ人	中国人	ケーク	欧米人	ベトナム人	モーン人	計
第2巻	1	23					24
第3巻	6	29					35
第4巻	3	8					11
計	10	60					70
%	14.3	85.7					100.0

菓子類を商う者

民族	タイ人	中国人	ケーク	欧米人	ベトナム人	モーン人	計
第2巻	43	44	4				91
第3巻	25	10					35
第4巻	57	11			1		69
計	125	65	4		1		195
%	64.1	33.3	2.1		0.5		100.0

タイ人62人，中国人607人，欧米人3人を含む。中国人の占める割合は90.3パーセントである。アヘンを扱う者（アヘンのほかに他の商品を扱う者を含む）は332人で，タイ人11人，中国人319人，インド人およびマレー人2人を含む。中国人の占める割合は96.1パーセントである。酒とアヘンを同時に扱う者は8人（タイ人1人，中国人7人，表1-9では酒とアヘンの両方で数えられている）だけで，酒とアヘンが互いに独立した存在であることが分かる。酒やアヘンを扱

表1-9 嗜好品を商う者民族別戸主数（クルンテープ）

酒を商う者

民族	タイ人	中国人	ケーク	欧米人	ベトナム人	計
第2巻	32	419		3		454
第3巻	9	57				66
第4巻	21	131				152
計	62	607		3		672
%	9.2	90.3		0.4		100.0

アヘンを商う者

民族	タイ人	中国人	ケーク	欧米人	ベトナム人	計
第2巻	7	264	2			273
第3巻	1	22				23
第4巻	3	33				36
計	11	319	2			332
%	3.3	96.1	0.6			100.0

タバコを商う者

民族	タイ人	中国人	ケーク	欧米人	ベトナム人	計
第2巻	44	27				71
第3巻	15	11				26
第4巻	17	9				26
計	76	47				123
%	61.8	38.2				100.0

キンマ等を商う者

民族	タイ人	中国人	ケーク	欧米人	ベトナム人	計
第2巻	18	7				25
第3巻	21	4			1	26
第4巻	150	73				223
計	189	84			1	274
%	69.0	30.7			0.4	100.0

う者は，衣料，食料など他の商品を扱う者に比して地域的な分布が偏っており，第2巻（道路と街路）の居住者が，酒の場合67.6パーセント，アヘンの場合82.2パーセントを占めている。以上の観察から，酒とアヘンに関しては，中国人の関与がきわめて顕著であり，また，新開地としての道路に集中している状況を指摘することができる。

　タバコを扱うのは123人で，このうち76人（61.8パーセント）がタイ人，47人（38.2パーセント）が中国人である。伝統的な嗜好品であるキンマを扱うのは274人で，うち189人（69.0パーセント）がタイ人，中国人は84人（30.7パーセント），このほかにベトナム人1人である。キンマを扱う者のうち223人（81.4パーセント）が水路および運河地域の居住者（第4巻）であることに特に注意したい。タバコとキンマの両方を扱う者は，道路および街路で11人，集落および河で4人あるが，水路地域では皆無である。

(5) 質屋，売春宿，賭博場

　この時代において，社会に内在する背反的な倫理を許容するという意味で最も都市的な性格を具現するのは，賭博と売春や，時には盗品の売買にもかかわる質屋などの職業である（表1-10）。質屋を営む193人のうち187人（96.9パーセント）が中国人，6人のみがタイ人である。質屋は中国人のシェアが最も顕著な職業の一つである。質屋のうち161戸（83.4パーセント）が，第2巻（道路と街路）に記載されていることは特記に値する。

　娼家の経営に関しては，タイ人の参与がやや大きくなる。総数87人のうちタイ人は47人（54.0パーセント），中国人は40人（46.0パーセント）である。この職業においては，質屋と同様，営業場所の集中が著しく，78人（総数の89.7パーセント）が第2巻（道路と街路）において見出される。この78人のうち42人（53.8パーセント）がタイ人で，第2巻におけるタイ人比率に相当するが，タイ人の占有する役人や徭役従事者（コルベー）の存在を考慮すれば，中国人よりもタイ人におけるより高い従事傾向を認めることができる。

　賭博に関与する職業に従事する者は，賭博場従業員を含めて177人で，うち156人（88.1パーセント）が中国人である。この場合も中国人の占める割合がかなり高いが，第2巻（道路と街路）に含まれる賭博関係者は68人（全賭博関係職業従事者の38.4パーセント）に過ぎず，賭博が集落や水路などの伝統的な地域に

表1-10　賭博・富籤・売春・質屋従事者民族別戸主数（クルンテープ）

賭博を扱う者

民族	タイ人	中国人	ケーク	欧米人	ベトナム人	計
第2巻	8	60				68
第3巻	3	58				61
第4巻	10	38				48
計	21	156				177
%	11.9	88.1				100.0

富籤を扱う者

民族	タイ人	中国人	ケーク	欧米人	ベトナム人	計
第2巻	8	30	1			39
第3巻	2	33				35
第4巻	1	3				4
計	11	66	1			78
%	14.1	84.6	1.3			100.0

売春を扱う者

民族	タイ人	中国人	ケーク	欧米人	ベトナム人	計
第2巻	42	36				78
第3巻	5	3				8
第4巻		1				1
計	47	40				87
%	54.0	46.0				100.0

質屋

民族	タイ人	中国人	ケーク	欧米人	ベトナム人	計
第2巻	3	158				161
第3巻	1	8				9
第4巻	2	21				23
計	6	187				193
%	3.1	96.9				100.0

註：従業員1，他業との兼業4を含む。

も存在することを示している。

　富籤は必ずしも社会的な倫理に反するものではないが，健全な勤労意欲と相反するという意味で，倫理的許容の周辺部に位置づけられる。富籤に関与する職業に従事する者は78人で，うち66人（86.8パーセント）が中国人である。このうち第2巻（道路と街路）に記載されているのは39人（富籤関連職業従事者の50.0パーセント）で，富籤販売に関する活動も広い地域にわたっていることを示している。

(6) 職人

　郵便家屋台帳にはさまざまな種類の職人が見出されるが，ここではそのうちのいくつかを取り上げる（表1-11）。

　最も代表的な職人は大工である。259人のうち161人（61.4パーセント）がタイ人，90人（35.4パーセント）が中国人で，この他にインド人またはマレー人（ケーク）7人，モーン人1人が記録されている。民族的分布は，タイ人への傾斜を示しつつも比較的均衡しており，居住地の分布も各地域に及んでいる。

　金細工師は総計178人を数えるが，うち141人（79.2パーセント）がタイ人で，この他に中国人21人，インド人またはマレー人（ケーク）16人が確認される。タイ人が相対的に多い職業といえるが，ケークの参入にも注意すべきである。居住地はすべての地域にわたっているが，第3巻（集落と河）においてやや多い。

　鍛冶屋は総計139人のうち，30人（21.6パーセント）がタイ人，109人（78.4パーセント）が中国人で，後者の関与が顕著である。第2巻（道路と街路）に収録されている者が104人（74.8パーセント）を占める。

　仏教国シャムの首都バンコクでは仏像製作が盛んなことは当然である。彫像を職業とする者は51人を数えるが，そのうち39人（76.5パーセント）がタイ人である。居住場所は第2巻（道路と街路）が最も多い（23人）が，第4巻（水路と運河）にもほとんど同数（22人）が居住している。道路および街路に居住する者のうち10人は中国人であるが，水路に居住する者はすべてタイ人である。他方，絵師の職においては，総計31人の内訳は，タイ人12人，中国人18人，欧米人1人で，仏画師以外を含むことが想定されると同時に，タイ人以外の比率の相対的な高さを認めることができる。居住地は道路および街路，集落と河，

表 1-11　各種職人民族別戸主数（クルンテープ）

大工

民族	タイ人	中国人	ケーク	モーン人	計
第2巻	35	62	2		99
第3巻	66	22	2		90
第4巻	60	6	3	1	70
計	161	90	7	1	259
%	61.4	35.4	2.8	0.4	100.0

金細工師

民族	タイ人	中国人	ケーク	欧米人	計
第2巻	35	9	2		46
第3巻	58	6	11		75
第4巻	48	6	3		57
計	141	21	16		178
%	79.2	11.8	9.0		100.0

鍛冶屋

民族	タイ人	中国人	ケーク	欧米人	計
第2巻	17	87			104
第3巻	8	10			18
第4巻	5	12			17
計	30	109			139
%	21.6	78.4			100.0

絵師

民族	タイ人	中国人	ケーク	欧米人	計
第2巻	5	5			10
第3巻	1	8		1	10
第4巻	6	4			10
計	12	18		1	31
%	38.7	58.1		3.2	100.0

彫刻師

民族	タイ人	中国人	ケーク	欧米人	計
第2巻	13	10			23
第3巻	4	2			6
第4巻	22				22
計	39	12			51
%	76.5	23.5			100.0

水路と運河に均等に分布している。

　上に見たように，職人はその種類によっては，民族的な特性を示すことがある。

(7) 米取引，精米所

　タイ国における米は，主要輸出品として次第に重要度を増加させていく。米を扱っている欧米人が1人記載されているが，この時代における米取引が，どの程度国外との取引を目指したものであったかは郵便家屋台帳の職業記載からは判断できない。米の小売や交換を含んで米取引を行う者は239人で，タイ人83人（34.7パーセント），中国人155人（64.9パーセント），欧米人1人（0.4パーセント）である。中国人が従事する傾向が高い。第4巻（水路と運河）においては，総数135人中，タイ人61人（45.2パーセント），中国人73人（54.0パーセント）で，タイ人の割合がいくらか増加するが，人口比からすれば中国人の関与のほうがやはり高い。

　精米所所有者および精米業者は74人を数えるが，このうちタイ人は7人（9.5パーセント），中国人は66人（89.2パーセント）である。米取引を行う者よりもさらに中国人の参与が大きい（表1-12）。精米所の多くは水路および運河（第4巻）に見出され，チャオプラヤー河沿い，すなわち第3巻に記載されるべき大規模精米所が出現するのは，もう少し後の時代ということになる。

(8) 徴税請負人

　徴税請負人は71人見出されるが（表1-13），その半数（36人）は第3巻（集落と河）に記載されている。45人については対象品目を示さず単に徴税請負人とされているが，残りの26人については請負対象となる品目名が記されており，バンコクにおける経済の具体相を垣間見せている。それぞれ単品目に関する請負であり，アヘン3人，野菜，鮮魚，豚，卵，各2人のほか，塩，砂糖，キンマ，鯖，サトウキビ，胡麻，アタップ（ニッパヤシの葉を用いた屋根葺材料），さらにはレンガ職人，娼婦に対するものなどから構成されている。総数71人のうち61人（85.9パーセント）が中国人で，残りの10人（14.1パーセント）がタイ人である。中国人の参与が著しい職種として位置づけられる。

表 1-12　米関係業者民族別戸主数（クルンテープ）

米屋・米取引

民族	タイ人	中国人	ケーク	欧米人	計
第2巻	10	61			71
第3巻	12	21			33
第4巻	61	73		1	135
計	83	155		1	239
%	34.7	64.9		0.4	100.0

精米業

民族	タイ人	中国人	ケーク	欧米人	計
第2巻		19			19
第3巻	1	2	1		4
第4巻	6	45			51
計	7	66	1		74
%	9.5	89.2	1.4		100.0

表 1-13　徴税請負人民族別戸主数（クルンテープ）

民族	タイ人	中国人	ケーク	欧米人	計
第2巻		13			13
第3巻	4	32			36
第4巻	6	16			22
計	10	61			71
%	14.1	85.9			100.0

(9) 専門職

教師，医師，法律業に関連する戸主を民族別に示すと表 1-14 のようになる。

教師は 34 人数えられ，タイ人 22 人（64.7 パーセント），中国人 4 人，欧米人 4 人，インド人またはマレー人（ケーク）4 人を含む。すべての地域に見出され，また民族的分散も認められる。人口比率からすれば，欧米人，インド人またはマレー人の参与が著しく，中国人が相対的に少ない分野でもある。

医師は 101 人を数え，タイ人 77 人（76.2 パーセント），中国人 18 人（17.8 パーセント），欧米人 4 人，インド人またはマレー人（ケーク）2 人を含む。タイ人の参与が著しい職業である。職業の性質上，すべての地域に見出されるが，人口比からすると道路における多さ（47 人）が目立つ。

第 1 章　水の都から陸の都市へ

現在のバムルンムアン道路には，仏像・仏具を商う店が軒を連ねている。

表1-14 専門職従事者民族別戸主数(クルンテープ)

教師

民族	タイ人	中国人	ケーク	欧米人	計
第2巻	6	3	3	1	13
第3巻	7		1	2	10
第4巻	9	1		1	11
計	22	4	4	4	34
%	64.7	11.8	11.8	11.8	100.0

医師

民族	タイ人	中国人	ケーク	欧米人	計
第2巻	32	13	1	1	47
第3巻	18	2	1	2	23
第4巻	27	3		1	31
計	77	18	2	4	101
%	76.2	17.8	2.0	4.0	100.0

法律業

民族	タイ人	中国人	ケーク	欧米人	計
第2巻	17		2		19
第3巻	1				1
第4巻	4				4
計	22		2		24
%	91.7		8.3		100.0

　法律業は24人数えられ，タイ人22人(91.7パーセント)，インド人またはマレー人(ケーク)2人を含む。タイ人が圧倒的に多い職業であり，中国人をまったく欠く分野である。19人(86.3パーセント)が道路と街路に居住している。

6 浮き家とレンガ造り家屋

　バンコクの特異な景観としての浮き家については冒頭で触れたが，郵便家屋台帳が作成された1883年時点でも，浮き家はかなり残っている。もっとも，道路の建設と並んで，浮き家の存在形態に変化が生じていても不思議はない。ここでこの時点での浮き家居住者と，道路沿いに並ぶトゥック(tuk)と呼ばれ

第1章 水の都から陸の都市へ

表1-15 浮き家居住者民族別戸主数（クルンテープ）

民族	タイ人	中国人	ケーク	欧米人	その他・不明	空家	計
第2巻	4	2					6
第3巻	294	418	27	4	3	4	750
第4巻	349	246	23				618
計	647	666	50	4	3	4	1,374

るレンガ造り平土間形式の家屋の居住者の職業の観察から，当時の街のあり方を探ってみよう。

浮き家は郵便家屋台帳第2巻（道路と街路）には6戸が記載され，タイ人4戸，中国人2戸を含む。第3巻（集落と河）には750戸が記載されタイ人294戸，中国人418戸，インド人またはマレー人（ケーク）27戸，欧米人4戸，ベトナム人1戸，不明2戸から成り，残りの4戸は空き家である。第4巻（水路と運河）には618戸の浮き家が記載され，タイ人349戸，中国人246戸，インド人またはマレー人（ケーク）23戸が居住している（表1-15）。

第3巻（集落と河）に収録されている浮き家は，バンコクへの旅行記などにしばしば現れ，パレゴワの地図（地図4前掲）にも記載されているチャオプラヤー河に沿って並ぶ浮き家家屋群を含み，この意味で伝統的な浮き家の姿をとどめると想定される。750戸のうち683戸（91.1パーセント）は居住者自身が所有し，47戸（6.3パーセント）は借家，残りは所有者不明である。借家の居住者のうち40戸（85.1パーセント）は中国人である。

第4巻（水路と運河）に含まれる浮き家は，バンコクヤイ水路やバンコクノーイ水路などを含みつつ，ラタナコーシン島からまばらな放射状に延びる運河や水路に配置されたものからなり，この意味で周辺的な地域に分布するものを主体にしている。第4巻の618戸のうち613戸（99.2パーセント）は居住者自身が所有するものである。

レンガ造りの家屋（tuk）は，新しい街づくりに付随して第2巻（道路と街路）に多く含まれている。レンガ造りの家屋は第3巻にも149戸の記載があるが，ここでは第2巻から，(1)王室財産局（Privy Purse Bureau: PPB）の管理下にあるもの（tuk PPB）690戸，(2)貴族の所有するもの435戸を選び出して比較観察の対象とする。前者のうち627戸（90.7パーセント），後者のうち401戸（92.0パー

セント）は貸家（借家）で，この時代に建設が進められた道路に沿って王室や貴族が投資対象として建てたものである。王室財産局所有のレンガ造り家屋（tuk PPB）には，中国人325人，タイ人338人，インド人またはマレー人21人，欧米人6人が居住し，空き家が1戸ある。貴族が所有する借家には中国人342人，タイ人52人，インド人またはマレー人（ケーク）31人，欧米人10人が居住し，1戸は空き家である。

　河沿いの浮き家（第3巻記載分），水路および運河沿いの浮き家（第4巻記載分），王室財産局所有レンガ造り家屋（第2巻記載分），貴族所有レンガ造り家屋（第2巻記載分）の四つの家屋カテゴリーの居住者の職業従事の様相は，表1-16のとおりである。貴族所有レンガ造り家屋において食品を扱う者の割合が他に比して相対的に多いこと，王室所有レンガ造り家屋において官吏が相対的に多いこと，貴族所有のレンガ造り家屋において酒・賭博等に関連する職業に従事する者が相対的に多いことなどが概観される。比率における若干の差にかかわらず，四つの家屋カテゴリーにおいてすべての職種がある程度含まれている。すなわち，浮き家においても街の要素が見出され，道路沿いのレンガ造り家屋においてはそのうち若干の性格が強調されているのである。

　四つの家屋カテゴリーに共通して見出される職種は，雑貨商，衣料品商，青物商，酒屋，タバコ商，アヘン商などである。上記の店で扱われる品目が当時のバンコクの日常生活の必需品であったことを示唆するとともに，これらの品目が伝統的商業空間および新興の商業空間を問わず，広く入手できたことを示している。これらの商品を扱う店の密度が高いという点では，王室財産局のレンガ造りの長屋がバンコクの商品供給における中心的な役割を担っていることが分かる。

　上述の衣料品商とは別に，絹物商，僧衣商，仕立屋など，衣料を扱う職種中でも奢侈品あるいは特殊化された品目を扱う者，ならびに衣料関係の職人が道路，特に王室財産局のレンガ造り長屋に多い。このことは，この道路沿いのレンガ造り長屋がバンコクの消費文化の中心となっていることを示唆している。質屋は，道路沿いのレンガ造り家屋との関係が特に強く，伝統的空間である浮き家において欠如する職種である。バンコクにおいて生まれつつある新しい商売として位置づけられる。

　相当数の官吏が王室財産局レンガ造り長屋に居住している。大工，理髪業な

第1章　水の都から陸の都市へ

王室財産局（PPB）管理のレンガ造りの長屋のイメージを保つ建物群

表 1-16a　浮き家居住者の職業

第3巻　浮き家居住者

職業	タイ人	タイ人女性(内数)	中国人	欧米人	ケーク	その他・不明	計	%
食品	19	13	62				81	10.9
官吏(官位保持者を含む)	46	3	12	1			59	7.9
日用品・雑貨	71	35	129		15	2	217	29.1
職人	5	2	5		1		11	1.5
酒・賭博質屋	4	3	76				80	10.7
専門職	2		17	2			21	2.8
その他	71	25	44	1	10		126	16.9
不明	76	67	73		1	1	151	20.2
合計	294	148	418	4	27	3	746	100

第4巻　浮き家居住者

職業	タイ人	タイ人女性(内数)	中国人	欧米人	ケーク	その他・不明	計	%
食品	31	22	25				56	9.1
官吏(官位保持者を含む)	21		1				22	3.6
日用品・雑貨	95	67	73		20		188	30.4
職人	28	4	9				37	6.0
酒・賭博質屋	16	6	43				59	9.5
専門職	2		6				8	1.3
その他	112	35	53		2		167	27.0
不明	44	42	36		1		81	13.1
合計	349	176	246	0	23	0	618	100

どの職人もこの種の家屋に居住し，王室財産局レンガ造り長屋は中国人，タイ人を問わず，幅広い借家人を受け入れながら，都市形成の中心的役割を演じてきたといえる。これに対して，貴族所有のレンガ造り家屋の借家人の大部分は中国人であり，貴族の投資先が中国人に向かっていたことを示唆している。

　以上の観察は，伝統的にバンコクの商品流通を支えてきた浮き家が，この時点で，台頭してきた道路沿いの商店にその主導権を譲り，周辺部において日常

第1章 水の都から陸の都市へ

表 1-16b レンガ造り家屋居住者の職業

第2巻 王室財産局レンガ造り家屋居住者

職業	タイ人	タイ人女性(内数)	中国人	欧米人	ケーク	その他・不明	計	%
食品	18	12	22		1		41	5.9
官吏（官位保持者を含む）	103	1	2				105	15.2
日用品・雑貨	29	11	105	2	16		152	22.0
職人	10		40	1			51	7.4
酒・賭博	7	3	58				65	9.4
質屋			38				38	5.5
専門職	10		1	1			12	1.7
その他	128	16	44		4		176	25.5
不明	33	23	15	2			50	7.2
合計	338	66	325	6	21	0	690	100

第2巻 貴族所有レンガ造り家屋居住者

職業	タイ人	タイ人女性(内数)	中国人	欧米人	ケーク	その他・不明	計	%
食品	5	4	69		1		75	17.2
官吏（官位保持者を含む）	16		5		1		22	5.1
日用品・雑貨	7	5	99	1	10		117	26.9
職人			22				22	5.1
酒・賭博	4	1	55	2			61	14.0
質屋	1	1	18				19	4.4
専門職	1		5	2			8	1.8
その他	12	3	43	2	5		62	14.3
不明	6	6	26	3	14		49	11.3
合計	52	20	342	10	31	0	435	100

生活を支える役割に転化していることを示唆している。道路において，専門化，奢侈化，歓楽化をともなう都市中心が既に成立していることが認められる。他方，浮き家はその移動可能性を利用して，水路に沿って展開し，新たな分散的結節点を形成し，広大なバンコクの存在を支えたのではないかと想定されるのである。

第 2 章

道路沿いの市街の構造

1 ニューロード（チャルンクルン道路）

　市街部というものがもともと計画的に形成されていなかったバンコクにおいて，二つの仮定をおきながら，その変容の姿と伝統の残存の姿を想定してみることは興味深い。第一の仮定は，道路の建設がこれまでになかった新しい街の様相と機能を発現していったということであり，第二の仮定は，水路や運河において伝統的な都市生活の様相と機能がなお保存されているということである。

　ニューロード（the New Road, チャルンクルン道路, Thanon Charoen Krung）は，1864年に，チャオプラヤー河に平行して象の踏み均した道を拡張し，途中の水路に架橋して建設されたバンコク最初の道路である。当時のバンコクにおいては最長の道路で，バンランプー・オンアン水路に至るラタナコーシン島内の延長約1キロメートルを占める内ニューロード（Charoen Krung Nai）が，7キロメートル以上の延長を有する外ニューロード（Charoen Krung Nok）に連続している。ニューロードから200ないし250メートル離れた河岸には，各国の領事館も並んでおり，道路はそれらをバンコクの中心である王宮に向かって陸路でつなぐ役割をも果たした。道路建設から20年を経た1884年時点で雨期には水に浸かり，周囲の小道や水路は年中汚れている状態にあったし，1892年時点においても，乾期には散水の努力にもかかわらず泥埃の立ち込める状態が見られたが，少なくとも1930年頃まで，殷賑を極め，バンコクの商業中心としての役割を果たした（Smithies 1986: 38; Fournereau 1894: 35-42）。

　内ニューロード（内チャルンクルン道路）の家屋配置および戸主の職業は巻末付表1-1のとおりである。211戸の家屋が記載されているが，そのうち末端部の偶数家屋番号14戸は家屋番号が記載されるのみである。残り196戸にタイ人95人，中国人91人，ケーク6人，欧米人2人が戸主として記載され，1戸は空き家，1戸は非居住建造物である。有人家屋194戸の戸主のうち借家に住む者は166人（85.6パーセント），自己所有の家屋に住む者は12人（6.2パーセント），所有状況不明16人（8.2パーセント）である。有人家屋のうち建物の形状の記載を欠く14戸を除くと180戸中178戸（98.9パーセント）がレンガ造りである。これらのうち160戸が王室財産局の貸家である。初期の道路建設にとも

なう道路沿いの土地の王宮に近い部分が、王室財産局によって優先的に獲得され、投資の対象となったことを示唆している[1]。

内ニューロードに居住する戸主194人のうち44人（22.7パーセント）は官位保持者あるいは官吏（兵士を含む），14人（7.2パーセント）は徭役従事者（コルベー）である。これらの大部分はタイ人で，通りの前半部分すなわち王宮に近い部分に居住する場合が多い。日常生活に必要な食品・雑貨商13戸（タイ人10，中国人3）の存在が認められる。この通りには，靴屋3戸（中国人3）もある。衣料を扱う者は3戸（タイ人1，中国人2），仕立屋が13戸（タイ人2，中国人11）ある。宝石商6戸（ケーク6），金細工師2戸（タイ人，中国人各1）が店をもち，奢侈への傾斜を示唆する。大工が11戸（中国人10，タイ人1）で，この道路における数的に目立った職能者であるが，居住は分散的である。酒屋15戸（タイ人1，中国人14），アヘン商3戸（中国人3），質屋8戸（中国人8），富籤商5戸（中国人5），賭博関係者3戸（中国人3）の存在は，この道路が歓楽の要素を多分に有することを示している。これらのほとんどは中国人で，通りの後半部分に目立ち，外ニューロード（外チャルンクルン道路）との連続性を示している。

以上の観察は，内ニューロード居住者が，王室財産局の投資したレンガ造り長屋の借家に居住する，タイ人官吏と中国人歓楽関係業者を特徴とすることを示している。

外ニューロードに位置する家屋として郵便家屋台帳に記載されているのは，家屋番号のみが与えられているものおよび空き家を含めて1,226戸で，一つの見出しの中に収められている戸数としては最大である[2]。この大きな家屋群

---

(1) 郵便家屋台帳作成から20年以上後の時代になるが，バムルンムアン道路およびチャルンクルン道路（ニューロード）に位置する王室財産局（PPB）管理下の長屋の家賃は，月あたり20～100バーツ，古い木造長屋の場合は3～10バーツであった。この時代の中国人非熟練労働者の日当は0.75～1.0バーツであった（Porphant & Tsubouchi 2000: Vol. 2, 23）。PPB家屋の家賃は，必ずしも低廉とは言えないが，数人が同居すれば非熟練労働者にとっても手の届く範囲にあった。

(2) 外ニューロードの家屋番号は，197から始まっている。内ニューロードの最終家屋番号は210であるから，この二つの通りに関しては記載の連続にもかかわらず，家屋番号の不連続が見出される。内ニューロードの家屋番号の最終部分は，偶数番号182から210において，188を除くと居住者の記載がない。このことは二つの道路が連続していることが意識されていたと同時に，複数の調査員による調査活動が同時に行われたことを示唆している。郵便家屋台帳においては他にもこのような例がある。

第2章　道路沿いの市街の構造

バンコク最初の計画道路として建設されたニューロード（チャルンクルン道路）。1987年撮影

バンコクの街角で見かける現代の郵便ポスト。赤く塗られている。

表 2-1　ニューロード（チャルンクルン道路）家屋形態別戸数

	レンガ造り			木造平土間			その他家屋	門・車庫	寺院・廟等	不明	空白	合計
	PPB	貴族所有	その他	PPB	貴族所有	その他						
内ニューロード	160	6	12				3	1		14	15	211
外ニューロード												
I群		48	55		77	84	17	4	2	11	2	300
II群		19	48		24	181	22		2	3	1	300
III群	4	42	13		77	129	33			2		300
IV群		4	1	25	20	175	89	1	2	9		326
外ニューロード計	4	113	117	25	198	569	161	5	6	25	3	1,226

を300戸ずつ（ただし最後のグループは端数を加えて326戸）四つのグループに分割して観察を行う。バンコク中心部に近い内ニューロードに連なる最初の300戸をI群として，以下，順次II群，III群，IV群とする。

　家屋の形態はレンガ造り（tuk），木造平土間式（rong），各種の木造高床式などに区分され，屋根材，壁材などに関するより詳しい記載をともなっている。それぞれの家屋群についてレンガ造りの戸数を調べると，I群においては103戸（34.3パーセント），II群では67戸（22.3パーセント），III群では59戸（19.7パーセント），IV群では5戸（1.5パーセント）である。レンガ造りの家屋の割合は，最も多いI群においても内ニューロードをはるかに下回っている。レンガ造りの家屋は，バンコクの中心であるラタナコーシン島を遠ざかるにつれて減少し，末端部を含むIV群では，その最初の部分に5戸が見出されるのみである。住民の半数以上は木造平土間式の家屋に居住している。木造平土間式の家屋はI群における161戸（53.7パーセント）からIV群における220戸（67.5パーセント）へと漸増する。残りの家屋はいわゆる編み壁高床のタイ式のものが多い。すなわち，外ニューロードの家屋形状は，ラタナコーシン島の中心から離れるにつれて，仮設的性格あるいは農村的性格を強めている（表2-1）。

　外ニューロードにおける家屋配置は巻末付表1-2に示すとおりである。外ニューロードでも家屋の多くが借家である。外ニューロード全体では，有人家屋1,145戸のうち882戸（77.0パーセント）が借家である。この率は内ニューロードを若干下回るが，それはIV群において自己所有の家屋に居住する者が比較的多く，33.9パーセントを占めるためである。I群では借家居住者が88.1パーセントを占め，II群およびIII群でも80パーセントを上回っている（表2-2）。

第2章　道路沿いの市街の構造

表2-2　ニューロード（チャルンクルン道路）家屋群別・所有状況別家屋数（有人家屋）

	借家	%	自己所有	%	不明・他	%	計	%
内ニューロード	166	85.6	12	6.2	16	8.2	194	100
外ニューロードⅠ群	251	88.1	18	6.3	16	5.6	285	100
Ⅱ群	221	83.1	27	10.2	18	6.8	266	100
Ⅲ群	240	83.6	32	11.1	15	5.2	287	100
Ⅳ群	170	55.4	104	33.9	33	10.7	307	100
外ニューロード計	882	77.0	181	15.8	82	7.2	1,145	100

　外ニューロードでは，王室財産局のレンガ造り家屋は殆どない。借家の家主は225人に及び，1人あたり平均4.3戸を所有している。家主として，官位をもつ貴族，タイ人平民，タイ人女性，中国人，ケークなどの名が混在し，5戸以下を所有する者が178人（79.1パーセント）を占める一方で，15戸以上を所有する者も10人存在する。最大の家主はルアン・ナーワー（Luang Nawa）という貴族で，32戸のレンガ造り家屋と70戸の木造平土間家屋を中国人83人，タイ人7人，欧米人8人，ケーク4人に貸している。貴族の所有する借家は312戸で，タイ人女性の所有する借家は160戸，中国人の所有する借家は81戸，ケークの所有する借家は67戸である。各家主の所有家屋は数戸ずつ連続的に並び，時には道路の両側に数戸ずつ向かい合うことがある。

　上述のように外ニューロードは1883年においても新開地の様相を残している。そこに見られる若干の職業を，家屋群ごとに示すと表2-3のようになる。内ニューロードに見られたような官位保持者および官吏は，その数が著しく減じるもののⅠ群において14人数えられる。Ⅱ群においてはさらに少ない6人，Ⅲ群では1人のみで，Ⅳ群では皆無となる。徭役従事者は，Ⅰ群とⅡ群ではそれぞれ4人および5人見られるが，Ⅲ群で皆無となり，Ⅳ群では31人数えられる。中心から周辺（農村部）へと移行する姿を示すものかもしれない。

　外ニューロードにおいて最も多い職業は雑貨商で，その数は136戸である。Ⅰ群において最も少なく（9戸），Ⅲ群およびⅣ群において多い（51戸，48戸）。衣料を扱う者は全体を通して少なく，合計3戸がⅠ，Ⅱ，Ⅲ群に1戸ずつ店をもつに過ぎない。仕立屋はⅠ群とⅡ群に各2戸，Ⅲ群に7戸あるが，4群には欠如している。宝石商はⅢ群とⅣ群に各1戸，金細工師はⅠ群とⅡ群に各2戸見出される。

51

表2-3 ニューロード（チャルンクルン道路）戸主職業〔抜粋〕

	内ニューロード	外ニューロード				
		Ⅰ群	Ⅱ群	Ⅲ群	Ⅳ群	計
官吏	44	14	6	1		21
徭役従事者	14	4	5		31	40
雑貨商	13	9	28	51	48	136
衣料商	3	1	1	1		3
仕立屋	13	2	2	7		11
大工	11	4	5	7	4	20
宝石商	6			1	1	2
金細工師	2	2	2			4
貸車庫		16	1		1	18
御者・運転手			16	9	5	30
酒屋	15	30	19	23	25	97
質屋	8	19	2	7	5	33
アヘン商	3	17	23	24	22	86
賭博場	3	7	4	1	1	13
富籤商	5	2		3		5
娼家		11	13		1	25
全戸主	194	285	266	287	307	1,145

註：職業は主業とするものを数えている。

　外ニューロードを特徴付ける職業は，酒屋（97戸），質屋（33戸），アヘン商（86戸），賭博場（13戸），富籤屋（5戸），娼家（25戸）である。これらの分布にはやや偏りが見られ，質屋はⅠ群に最も多く（19戸），次いでⅢ群（7戸）とⅣ群（5戸）にある程度集まっている。Ⅱ群には2戸のみである。娼家はⅠ群とⅡ群に存在し（11戸および13戸），Ⅲ群ではまったくなく，Ⅳ群に1戸のみ見られる。アヘン商はⅠ群（17戸），Ⅱ群（23戸），Ⅲ群（24戸），Ⅳ群（22戸）とかなり多く，各群ほぼ均等に分布している。賭博場および関連従業者の数は絶対数としては比較的少ないが，Ⅰ群に最も多く（7戸），Ⅱ群がこれに次ぎ（4戸），Ⅲ群およびⅣ群では各1戸となる。富籤屋はⅠ群（2戸）およびⅢ群（3戸）に見出される。酒屋はⅠ群に最も多い（30戸）が，他の家屋群においても激減するわけではなく，むしろ各群均等に近い状態で分布するとみなしたほうが良い。これらのいわば歓楽や悪徳にかかわる職業の合計は，Ⅰ群の86戸からⅡ群，

III群の61戸，58戸を経てIV群の54戸に僅かながら減少していく。これらの合計値から酒屋とアヘン商を除いた場合，IV群におけるこの種の職業の少なさは，IV群が他の家屋群とはやや異なった性格を有することを示唆している。

歓楽のための地区が都市周辺に成立するとすれば，I群とII群がそれに相当する。歓楽を賭博と売春に限定するならば，これらを職業とする者はI群（18戸）とII群（17戸）において多いことに注意したい。

I群においては貸車庫を業とするものが16戸見出される。このほかに車作り職人とみなされる者が8人，互いに近接して群居している。外ニューロードには貸車庫を営むものがこのほかにII群とIV群に各1戸ある。当時最大の延長を有していたこの道路を対象に，交通運輸業務に携わる者が出現し，I群がその拠点となっていることが分かる。この意味で，I群はバンコクの中心と，道路を介して出現した郊外との接点となっている。

I群とII群に少ない雑貨商が，III群およびIV群において多く見られることにも注意したい。III群にはこの地域最大の家主ルアン・ナーワーの名を冠した市場があり，この市場を中心にこの人物の所有する借家が展開している。外ニューロードに位置する市場が，周囲の集落の中心となり，バンコクにおける副次的中心の一つとして機能し始めている可能性がある。

IV群末端に近づくと，バーンカワン（Bang Khawang）という地名を付記した家屋が30戸以上記載され，道路のこの部分が近くの集落バーンカワンの土地であることを示唆している。郵便家屋台帳第3巻（集落と河）には，バーンカワンの呼称をともなう集落群が3個記載されている。その1は，バーンカワン水路集落（Banmoo Khlong Bang Khawang）で，タイ人徭役従事者を主体とする12戸からなる。その2は，外ニューロード・バーンカワン水路集落（Banmoo Khlong Bang Khawang, Thanon Charoen Krung Nok）105戸で，タイ人90戸，中国人12戸，ケーク3戸からなり，徭役従事者55人，職業不明45人を含む。その3はバーンカワン水路の東側（Lamnam Bang Khawang Fang Tawan Ok）とされる64戸で，タイ人14戸，中国人22戸，ケーク3戸，モーン人3戸，欧米人15戸からなるチャオプラヤー河沿いの家屋群である。タイ人は徭役従事者6人，大工2人等，中国人は雑貨商5人，大工2人，セメント製造3人，製氷業1人，傭船業1人等を含む。欧米人の職業は大部分が不明であるが，1人が英国総領事，1人が医師であることが判っている。これらの家屋群の居住者がニューロー

表2-4 ニューロード（チャルンクルン道路）家屋群別・民族所属別戸主数

民族	内ニューロード	外ニューロード				
		Ⅰ群	Ⅱ群	Ⅲ群	Ⅳ群	計
タイ人	95	36	62	42	97	237
中国人	91	237	181	199	177	794
欧米人	6	1	2	27	10	40
ケーク	2	11	20	18	19	68
ビルマ人			1		4	5
不明				1		1
計	194	285	266	287	307	1,145

ドとの交渉をもっていたことは容易に理解できる。バンコク郵便家屋台帳には上記のほかにチャルンクルン道路（ニューロード）との関係を付記した家屋群が20個以上存在し，ニューロードが孤立した新設道路ではなく，周辺の諸集落とかかわりながらその機能を営んでいることが分かる。

外ニューロードにおける1,145戸の有人家屋戸主のうち794人（69.3パーセント）が中国人，237人（20.7パーセント）がタイ人，68人（5.9パーセント）がケーク，40人（3.5パーセント）が欧米人，5人がその他（不明1を含む）である。借家居住者の割合は，華人88.7パーセント，タイ人46.0パーセント，ケーク72.1パーセント，欧米人100パーセントである。

家屋群別に民族所属を見ると表2-4のようになる。これまでの記述から予想されるように，Ⅰ群においては中国人の割合が最も高く（83.2パーセント），内ニューロードの中国人の割合をはるかに超える。これは，官吏を中心とするタイ人の居住が少なくなっていることと関係して理解されるとともに，この家屋群の職種構成の性格に基づくものであろう。Ⅱ群とⅢ群においては，中国人の割合がそれぞれ68.0パーセント，69.3パーセントに低下すると同時に，Ⅱ群ではタイ人およびケークの増加が目立ち，Ⅲ群では欧米人のコミュニティが出現する。

以上のように，新しい都市空間としてのニューロードでは貸家が多く建てられ，王室および貴族を含むタイ人の投資対象となっていた。大量の中国人が借家人として流入し，この地域の経済活動においては，酒屋，アヘン商，娼家，賭博場，富籤商など諸種の歓楽を生計の手段とするものが総戸数の20.3パー

セントを占めていた。

　外ニューロードにおいてもレンガ造りの家屋が見られることは既に述べたが，合計234戸のレンガ造り家屋のうち，王室財産局の保有するもの（tuk PPB）は4戸に過ぎない。このことは，この時期において，ラタナコーシン島外の外ニューロードが王室財産局の投資の対象外であったことを示唆する。代わりに貴族所有のレンガ造り家屋が113戸見出され，貴族の投資がどちらかといえば周辺地域で行われていたことを示唆している[3]。

　内ニューロードにおいては空き家が1戸のみ見出されるのに対して外ニューロードには62戸の空き家があり，有人家屋を合わせた合計戸数に対する空き家率は5.1パーセントである。空き家はⅡ群において最も多く32戸を数え，そこでの空き家率は10.7パーセントに達する。この地域の歓楽街的性格にともなう入居者の不安定性を示すかもしれない。Ⅰ群では6戸，Ⅲ群では13戸，4群では11戸で，空き家率はそれぞれ2.1，4.3，3.5パーセントである。

2　サンペン道路

　サンペン地区はラーマ1世が，バンコク創設に当たって城壁外に移住させた中国人コミュニティをその起源としている。1890年から1898年の間にサンペン地区の道路が整備され，ヤワラート道路等が新設されて（末広1989: 218）いるのでこの地区の変化は著しい。郵便家屋台帳に記載されたサンペン道路（Thanon Sampheng）は，外ニューロードとチャオプラヤー河に挟まれて，外ニューロードの南東側を300メートルばかり離れて平行に1キロメートルばかり走る現在のワニット小路あたりを指すのであろう。中国人居住地域の無秩序と喧騒については，古いバンコクの記述においてしばしば触れられている[4]。
　サンペン道路に含まれる530個の家屋番号のうち，2個は番号のみで記載が

---

[3] ニューロードにおいて王室財産局の投資が終わったという意味ではない。王室財産局の投資は1880年から1920年の間に市内各所で続けられ，ニューロードでも1910年にKrom Khun Sabprasart Saphakitから20戸の長屋を96,000バーツで購入したという記録がある。

[4] ワニット小路は現在でも喧騒を極めているが，道路幅はきわめて狭く，3-4メートルに過ぎず，当時の道路の状況を偲ばせるものがある。

表 2-5　主要道路における家屋形態・所有状況および居住者民族別家屋数

	内ニューロード	外ニューロード	バムルンムアン	サンペン	フアンナコン	内側周環	外側周環
家屋形態別（含空き家）							
王室財産局所有レンガ造り	160	4	217	33	89	119	4
貴族所有レンガ造り	6	113	38	130	58	11	
その他のレンガ造り家屋	12	117		278	45	41	2
王室財産局所有木造平土間		25				3	13
貴族所有木造平土間		198	1	63	24	5	1
その他の木造平土間家屋		569	63	17	37	119	87
その他の家屋	4	172	69	5	91	167	107
不明	14	25	11	2	5	44	46
計	196	1,223	399	528	349	509	260
所有状況別（含空き家）							
借家	166	882	268	490	234	244	43
持家	12	181	43	28	71	197	156
不明	18	160	88	10	44	68	61
計	196	1,223	399	528	349	509	260
居住者民族別							
タイ人	95	237	134	15	174	379	210
中国人	91	794	202	482	143	118	49
ケーク	6	68	16	22	3	2	1
欧米人	2	40	2		5	1	
その他		5	1				
不明		1		1			
計	194	1,145	355	520	325	500	260

註：家屋番号のみ付されそれ以外に記載がないものを除く。

なく，1個は廟となっている（巻末付表1-3参照）。残りの527個には家屋の記載があり，そのうち空き家は7戸（1.3パーセント）のみである。レンガ造りの家屋が441戸（83.5パーセント）を占め，レンガ造り家屋の割合は内ニューロードには及ばぬものの，外ニューロードをはるかに上回っている。木造平土間造りは80戸（15.2パーセント）である（表2-5）。

　レンガ造り家屋のうち33戸が王室財産局に属する借家で，130戸が貴族の所有する借家である。残りの278戸はうち250戸が借家で，28戸のみが居住者の自己所有である。すなわち，レンガ造り家屋の大部分（93.6パーセント）が

第2章　道路沿いの市街の構造

現在のサンペン地区

ワニット小路。屋台が所狭しと並ぶ。

57

借家であるが，王室財産局の関与はごく一部に限られている。木造平土間作りの家屋については，63戸が貴族の所有する借家，残りの17戸も一般人が所有する借家である。サンペン通りの家屋のほとんどすべてが借家から構成され，家主として貴族の参入が目立つ。

サンペン道路の最大の家主はプラヤー・ペートチャダー（Phrayaa Phetdaa）という貴族で68戸を所有し，うち66戸を中国人65人とタイ人1人に貸している。2戸は空き家である。サンペン道路の借家のうち152戸はタイ人女性の家主たちによって所有されている。この道路では女性の大規模家主が2人あり，それぞれ31戸および17戸の借家を所有している。中国人居住地域であるにもかかわらず，中国人家主の存在が目立たないことは，土地所有に対するタイ人の強いかかわりを示唆すると同時に，この時代の中国人が身一つでバンコク社会に乗り込んできたことを示している。63戸の借家が中国人家主の下にあり，全借家に対する中国人所有借家の割合は12.8パーセントである。

サンペン道路の家屋の居住者の大部分は中国人である。総数520人の戸主のうち中国人は482人（92.7パーセント）を占め，残りはケーク22人（4.2パーセント），タイ人15人（2.9パーセント），不明1人（0.2パーセント）である。ケークは1から始まり530に至る家屋番号のうち，末尾に近い429と475の間に見出され，集中的な居住をしていることが分かる[5]。タイ人の3分の2は家屋番号1から80の間に見出されるが，集中度はケークほどではない。家屋番号81から382に至る302戸は中国人の居住する家屋が連続し，サンペン道路の中心部分が中国人によって排他的に居住されていることが分かる。民族混住の傾向が顕著なバンコクにおいて，ここには特異な状況が出現している。

サンペン道路において最も目立つ現象は，同種の商店が軒を連ねていることである。家屋番号69から171までの奇数番号をもつ52戸の連続する商店は，そのうち47戸が雑貨商である。家屋番号233から311に至る奇数番号の40戸においてはそのうち26戸が，家屋番号230から330に至る偶数番号の51戸においてはそのうち22戸が衣料を扱っている。サンペン道路末尾の家屋番号513から530に至る18戸では，そのうち13戸が道の両側に鍛冶屋を展開して

---

(5) ワニット小路の末端近くには，これらの子孫と思われる宝石商などが現在でも店を構えている。

第2章 道路沿いの市街の構造

いる。このほかにも3戸以上同一業種が軒を連ねている例が，鉄器商，真鍮器商，薬屋，賭博場，大工（指物師）において見られる。

　サンペン道路において最も多いのは，衣料に関連する職業で，仕立屋（仕立職人）10戸を含めるとその数は総有人家屋の19.2パーセントにあたる100戸に達する。この中には，絹物を扱う13戸が含まれ，サンペンにおける業種が，専門化と奢侈化をともなっていることが分かる。ビルマ製の布を商う者（1戸）や帽子を扱う者（7戸）がこの中に含まれることもこの傾向を裏付けている。サンペン道路では大抵の種類の物が手に入るように見える。特定の商品に特化している店を以下に列挙してみよう。紙類12戸，照明器具（ランプ）7戸，時計6戸，線香類5戸，銃砲2戸，鏡1戸，寝具（枕とベッド）1戸，テーブル1戸，皮革1戸，銀製品1戸，錫器1戸，ロープ類1戸，鍵錠前1戸，花屋1戸。ちなみに，時計の取り扱いはこの通りの特色の一つであり，バンコクの他の通りには見られない。中国人居住地域であることを背景に，サンペン道路には中国人の文化生活に結びつく商品を扱う店も多い。たとえば以下のようなものがある。中国製陶器6戸，中国製ガラス器2戸，中国製ニエロ（黒金）製品4戸，中国コンロ2戸，漢方生薬4戸等である。

　サンペン道路には23戸の酒屋が営業している。質屋は21戸見出される。アヘンを商う者は11戸で，賭博場関係者は8戸，富籤関係者は2戸である。娼家はこの道路には見出されない。内ニューロードと比較すると戸数比にして酒屋，富籤屋が相対的に少なく，アヘンを商う者がやや多く，質屋，賭博場関係者が拮抗する。外ニューロードの第I群と比較すると，いずれにおいても相対的に少ない。他の物品を商う店と異なり，サンペン道路ではこれらの歓楽を商う店は街路の各所に分散している。歓楽の商いに関しては，サンペン道路と内ニューロードは共通する側面を有し，郊外に向かって展開する外ニューロードには売春というもう一つの要素が加わっているのである[6]。

---

(6) 悪徳に関連する職種は，いわゆる裏小路に展開すると考えられやすい。実際，トンサイ小路（Trok Ton Sai）と呼ばれる小路には15戸の娼家が記載されており，他にも娼家を含む小路がいくつかある。しかしながら外ニューロードの娼家数25戸はきわめて目立つ存在であり，郵便家屋台帳に記載されたバンコク全域の娼家86戸の29.0パーセントを占めている。アヘン商についても，外ニューロードの88戸（主業とする86戸のほか，酒屋との兼業2戸を含む）は，バンコク全域のアヘン商300戸の29.3パーセントに相当する。当時，これらの職業は表通りの業種としても存在しえたのである。

3 バムルンムアン道路

　バムルンムアン道路（Thanon Bamrung Mueang）は，ニューロードとほぼ同じ時期に建設された，ラタナコーシン島を西から東へ向かい，ロート水路，バンランプー・オンアン水路を越えてパドゥンクルンカセム水路に達する2キロメートルばかりの道路である。郵便家屋台帳作成時点のバムルンムアン道路には399戸の家屋が見出される（巻末付表1-4参照）。今日ではその延長がラーマ1世道路を経てスクムビット道路に連なり，やがて南東に向かう。

　バムルンムアン道路は，同じ時期に類似の位置において建設された内ニューロードと共通する側面を有している。王室財産局の投資によるレンガ造り家屋の多さが共通側面の形成に寄与している。ちなみに，バムルンムアン道路に展開する399戸の家屋のうち217戸（空き家3戸を含む）が王室財産局所有のレンガ造り家屋，38戸（空き家11戸を含む）が貴族所有のレンガ造り家屋である。居住者の持家は43戸に過ぎない。

　バムルンムアン道路における王室財産局の貸家は，この道路が始まるラタナコーシン島中心部からオンアン水路に至る部分まで続いている。この道路はオンアン水路を越えてさらに1キロメートル以上続きパドゥンクルンカセム水路に至るが，家屋の様態は家屋番号250前後のオンアン水路を境界にして一変する。オンアン水路の近くまで道路の両側に王室財産局のレンガ造り家屋が並ぶが，中心から周辺に向かって左側（偶数番号側）の末端部には2戸の酒屋と1戸のアヘン商に続いて6戸の質屋が軒を連ねている。オンアン水路の近くには番兵小屋（家屋番号152/253）があり，水路近辺には酒を売る編み竹壁の家屋が12戸，道の両側に並ぶ。ここに境界あるいは周辺部の様相が出現する。

　オンアン水路に架けられた橋の外側には王室財産局のレンガ造り家屋はない。貴族が所有するレンガ造り家屋が27戸あるが，そのうち14戸は空き家である。木造平土間家屋は65戸で橋の外側では最も多い。木造平土間家屋においても王族や貴族の所有する貸家がかなりあるが，空き家が12戸で多い。居住者自身の持家は7戸に過ぎない。これらのほかにより粗末な造りの編み竹壁の家屋が少なくとも30戸ある。このような家屋に交じって貴族の邸が3戸見出され，そのうち1戸に居住するプラ・ヨーターテープ（Phra Yoothaatheeep）

第2章　道路沿いの市街の構造

は，自邸の隣接地および向かい側に計10戸の木造平土間家屋を所有している。このうち2戸は借家人が入居しているが，8戸は空き家である。プラ・ヨーターテープの右隣に住むプラヤー・ラタナコーサー（Phrayaa Ratanakoosaa）も右隣に4戸の借家を所有している。上述のように，バムルンムアン道路のオンアン水路を越えた部分には，空き家も多く，開発途上の様相がうかがわれる。

　オンアン水路に至るまでのバムルンムアン道路の戸主は，中国人171人，タイ人58人，ケーク13人，欧米人1人，計243人である。水路の外側，すなわち城壁外では，中国人31人，タイ人76人，ケーク3人，ラーオ人1人，欧米人1人，計112人となり，中国人とタイ人の割合が逆転する。

　水路の内側すなわち城壁内で，最も多数を占める職業は衣料の商いで，仕立職や帽子（被り物）商を含めて93人（戸主の38.3パーセント）が従事している。このうち中国人衣料商は80人で中国人戸主の46.8パーセントを占める。これらの数値は総数としてはサンペン道路の衣料関係職業従事者の100戸には及ばないが，集中度はより著しい。衣料を扱う者の間での分業ないし専門化がサンペン道路と同様に見られ，絹を扱う者の数はサンペン道路を上回るほどである。特殊化が最も顕著に現れるのは，僧衣専門店7戸の存在である[7]。衣料を扱う店が並ぶ手前，すなわちバムルンムアン道路の入り口にあたる王宮寄りの部分には，6戸の質屋を中心に4戸の酒屋と1戸のアヘン商が位置することを指摘しておきたい。これらのほとんどは王室財産局のレンガ造り家屋で営まれている。王宮に連なるバンコク中心部は，職業選択において歓楽や悪徳を避けるという意味での聖域ではなかったことが分かる。

　橋を渡った城壁外では，衣料を扱う者は皆無である。居住者として特徴的なのは，各種の勤め人と徭役従事者である。役人，書記，巡査，技術者，家事使用人などを含む前者の合計は28人，徭役従事者の合計は14人で，これらのほとんどはタイ人である。道路の末端に近づくにつれてタイ人を中心とする非商業従事者が増加している。最後の部分には徭役従事者の住まいに交じって，10戸の酒屋（1戸はアヘンも扱う）と1戸のアヘン商が店を構えている。末端における酒屋などの配置は内ニューロードに共通するものがある。

---

(7) 現在のバムルンムアン道路には多くの仏像，仏具などを商う店が見られる（37ページ写真）。郵便家屋台帳にはこのことをうかがわせる記載はないが，僧衣を扱うことと仏像，仏具を扱うことの間に何らかのつながりがあるかもしれない。

61

バムルンムアン道路と内ニューロードに共通するもう一つの特徴は娼家の欠如である。外ニューロードに入ってようやく娼家が出現する。バムルンムアン道路の最後はパドゥンクルンカセム水路を越えたところで寺院によって締めくくられる。今日ではバムルンムアン通りの延長は，既に述べたように，東に向かって，ラーマ１世道路を経てスクムビット道路に連なるが，当時の市街化は辛うじてパドゥンクルンカセム水路まで達したに過ぎない。バムルンムアン道路における空き家の比率の高さは，この道路が発展途上にあったことを示している。

4 | フアンナコン道路

ニューロードに１年ほど遅れて建設されたフアンナコン道路 (Thanon Fuang Nakhon) は，バンランプー・オンアン水路の内側に位置し，バムルンムアン道路にほぼ直交する形で，ラタナコーシン島中央部をやや東に傾きながら南北に縦断し，1300メートルないし1400メートルの延長をもつ。郵便家屋台帳に記載されたフアンナコン道路は，現在では，北部はタナオ道路と改称され，南端にのみこの名称を残して，さらに南に続くバンモー道路に連なっている[8]。

フアンナコン道路にはバムルンムアン道路をやや下回る349戸の家屋が展開している。そのうち借家が234戸を占めるという構成もバムルンムアン道路に類似している。しかしながら，王室財産局のレンガ造り家屋は89戸（うち３戸は空き家）で，バムルンムアン道路を下回り，代わりに貴族所有のレンガ造り家屋（58戸）や貴族所有の木造平土間家屋（24戸）が目立つ。すなわちこの通りは，王室財産局の投資対象としては内ニューロードやバムルンムアン道路ほど

---

[8] 友杉は，フアンナコン道路とバムルンムアン道路に残存する歴史的建造物に関して，実地検証に基づく詳細な記述を行っている (Tomosugi 1993 および友杉 1994)。友杉の記述は北から南に移動しながら行われており，現在の家屋番号もこの順に与えられている。郵便家屋台帳の家屋番号は，逆に，南から北へと進む形で与えられている。友杉は，バンモー道路もフアンナコン道路の南端部が後に改称されてこの名称となったという見解を示しているが，郵便家屋台帳には既にバンモー道路の記載がある。郵便家屋台帳の時代には，フアンナコン道路に直交するラーチャダムヌーン道路はまだ建設されておらず，中国廟サンチャオ・ポースアもまだ現在の場所にはない。

第2章　道路沿いの市街の構造

力を注がれることがなく，その分，貴族の投資が目立つことになったと思われる。

王室財産局の貸家の主要部分は，道路の中央部分にあるラーチャボピット寺 (Wat Ratchabophit) とマハン寺 (Wat Mahannapharam) の間に位置している。道路の南端寄りには貴族の投資によるレンガ造り家屋が多く，北端寄りにはボーウォン寺 (Wat Bowonniwet) が所有する29戸のレンガ造り家屋が道路の両側に並ぶ。

フアンナコン道路居住者の職業構成は，これまでに観察してきたいくつかの道路と以下の点で異なっている。この道路には，衣料を扱う店が見当たらない。代わりに，乾物・食料を扱う者20戸（タイ人16，中国人4），魚を扱う者9戸（タイ人2，中国人7），薬屋6戸（タイ人1，中国人5），医師5戸（タイ人4，中国人1），床屋6戸（タイ人3，中国人2，欧米人1），タバコ製造販売6戸（タイ人6），キンマ販売4戸（タイ人1，中国人3）などの存在が目に付く。この通りは日常生活とのかかわりが強く感じられる。日常生活の周辺に，質屋22戸（タイ人1，中国人21），酒屋36戸（タイ人6，中国人30），アヘン商19戸（タイ人2，中国人17）も存在する。貴族（Phraya 2人，Phra 2人，Luang 3人，Khun 9人）や官吏（18人），さらには徭役従事者（21人）の居住にも注意したい。

上述の職業構成を背景に，フアンナコン道路の戸主を民族別にみると，タイ人174人，中国人142人，欧米人5人，ケーク3人から構成されている。タイ人の数が中国人よりも多い[9]。

フアンナコン道路の南に連なるバンモー道路には，1から39に至る家屋番号の下に戸主の記載があるが，この通りの家屋の多く（26戸）は棟割長屋 (tim chao) で，1人の王族が所有している。戸主はタイ人32人と中国人10人を含んでいる。戸主の数が家屋番号の数を超えているのは，家屋番号が付与されて

---

[9]　タイ人の職業記載には上に述べたもののほか，不明が45人ある。友杉は郵便家屋台帳の記述から，タイ人の中に38人の無職の者（失業者 unemployed と表現されている）の存在を認め，中国人が異国において生活のために金を稼がねばならなかったのに対して，タイ人が親族や庇護者に依存することが可能であったと述べる (Tomosugi 1993: 28)。38人という数値はともかく，友杉は職業記載のない者を無職と判定したと思われる。上記のタイ人職業不明者45人中34人が女性であることは，友杉の記述を支えるとしても，他の家屋群との比較から，11人の職業不明者すなわち職業記載のないタイ人男性について，これを失業者と断定するには慎重を要する。

いない家屋に居住する者3人を含むためである。家屋番号を欠く家屋は，これらのほかに，棟割長屋1戸（7部屋から構成されている）および平土間家屋1戸（3部屋から構成されている）が見出され，いずれも空き家である。これらの空き家は，この道路の末尾に位置する棟割長屋群の直前に記載されており，バンモー道路の家屋形態および家屋配列が，他の道路ほどの整然さをともなわず，バーン（集落）の字義のとおり，どちらかといえば集落的な様相を保つことを示唆している。

戸主の職業として最も多いのが徭役従事者（タイ人13人）であり，次に職業不明者である（タイ人男子3人・女子6人，中国人男子1人・女子1人，計11人）。

中国人は，道路の最初の部分に多く，酒店3戸（1戸は質屋を兼業），質屋1戸を含んでいる。下級貴族や下級官吏の居住も見られる（Khun 2人，Muan 2人）。この道路は，接続するフアンナコン道路に比して，より伝統的集落としての特色を備えていることが分かる。

5 城壁沿いの道路

郵便家屋台帳が作成された1883年時点では，上述のほかにかなり多くの道路が既に完成しているようにみえる。ここでは，バンランプー・オンアン水路に沿って築かれた城壁の内側および外側をめぐるとみなされる道路を取り上げよう。以下の記述では，これらを内側周環道路（Thanon Rop Phranakhon Chan Nai Kampang）および外側周環道路（Thanon Rop Phranakhon Chan Nok Kampang）と略称する。内側周環道路および外側周環道路は，1896年に刊行されたバンコク市街図では，その位置を確認することができない。これらの道路はその後城壁が取り壊され，道路幅が拡張されるにつれて，大きな変容を遂げるとともに，プラスメーン通り，マハチャイ通り，チャカペット通りなどとして整備されていったものと推定される。家屋および住民の概要は表2-5（前掲）に示す。

内側および外側周環道路については，家屋配置のあり方が不明である。家屋が城壁に接している状態よりも，城壁に沿って道路が設けられ，ある程度の空間を城壁との間に保ちながら，道路の片側にのみ家屋が並ぶ状態を想定したい。内側周環道路については，この形を想定することによって，王族の宮殿の

第2章　道路沿いの市街の構造

城壁沿いの道路。前方にサケット寺を望む。内側周環道路の一部にあたるかも知れない。
Carter 1904 より。

道路への開口部を設定することができるし，また，家屋形状や職業の集合性をより明確に認識することができる。外側周環道路については，家屋の背面にバンランプー・オンアン水路が位置し，城壁と水路との間に余裕がある場合には家屋が二重になるという想定も可能である。これらはあくまでも仮定に過ぎない。巻末付表1-6，1-7ではこの仮定に従って，家屋を奇数，偶数に分けず，番号順に並べている。内側周環道路の総戸数509戸に対して，外側周環道路の総戸数は263戸である。

　内側周環道路では王室財産局のレンガ造り家屋が119戸見出されるのに対して，外側周環道路では4戸に過ぎない。判明する限りでは，内側周環道路の家屋のうち244戸（47.9パーセント）が借家，197戸（38.9パーセント）が持家である。外側周環道路では借家43戸（16.3パーセント），持家156戸（59.3パーセント）で，持家の割合がより高い。両道路とも平土間の家屋が主体を占めるが，編み竹壁の高床式家屋（表2-5では「その他の家屋」に含まれる）がそれぞれの通りで69戸ずつ見出されるなど，周辺に移動するに従って非都市的景観が顕著に現れる。

　戸主の民族構成は，内側周環道路ではタイ人が75.8パーセント，外側周環道路では80.8パーセントを占め，これまでに観察してきた他の道路の住民とは異なった様相が現れる。職業構成の面からも，内側周環道路で最も目立つのが官吏（131人），次いで徭役従事者（91人），外側周環道路では徭役従事者（85人），次いで官吏（38人）である。いずれもほとんどタイ人から構成されている。官吏や徭役従事者は軒を並べるように居住している。商業活動として目立つのが，食料品の商い（内側周環道路45戸，外側周環道路7戸）および酒屋（内側周環道路40戸，外側周環道路8戸）である。これらはいくつかの群を形成しながら勤労に従事する居住者の間に収まっている。食料品の商いにおいてはタイ人が中国人を上回るが，酒を扱うのはほとんど中国人である。酒の商いと並んで，数的にはやや減少するが，アヘン，タバコ，キンマを扱う者が存在する。アヘンの扱いは中国人，タバコやキンマはタイ人という事実上の分業が見出される。

6 道路沿いの生活の出現

　ラタナコーシン島内部に建設された道路およびそれに張り付いたサンペン道路は，それぞれせいぜい1キロメートル内外の比較的短いもので，1883年時点では，ニューロードだけが例外的に長い延長を有するものであった。王室財産局の貸家を中心とするレンガ造りの家屋は，主としてラタナコーシン島内の道路に建設され，内ニューロード，サンペン道路などを中心に，奢侈化，専門化をともないつつ商業活動が活発に展開しつつあった。中心部からやや外れて，いわゆる歓楽ないし悪徳の生業が立ち並ぶ様相が認められる。

　バムルンムアン道路，フアンナコン道路の観察からレンガ造り家屋が建ち並ぶ道路沿いにも商店に交じって一般市民の居住が見られる。王室財産局の貸家の家賃の低廉さが道路沿いの勤め人が交じる居住構造を可能にしたとも考えられる。家屋の規格性のために巨大な商店等が出現しないことも，町並みの均一化に寄与している。周辺部の空き家の多さは，一方では，道路を中心とする都市計画が進行中であることを示すが，他方では，当時のバンコクの人口膨張ないし市街拡張の限界を示すものともいえる。バンコク市街はこの後に新たな道路の建設と延長を重ねて拡大していくのだが，郵便家屋台帳作成時点では，比較的狭い面積の中での道路と家屋の整備が，王室と貴族の投資を原動力としながら進行してきた状況が見える。

　ニューロードの中ほど以遠，フアンナコン道路に接続するバンモー道路，城壁の周囲をめぐる道路などは，商業活動の場というよりは，一般住民の生活の場としての性格を示している。最初の道路建設から20年を経たこの時点のバンコクは，不完全ながらも張り巡らされた道路沿いの生活が，少なくとも一部の地域で成立しているのである。

第3章

水路沿いの住民

1 水路の住民

　バンコクには無数の水路があり，各々の水路は舟運によって結ばれていた。水路は王宮が所在するラタナコーシン島側にも発達していたが，道路が形成されてきた1883年時点において，その存在意義が大きく認められるのは対岸のトンブリ側においてであった。トンブリ側における最も重要な水路は，バンコクノーイ (Khlong Bang Kok Noi) とバンコクヤイ (Khlong Bang Kok Yai) である (xiiページの地図2参照)。両水路は，アユタヤ王朝時代の1534年以前にはチャオプラヤー河本流であったという (Hubbard 1977: 19)。チャオプラヤー河からのバンコクノーイ水路への入り口は，バンコクヤイ水路への入り口よりも2キロメートル余り上流部に位置しており，大きな湾曲を経て，はるか上流部のノンタブリで再びチャオプラヤー河本流に交わっている。バンコクヤイ水路は，トンブリ地域を大きく迂回しながらやがて北上し，バンコクノーイ水路に交わっている。バンコクヤイ水路から分岐して西に進む水路がいくつかあり，なかでもマハチャイ水路とパシチャルン水路はともに西へ向かい，チャオプラヤー河に30キロメートルばかり離れて並行して流れタイ湾に注ぐターチン川に達する。これらの水路はさらに連絡水路で結ばれ，水路交通のネットワークが形成されていた。

　往時のバンコクにおいて，水運はその輸送能力および輸送速度において，陸運をはるかに上回っていたので，水路沿いに展開する家屋の広がりはきわめて大きくなった。ここでは，バンコクノーイとバンコクヤイの両水路，および後者から分岐するいくつかの水路，およびマハチャイ水路とパシチャルン水路などに焦点を当てて，当時の状況を再現することを試みる。

2 バンコクノーイ水路

　バンコクノーイ水路 (Khlong Bang Kok Noi) はラタナコーシン島の対岸部でチャオプラヤー河に開口しているが，郵便家屋台帳における家屋番号もこの合流点付近を起点としている。郵便家屋台帳にはバンコクノーイの見出しの下に

307戸が記載されている（巻末付表2-1参照）。家屋番号は28から始まり175まで連続した後に，177に続いて奇数番号のみで327に至り，8ページばかり後にバンコクノーイ西側という別の見出しの下に176から340に至る偶数番号が記載されている[(1)]。ところで，この一連の家屋番号は，上述の8ページの中で別の見出しを与えられて，奇数と偶数に分けて，奇数家屋は家屋番号329から655まで，偶数家屋は家屋番号342から706までの記載が行われている。家屋台帳に含まれる寺院の名称から，これらの家屋群がバンコクノーイとバンコクヤイとの分岐点からさらに北方へ1キロメートルばかり続いていることが分かる。この部分は，今日，バンコクノーイとして地図上に記載されているが，郵便家屋台帳ではレック・バーン・クンノンカン水路（Khlong Lek Bang Khunnonkan）として認識されていた。本章においては，バンコクノーイの名称を冠せられた奇数番号29から327，および偶数番号28から340までをバンコクノーイ水路前半部として，これらに続く部分をバンコクノーイ水路後半部として記述・分析する（表3-1）。

　バンコクノーイ水路前半部に展開する家屋群の特徴は，家屋の多くが浮き家で，居住者の多くが商業活動に従事することである。前半部の家屋形態で最も多いのは，全戸数の54.1パーセントを占める浮き家（166戸）で，チャオプラヤー河からの進入路に沿って左側の岸（以下左岸とする。奇数の家屋番号が与えられている）に多く，奇数番号を与えられた157戸中の109戸（69.4パーセント）を占める。反対側の岸沿いには偶数番号を与えられた150戸に対して57戸の浮き家（38.0パーセント）がある。浮き家の列の途中に合計23戸の家船が両岸に分かれて入り込んでおり，この水路における水上生活の様相がさらに強かったことが分かる。バンコクノーイ水路前半部における浮き家の分布密度はチャオプラヤー河に近い部分で高く，水路を進むにつれて進入路から見た左岸には板壁高床の家屋が34戸，編み竹壁高床の家屋が9戸見られるなど，陸上生活の様相が嵌入している。しかし，この水路に沿って見られるレンガ造り家屋は

---

(1) 郵便家屋台帳第4巻原本において，バンコクノーイ水路に関する記述は200ページから始まっている。先行する198ページおよび199ページが欠損しており，家屋番号1-27はこの中に含まれていると想定される。奇数番号家屋と偶数番号家屋の記載が分離して行われていることは，水路地域においては家屋番号のつけ方が困難で，奇数番号の家屋と偶数番号の家屋との対応関係も道路ほどに明白ではないことを示唆している。

表3-1 バンコクノーイ水路・戸主の主な職業

職業	水路前半部 総数	水路前半部 浮き家居住	水路後半部 総数	水路後半部 浮き家居住
衣料を扱う者	44	43	16	16
食料を扱う者	28	16	33	13
荒物を扱う者（水柄杓を除く）	27	26	11	11
雑貨を扱う者	26	16		
薬を扱う者	9	9	7	5
酒を扱う者	3	2	11	11
水柄杓を扱う者	32	1		
チリ・蝦ペーストを扱う者	11	1	16	2
豚肉を扱う者（養豚を含む）	5			
賭博場経営	1		1	1
富籤を扱う者	2	2		
アヘンを扱う者	4	2	3	2
園芸農家				
徭役従事者	32	10	64	15
貴族・官吏等	15	6	33	1
その他	24	21	12	7
不明	44	11	136	57
戸主総数	307	166	343	141

3戸，木造平土間家屋は9戸に過ぎない。また，この水路のこの部分には寺院が記載されていない[2]。すべての家屋のうち301戸（98.0パーセント）は自己所有，すなわち持家である。

バンコクノーイ水路前半部には，衣料を扱う者が多く，その数はバムルンムアン道路やサンペン道路には及ばぬものの，それらの半数に近い44戸に達している。このうち43戸が浮き家で営業している。荒物を扱う27戸のうち26戸，薬を扱う9戸すべてが浮き家である。食料を扱う者（28戸）や雑貨を扱う者（26戸）の場合には，それぞれ16戸が浮き家である。この水路が浮き家を中心とするかなりの規模のショッピングセンターとなっていることが分かる。しかし，バンコクノーイ水路前半部の住民がすべて商売に従事しているわけではなく，道路の場合と同様，貴族，官吏，徭役従事者が水路に沿って居住し，その一部

(2) 寺院が欠損ページの27戸に含まれている可能性がある。

は浮き家を住まいとしている。

　バンコクノーイ水路前半部も賭博，富籤，アヘンなどの歓楽的要素を僅かながら保有している。しかしながらこれらの出現頻度は道路に比して相対的に低い。無理にでも金銭を調達するための質屋はここでは皆無である。衣料を扱う者において，絹に特化した商いを展開する者は皆無である。このような意味で，浮き家を主体とするバンコクノーイ水路のショッピングセンターは，質実かつ健全な生活必需品の商いを主体にしている。

　バンコクノーイ水路前半部の戸主総数は307人で，タイ人216人（内女性戸主136人），中国人73人，ケーク17人，不明1人から成り立っている。道路に比してタイ人の割合が相対的に高くなっている。商業活動に対するタイ人の関与が道路におけるよりも顕著で，衣料を扱う者を例にとると全従事者44戸のうち28戸がタイ人である。

　バンコクノーイ水路後半部には前半部を上回る343戸の家屋が見出される。このほかに三つの寺院があり，水路沿いのコミュニティの成立がある程度の歴史をともなうものであることを示唆している。家屋形態で最も多いのは，141戸の浮き家で，全戸数の41.1パーセントを占める。浮き家の列の途中に両岸に分かれて合計17戸の家船が入り込んでいる。水路前半部よりも浮き家の密度がやや低くなるものの，家屋形態に基本的な変化が見られるわけではない。水路を進むにつれて左岸に板壁高床の家屋が52戸，編み竹壁高床の家屋が15戸見られるなど，陸上の生活の要素が前半部よりもより強く入り込んでいる。レンガ造り家屋は2戸，木造平土間家屋は11戸に過ぎない。すべての家屋のうち337戸（98.5パーセント）が自己所有である。

　水路後半部の戸主に見られる最も多い職業は，徭役従事者（64人）である。次いで貴族・官吏等（33人）が目立つ。職業が記載されない者すなわち不明の者が136人数えられる。前半部において最も多かった衣料を扱う者は16人に減少し，雑貨を扱う者は皆無となる。他方，食料を扱う者や酒を扱う者は，前半部よりも多く，それぞれ33人および11人である。すなわち，水路の後半部では，ショッピングセンターとしての性格が弱まって，居住地的あるいは消費生活的な色彩が強くなっている。水路後半部も賭博，アヘンなどの歓楽的要素を僅かながら保有している。

　水路後半部の戸主は，タイ人236人（うち女性戸主128人），中国人106人，

第3章　水路沿いの住民

小舟で行商する女性から野菜を買う板壁高床家屋の住人

板壁高床の家

ケーク1人から成り立っている。前半部に比べると商業活動に対するタイ人の関与が目立たなくなり，衣料を扱う者を例にとると全従事者16戸のうち4戸がタイ人である。

　この水路の一部に陸上の家屋が存在することは既に述べた。水路前半では，これらの主要部分が左岸に所在し，そのなかに水柄杓を扱う29戸が軒を並べるように集中している。多くは板壁高床家屋の居住者である。水柄杓を扱う者は相対する右岸部にも3戸見出される。ここにはバンコク全体に水柄杓を供給することができるほどの製造販売集団が存在するのである。水柄杓関係者は1戸を除いてすべてタイ人である。水柄杓の集合地域を過ぎて，前半部左岸の最奥部には，豚肉を扱う者（養豚場を含む）5戸が，木造平土間家屋を連ねている。中国人4戸とタイ人1戸で，タイ人は養豚場の作業員（女性）である。このようにバンコクノーイ水路前半部は，商業空間の奥に職能集団が配置された構造を示している。

　水柄杓を扱う家屋群の直前にチリ・蝦ペーストなどの香辛料を商う家船の集団が見出される。少なくとも9戸の家船で，8人の中国人と1人のタイ人女性戸主がこの商売に従事している。水路を進んで後半部に入るとすぐに，類似の家船集団が見出される。右岸の9戸の家船で，5人の中国人と4人のタイ人女性戸主がチリ・蝦ペーストを扱っている。水路後半部家屋群末端に近い左岸で，中国人3人とタイ人女性戸主2人が同様の品物を家船で扱っている。加えてこの家船群に先行して浮き家でチリ・蝦ペーストを扱う中国人が見出される。家船，チリ・蝦ペースト，中国人という組み合わせの意味するところを解明する必要があるが，ここにも特異な職能集団の存在を認めることができよう。

　バンコクノーイ水路の住民で農業に従事する者はない。この水路と既に示した道路における職業構成の類似性に注目したい。水路自体が一つの街区とみなされるのである。

3 バンコクヤイ水路

　バンコクヤイ水路（Khlong Bang Kok Yai）は，チャオプラヤー河に沿ってバンコクノーイ水路入り口から約2キロメートル下流部に進入路を有し，大きく迂

回して北上しバンコクノーイ水路に連なっている。郵便家屋台帳には，この水路沿いに737戸の家屋と五つの寺院（家屋番号を欠く寺院1を含む）が記載されている（巻末付表2-2参照）。バンコクノーイ水路と同様，チャオプラヤー河に近い部分から順に，進入口から見て右岸が偶数，左岸が奇数の家屋番号を与えられている。郵便家屋台帳の記載は，最初の部分は番号順になっているが，途中で偶数番号のみに変わり，次いで奇数番号のみ，さらに偶数番号のみ，最後に奇数番号のみとなっている。この過程で番号の一部が欠如しており，長大な水路の調査過程で予め準備された家屋番号票の貼り付けに若干の齟齬があったことや，また，水路をはさむ奇数家屋番号と偶数家屋番号との間の位置関係において対応を欠く状態が生じていることなどが想定される。

　この水路にも浮き家や家船があるが，その数はそれぞれ15戸および5戸に過ぎない。レンガ造り家屋は15戸，木造平土間家屋は30戸である。木造ないし板壁の高床家屋が最も一般的で343戸，次いでアタップ（ニッパヤシの葉葺き）の家屋が198戸である。すなわち，この水路の家屋はバンコクノーイ水路とは異なった様相を示している。この水路で最も多い職業は，戸主737人のうち260人が従事する園芸農業で，この職種の存在が家屋形態の大勢を決定している。バンコクヤイ水路のすべてが園芸農家で埋め尽くされているのではなく，園芸農家は水路進入口から少なくとも2.2キロメートル奥のイントララム寺（Wat Intraram）を過ぎて，水路が真西に向かい始めてから出現し始める。水路は明らかに生業によって住み分けられているので，変異の過程を確認するためにこの水路の家屋を，Ⅰ群（家屋番号1～200, 190戸），Ⅱ群（家屋番号201～400, 194戸），およびⅢ群（家屋番号401～, 353戸）に分けて観察する（表3-2）。

　Ⅰ群には衣料を扱う者9戸，雑貨を扱う者16戸が含まれている。衣料を扱う者はタイ人4戸，ケーク5戸から構成されている。1戸（ケーク）のみが浮き家，他の8戸は板壁の高床家屋である。雑貨を扱う者はタイ人7戸，中国人2戸，ケーク7戸から成り，1戸（タイ人）のみが浮き家で，他は板壁やアタップの家屋である。衣料や雑貨を扱う者は水路を進むにつれて減少する。金細工師（タイ人2），香辛料商（タイ人1，ケーク3），砂糖商（タイ人1）などの存在は，Ⅰ群のなかでの職種細分を示唆している。食料を扱う者は前述の香辛料商，砂糖商を含んで14戸見出される。Ⅰ群の居住者には，貴族・官吏21戸，徭役従事者46戸が含まれていることに注意したい。比較的身分の高い貴族（Phraya 5,

表3-2　バンコクヤイ水路家屋群別に見た戸主の主な職業

職業	I群	II群	III群
	（190戸中）	（194戸中）	（353戸中）
衣料を扱う者	9	3	1
食料を扱う者	14	19	21
荒物を扱う者	1	3	3
雑貨を扱う者	16	12	
酒を扱う者	2	4	4
キンマを扱う者	2		11
精米業	4	11	2
製材業	16	9	
質屋	1		
賭博場	1	1	5
富籤を扱う者	4	3	2
園芸農家	1	27	232
徭役従事者	46	32	17
貴族・官吏等	21	20	17

Phra 5）が含まれ，レンガ造り家屋の半数は貴族の住宅である。この水路における特徴的な職業は製材業で，25戸の製材所主（タイ人9，中国人16）が従事しているが，I群ではとりわけ多く16戸（タイ人7，中国人9）が見出される。上述の職業の分布からI群は，チャオプラヤー河との接点に位置して，政府関係者の居住とともに，製材などの特色のある生業を包含し，居住地と小規模ショッピングセンターとしての機能を果たしていたということができよう。五つの寺院すべてがI群の範囲内に配置されていることにも注意したい。この事実は，この水路がI群を中心にかなり古い時期からの居住の歴史を有することを示している。

　II群はすべての意味で推移的な様相を示している。衣料や雑貨を扱う者の数は，それぞれ3戸，12戸でI群よりも少なくなる。貴族・官吏，徭役従事者も僅かながら減少する。身分の高い貴族の減少が目立ち2戸（Phra 2）を数えるのみである。製材所の数も9戸となる。水路のこの部分では27戸の園芸農家が数えられる。製材所に代わって，II群に特徴的な職業として精米所が11戸出現する。直近の地域で稲作は行われず，精米の対象となる籾米はバンコクヤイ水路に連なる他の水路に位置するより奥の集落から運ばれてくるのであろ

第3章　水路沿いの住民

う。Ⅱ群の精米所の所有者は，1人のタイ人を除いてすべて中国人である。精米所は，このほかにⅠ群に4戸，Ⅲ群に2戸見出される。上述のように，Ⅱ群はⅠ群に近い性格を示す。Ⅰ群とⅡ群に属する家屋の戸主の職業が水運を介して成立していることが，精米所の存在から想定される。商業活動もまた水上交通のあり方から理解され，水路においては，密集した商店街というよりは，ある程度分散し，かつ，一般居住者と混在する形の商店分布形態が想定されるのである。

　Ⅲ群はバンコクヤイ水路最奥部に位置する353戸からなる。一括して観察するには戸数が多すぎるようにも見えるが，232戸の園芸農家が65.7パーセントを占め，比較的単純な生業構造を示している。園芸農家は9戸の中国人を除けばすべてタイ人である。官吏（17戸）や徭役従事者（17戸）も居住しているが，居住者に対する割合は，Ⅰ群やⅡ群に比して相対的に少ない。身分の高い貴族（Phra以上）は皆無である。これらはすべてタイ人なので水路のこの部分ではタイ人が圧倒的に多くなっている。住民の日常生活を支えるために，食料を扱う者が21戸，荒物を扱う者が3戸あるが，衣料，雑貨を扱う者は少なく，前者が1戸見当たるだけである。ここには，通路機能を主体とする水路としてではなく，生産の世界が展開している。そのなかで，酒を売る者4戸，賭博場経営者5戸，富籤を扱う者2戸，アヘンを扱う者1戸が散在している。農業的色彩が強い都市周辺においても，歓楽のための用具立てが必要なことを物語るようでもあるが，これがさらに農村部にまで及ぶかどうかは検討課題として残る。上述の歓楽を目的とする職業に携わっているのはすべて中国人である。素朴かつ伝統的な嗜好はキンマを噛むことであるが，Ⅲ群においてはキンマを扱う者が11戸存在する。中国人1戸を除いてすべてタイ人である。他方，街路部で見られたタバコを商う者はここでは見当たらない。嗜好の地域差についてもさらに検討を要する。

　水路では交通手段としての舟の維持が重要であるが，Ⅲ群では舟大工が5戸見出される。バンコクヤイ水路ではⅠ群とⅡ群にもそれぞれ2戸の舟大工が居住している。

　Ⅲ群が基本的にタイ人の世界であるのに対して，Ⅰ群ではケークの参入が目立つ（18戸）。ケークはⅡ群では1戸のみとなり，Ⅲ群では皆無である。中国人はⅡ群において最も多く，既に述べたように精米所，製材所などにも関与し

79

表 3-3　バンコクヤイ水路家屋群別に見た戸主の民族所属

民族	Ⅰ群	Ⅱ群	Ⅲ群	計
タイ人	136	114	309	559
中国人	35	79	44	158
ケーク	18	1		19
欧米人等	1			1
計	190	194	353	737

註：寺院，空き家を除く。

表 3-4　バンコクヤイ水路における家屋形状（家屋群別，民族別）

家屋の形状	Ⅰ群	Ⅱ群	Ⅲ群	タイ人	中国人	ケーク	欧米人	計
木造板壁	94	103	146	279	52	12		343
編み竹壁 (tir, fatir)	28	33	49	63	46			109
木造平土間 (rong)	4	12	14	6	24			30
レンガ造り (tuk)	10	6		10	4		1	15
アタップ	38	25	135	184	9	5		198
浮き家	8	5	3	7	8	1		16
家舟		2	3	1	4			5
屋敷 (ruan)	1			1				1
不明	7	8	3	8	11	1		20
計	190	194	353	559	158	19	1	737

ている。バンコクヤイ水路はタイ人の世界に中国人とケークが入り込んできたという構造を示唆している。欧米人が1戸だけ見出されるが，これはチャオプラヤー河に最も近い右岸の最初のレンガ造りの家屋に住む医師である（表3-3）。水路の中国人はレンガ造りの家屋や木造平土間家屋にこだわらない。木造板壁に次いで多いのは編み竹壁の粗末な家屋である。ケークは板壁の家屋に居住することが多く，タイ人は板壁の家屋が多いものの，最奥部ではアタップの簡素な家屋が目立つ。商業を営むものを含め，ほとんどの家屋は居住者の持家で，道路沿いの借家と鮮やかな対照を示している（表3-4）。

第3章　水路沿いの住民

4 バンコクヤイ水路からの延長水路

　バンコクヤイ水路のチャオプラヤー河開口部から入り，マハチャイ水路（Khlong Mahachai 後述）およびパシチャルン水路（Khlong Pasi Charoen 後述）の分岐点を経て，北に向かって折れ，2キロメートルばかり進むと，バーンウェーク水路（Khlong Bang Waek）との分岐点に達する。ここからバンコクヤイ水路に沿って4キロメートルばかりの間に，いくつかの水路が西あるいは東に向かって延びている（xiiページの地図2参照）。ここでは，西に向かう水路からバーンウェーク水路（Khlong Bang Waek），バーンチュアクナン水路（Khlong Bang Chueaknang），バーンノーイ水路（Khlong Bang Noi），バーンプロム水路（Khlong Bang Phrom），バーンラマート水路（Khlong Bang Ramat），東に向かう水路からモーン水路（Khlong Mon），およびモーン水路に直交するワットターイタラート水路（Khlong Wat Tai Talat）を取り上げて観察する。
　水路交通の最盛期には上述の水路相互を結んで無数の小水路が張り巡らされていた。郵便家屋台帳の時代に，これらの支線水路がどの程度完成されていたかは不明である。道路の発達によって，今日では，水路の役割は著しく減退しているが，郵便配達を含めて，水路の交通における機能が完全に失われたわけではない。

(1) バーンウェーク水路

　家屋の記載は奇数番号（1-99），偶数番号（2-170），奇数番号（101-113）となっており，家屋配置がやや不規則で水路の両岸での対応を欠くことを示唆している。142戸の家屋が記載され，タイ人118戸（男性83，女性35），中国人24戸が居住している。この水路に寺院の記載はない。園芸農家124戸（タイ人男性76，タイ人女性31，中国人17）が最も多い職業で，稲作農家1戸（タイ人女性1）を加えて，125戸（88.0パーセント）が農業に従事している。キンマを扱うタイ人2戸（男女各1），野菜を扱う中国人3戸に加えて，籠を商う中国人1戸，紙類を扱う中国人，タイ人官吏各2戸などが見出される。酒屋を営む中国人1戸，賭博場を所有する中国人1戸が水路のかなり奥まったところに隣り合っている。これらに加えて上述の野菜を扱う者3戸や園芸農家6戸などを含む11戸，

81

計13戸の中国人が水路沿いに連続して居住している。他の中国人はタイ人に交じって分散している。

最も多い家屋形態は，アタップ家屋（65戸）で，木造平土間家屋（55戸），板壁家屋（16戸），編み竹壁家屋6戸の順となっている。

(2) バーンチュアクナン水路およびバーンノーイ水路

バーンウェーク水路から600メートルばかりバンコクヤイ水路に沿って北に進むとバーンチュアクナン水路およびバーンノーイ水路（Khlong Bang Noi）の開口部がある。両水路は500メートルばかり西で二つに分かれている。現在では両者が分岐するまでの500メートルの間に三つの寺院があるが，郵便家屋台帳の両水路に関する記載からは寺院を見出すことができない。

バーンチュアクナン水路は，郵便家屋台帳における記載が，奇数家屋番号1-29，偶数家屋番号2-30からなる「バーンチュアクナン水路」と，家屋番号96から始まり137まで連続する「バーンチュアクナン水路へ向かう水路」とから成り立っている。なお，家屋番号137に続いて偶数家屋番号124-136が記載されており番号が重複しているが，記載内容に重複はない。

記載自体がやや混乱しているが，これらのすべてを数えると，タイ人53戸（男性13，女性40），中国人26戸，計79戸となる。職業不明が19戸（タイ人男性1，タイ人女性11，中国人7）ある。戸主の職業が明示されたもので最も多いのは，園芸兼稲作農家10戸（タイ人女性7，中国人3）で，各種の園芸農家11戸（タイ人女性2，中国人9）がこれに次ぐ。農業に従事する者は，合計21戸で，総数の26.6パーセントを占めるに過ぎない。農産物を商う者が16戸（タイ人女性15，中国人1）あって，20.3パーセントを占め，この水路で農産物にかかわる商業活動が活発なことが分かる。中級以下の貴族4戸（タイ人）や徭役従事者6戸（タイ人）も居住している。これらのほかに，布地を扱う者（タイ人女性1），青物商（タイ人女性1，中国人1），酒屋（中国人1），賭博場経営者（タイ人女性1）も居住し，いくらかの消費生活を支える構造が見出される。家屋形態は木造平土間形式のものが36戸（45.6パーセント）で最も多く，木の葉壁が13戸でこれに次ぐ。

バーンノーイ水路における家屋番号の与え方もやや不規則である。すなわち，家屋番号27から95までは番号順，次いで，奇数のみ（143-169），偶数の

み（90-132），さらに奇数のみ（171-185）という配列がなされ，3戸について番号の重複が認められる。総家屋数は113戸で，タイ人76戸（男性戸主16，女性戸主60），中国人37戸から成り立っている。職業記載において不明が42戸（タイ人女性21，中国人21）ある。戸主の職業が明示されたもので最も多いのは，各種の園芸農家25戸で，稲作農家（兼業を含む）3戸を加えると，農業に従事する者は28戸で，総数の24.8パーセントである。農産物を商う者は21戸（タイ人女性16，中国人5）で，18.6パーセントを占める。中級以下の貴族や官吏が8戸（タイ人），徭役従事者12戸（タイ人7，中国人5）も居住している。家屋形態は，木造平土間式のものが49戸（43.4パーセント）で最も多く，木の葉壁が19戸でこれに次ぐ。以上の状況は上述のバーンチュアクナン水路に酷似しており，これらの二つの水路はあたかも双子のようである。ただし，バーンノーイ水路では，酒屋，賭博場関係者は見当たらない。

(3) モーン水路およびワットターイタラート水路

　上に述べたバーンチュアクナン水路とバーンノーイ水路には非農業的な職業に従事する者がかなり多いが，このことはこれらの水路がバンコクヤイ水路との交差を越えてそのままモーン水路に連続していることと連関している。モーン水路は，チャオプラヤー河本流からトンブリ地区を横断して，バンコクヤイ水路に連なる水路である。この水路における郵便家屋台帳の記載も，やや不規則で，奇数番号1-23，偶数番号2-22，奇数番号25-29，偶数番号26-76，奇数番号31-79，偶数番号24の順になっている。おそらく現実の家屋グループのあり方を反映したものと思われる。

　この水路にはタイ人のみ78戸（男性戸主55，女性戸主23）が居住している。職業記載においては，不明（男性戸主8，女性戸主11）が多いものの，上級貴族（Phraya 4）を含む22戸（28.2パーセント）の貴族・官吏の居住が特徴的で，徭役従事者も14戸見出される。技師（1戸），計理専門家（1戸），製材所労働者（1戸），雇い人夫（1戸）などもこれに加わる。他方，青物商4戸（男性戸主2，女性戸主2），菓子を扱う者2戸（女性戸主2），家鴨を扱う者1戸（女性戸主1）など食料を扱う者もある。農業生産に従事する者は皆無である。家屋はアタップ家屋21戸，板壁家屋19戸，木の葉壁家屋13戸などが主なものであるが，レンガ造りのものも3戸見られる。

ワットターイタラート水路は，チャオプラヤー河から200ないし300メートル離れてモーン水路に直交する水路である。郵便家屋台帳には奇数番号1-139のみが記載されている。家屋数は68戸で，タイ人67戸（男性戸主50，女性戸主17）およびケーク1戸から成り立っている。この他に寺院が二つ記載されている。この水路でも，上級貴族（Phra 3）を含んで，貴族・官吏が16戸（23.5パーセント）を占め，同じく16戸（タイ人15，ケーク1）の徭役従事者が数えられる。甕を扱う者8戸（タイ人男性戸主6，女性戸主2）や仏像師5戸（タイ人男性戸主4，女性戸主1）がそれぞれ纏まって居住している。医師2戸（タイ人），金細工師2戸（タイ人），絵師1戸（タイ人）などの専門職も居住し，少数ではあるが，菓子を扱う者（タイ人男性戸主1，女性戸主1），米を扱う者（タイ人男性戸主1），塩干魚を扱う者（タイ人男性戸主1）も記載されている。職業不明者は10戸（タイ人男性戸主2，女性戸主8）である。家屋は，板壁家屋27戸，アタップ家屋23戸，編み竹壁12戸などであるが，レンガ造り家屋1戸，タイ式独立家屋1戸もある。
　上述の二つの水路の住民構成は互いに酷似している。農業生産に従事するものはなく，水路は住宅街としての雰囲気を漂わせている。

(4) バーンプロム水路

　バーンチュアクナン水路およびバーンノーイ水路への分岐点から北方へ2キロメートル弱にバーンプロム水路への分岐点がある。バーンプロム水路はほぼ西に向かって進むのに対して，バーンノーイ水路は北に傾きながら西進するので，バーンプロム水路を5キロメートルも進むと両者は200メートル程度にまで接近する。他の水路間と同様，今日では，両者を結ぶ連絡水路が多く掘削されている。バーンプロム水路に対して，郵便家屋台帳は奇数と偶数に分けた家屋記載を行っているが，偶数番号家屋の最後尾が228であるのに対して，奇数番号家屋は289が最終番号となっている。
　この水路にはタイ人254戸（男性戸主174，女性戸主80）および中国人4戸が居住している。圧倒的に多いのが園芸農家の232戸（タイ人男性戸主160，タイ人女性戸主70，中国人戸主2）で，総数の78.9パーセントを占める。農園地主1戸（タイ人女性戸主），稲作農家3戸（タイ人女性戸主2，中国人戸主1），および草刈人夫2戸（タイ人男性戸主2）を加えると，農業関係者は238人で81.0パー

セントになる。中級以下の官位保持者・官吏（退職者を含む）が6戸見出される。賭博場所有者（中国人戸主1），紙類を扱う者（タイ人男性戸主1）などが異質の居住者として数えられる。職業不明者は5戸（タイ人女性戸主）に過ぎない。家屋形態は，アタップ家屋113戸（38.4パーセント），板壁家屋92戸（31.3パーセント），木造平土間式家屋42戸（14.3パーセント）が主なもので，タイ式独立家屋も1戸だけある。総じて，農業的色彩の濃厚な水路である。

(5) バーンラマート水路ほか

バーンプロム水路への分岐点からバンコクヤイ水路をさらに2キロメートル北上すると東方に向かうバーンラマート水路の入り口となる。この水路からは，バーンクラチャン水路（Khlong Bang Krachan），サンチャオ水路（Khlong San Chao）などが枝分かれしている。

バーンラマート水路は，158戸（タイ人男性戸主112，タイ人女性戸主45，中国人戸主1）のうち，園芸農家136戸（タイ人男性戸主99，タイ人女性戸主36，中国人戸主1）および稲作農家14戸（タイ人男性および女性戸主各7）の合計が総数の94.9パーセントを占める。家屋形態は，アタップ家屋96戸，板壁家屋47戸などである。

バーンクラチャン水路には，28戸（タイ人男性戸主18，タイ人女性戸主10）が記載されているが，89.3パーセントにあたる25戸（タイ人男性戸主15，タイ人女性戸主10）が園芸農家で，家屋形態は，アタップ家屋19戸が最も多い。

サンチャオ水路には，71戸（タイ人男性戸主55，タイ人女性戸主15，中国人戸主1）が記載され，園芸農家39戸（タイ人男性戸主29，タイ人女性戸主10）および稲作農家29戸（タイ人男性戸主25，タイ人女性戸主4）からなる農業従事者は，総数の95.8パーセントに達する。家屋形態はアタップ家屋44戸，板壁家屋14戸などである。

バンコクヤイ水路から西に向かって分岐・延長する水路では，タイ人戸主が大多数を占めると同時に農業的色彩が強い。西に向かう水路の中で，バーンチュアクナン水路およびバーンノーイ水路は例外的に非農業的住民をかなり多く含んでいるが，既に述べたように，これはこれらの水路がトンブリ地区を横断するモーン水路の延長となっているためである。トンブリ中心部には非農業

従事者が居住する水路が他にも見出される[3]。もっともトンブリ地区のすべての水路が非農業的な住民構成を示すわけではない[4]。

このように見てくると，水路の限られた部分は，1883年時点において，商業従事者のみならず，官吏，徭役従事者，専門職など，首都機能にかかわる人々の居住地としての役割を保持していたことが分かる。

5 マハチャイ水路

マハチャイ水路（Khlong Mahachai）はバンコクヤイ水路と，チャオプラヤー河の西方を流れるターチン川の河口部を結んで1645年に開削された古い水路である。ターチン川河口部にはサムットサーコンの町がある（xii ページの地図1参照）。郵便家屋台帳ではマハチャイ水路の見出しの下に，16の寺院と935戸の家屋（空き家を含む）の記載がある（巻末表2-3参照）。バンコクヤイ水路との分岐点から直線距離で7キロメートルばかりに位置するラオ寺は，家屋番号815を与えられている。最終家屋番号は919なのでマハチャイ水路の家屋群はこの寺院を過ぎてさらに1キロメートルばかり続いているとみられる。ラオ寺からマハチャイ水路沿いにもう少し進むとモーン人のコミュニティのあるバーンクラディ（Bang Kradi）に至る。バーンクラディもマハチャイ水路沿いに立地しているが，郵便家屋台帳では独立した見出しを与えられている。マハチャイ水路から分岐するいくつかの小水路に対しても独立した見出しがつけられており，ここで扱うマハチャイ水路の家屋群は，マハチャイ水路のチャオプラヤー河寄りの部分に展開していることになる。

郵便家屋台帳においては，最初に偶数番号（2-970）を付された家屋の戸主が，続いて奇数番号（1-997）の戸主の記載が行われている。さらに続いて奇数番号（901-919）の記載がある。家屋番号の重複にもかかわらず，記載内容は別

---

(3) たとえば，トンブリ地区を縦断するバーンクンノン水路2（Khlong Bang Khunnon 2）には，タイ人のみ44戸が記載されるが，男性戸主20人はすべて徭役従事者，女性戸主24人はすべて職業不明という特異な例を示している。

(4) たとえば，バンコクノーイ水路から南下する小水路タリンチャン水路（Khlong Talingchan）には64戸が記載され，住民はすべてタイ人で，園芸農家58戸，稲作農家2戸を含む60戸（93.8パーセント）の農業従事者がみられる。

第3章　水路沿いの住民

バンコクヤイ水路からマハチャイ水路に入るところ

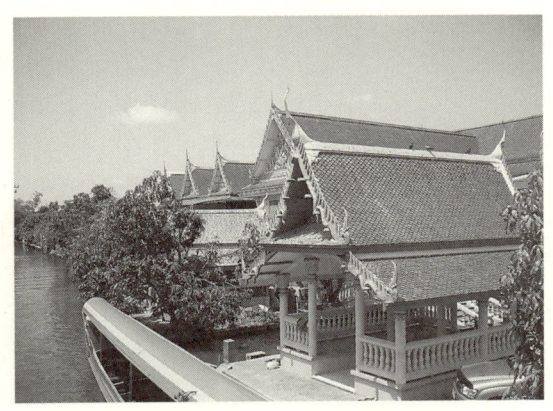

水路に面した寺院の数は多い。

表3-5 マハチャイ水路 家屋群別概要

家屋群	該当家屋番号	有人家屋	民族所属			農業従事状況			浮き家の数
			タイ人	中国人	モーン人	稲作農業	園芸農業	農業計	
奇数Ⅰ	1-199	99	53	46		1	11	12	36
奇数Ⅱ	201-399	99	89	10		10	49	59	8
奇数Ⅲ	401-599	99	63	36		8	23	31	33
奇数Ⅳ	601-799	99	93	6		37	29	66	9
奇数Ⅴ	801-	94	48	1	45	90		90	
偶数Ⅰ	2-200	97	65	32		1	19	20	30
偶数Ⅱ	202-400	99	80	19		4	25	29	28
偶数Ⅲ	402-600	99	68	31		14	17	31	37
偶数Ⅳ	602-800	92	89	3		58	12	70	1
偶数Ⅴ	802-	37	37			29		29	
総数		914	685	184	45	252	185	437	182

の家屋に関するものである。ここでは，これらのすべてを対象として観察を行う。空き家を除く有人家屋914戸のうち，685戸（74.9パーセント）がタイ人戸主，184戸（20.1パーセント）が中国人戸主，45戸（4.9パーセント）がビルマ人（モーン人）戸主である。

職業別にみると，稲作農家が最も多く252戸を占めている。このうちタイ人は198戸（78.6パーセント）で，次いでビルマ人（モーン人）45戸（17.9パーセント）である。稲作に従事する中国人は9戸に過ぎない。園芸作物栽培を行うのは185戸で，タイ人173戸（93.5パーセント）と中国人12戸（6.5パーセント）から成り立っている。全戸主の半数近く（47.8パーセント）が農業に従事していることになるが，この数値はマハチャイ水路の家屋群をおしなべて農業コミュニティとみなすにはやや低すぎる。

ここで，奇数番号家屋と偶数番号家屋をそれぞれ番号順に100戸を目安に区切って，奇数Ⅰ-Ⅴ，偶数Ⅰ-Ⅴ，合計10個の家屋群ごとに民族別戸主数，農業従事戸主数を示すと表3-5のようになる。分岐点となるバンコクヤイ水路に最も近いのが奇数Ⅰおよび偶数Ⅰの家屋群で，バンコクヤイ水路とマハチャイ水路の分岐点右岸に所在するパクナム寺は偶数Ⅰ家屋群の7番目に現れ，家船と浮き家の間に記載されている。

奇数番号家屋群においてはⅠおよびⅢ，偶数番号家屋群においてはⅠ，Ⅱ，

Ⅲの家屋群で農業に従事する戸主の割合が低く，とりわけ奇数家屋，偶数家屋とも区分Ⅰに属するものにおいて非農業的傾向が顕著である。すなわち，マハチャイ水路という家屋群は，バンコクヤイ水路に近い部分で非農業的な家屋を多く擁し，バンコクヤイ水路から遠ざかるにつれて園芸農家が現れ，さらに先に進むと稲作農家の存在が顕著になる。

非農業的な職業のなかには，農産物や園芸作物の取引・加工にかかわる職業が含まれる。とりわけ目立つのは，キンマを扱う者（タイ人47，中国人23），精米所（中国人5），米を扱う者（タイ人28，中国人23）である。舟大工（タイ人31，中国人3）も多い。舟大工はⅠ群において特に多く，14戸（すべてタイ人）が集中的に居住している。

日常生活に必要な品物を商う者も，雑貨商（タイ人34，中国人27）のほかに，以下のような種々の専門業種が記載されている。アタップ（タイ人6），木材（中国人2），薪炭（タイ人6，中国人4），衣料（タイ人2，中国人1），野菜（中国人2），鮮魚あるいは加工魚または塩干魚（タイ人4，中国人3），家鴨（タイ人1，中国人1），砂糖（タイ人2，中国人3），薬種（タイ人1，中国人1），スパイス（タイ人1），タバコ（タイ人1，中国人1），金物（タイ人1，中国人2）。医師（タイ人2），産婆（タイ人2），彫刻師（タイ人1），絵師（タイ人1）も居住する。官吏（タイ人4），退職官吏（タイ人1），徭役従事者（タイ人28）の記載もある。貴族も見られるが，下級貴族が主体で（Khun 5），上級貴族は1戸に過ぎない（Phraya 1）。これらは，この長大な水路において，稲作農家が主体を占める最奥部を除けば，比較的分散して展開している。

徴税請負人（中国人8）もいて，うち4戸については，アタップ（1），卵（2），鮮魚（1）のように特定の徴税対象が記載されている。歓楽目的の業種も，酒屋（タイ人4，中国人9），アヘン商（中国人3），賭博・富籤商（タイ人3，中国人6），売春宿（中国人1）など数は少ないがすべてが揃っている。

非農業的な家屋群においては中国人の割合が多い。中国人で農業に従事する者もないわけではないがその数は少なく，園芸農家185戸のうち中国人は12戸（6.5パーセント），稲作農家252戸のうち中国人は9戸（3.6パーセント）に過ぎない。中国人の半数（93戸）が浮き家に住む。タイ人で浮き家に住むのは89戸で，その数は中国人に迫るものの，タイ人総数に対する比率は13.0パーセントに過ぎない。この水路では，レンガ造りの家屋は1戸しかなく，職業

不明のタイ人がそこに住むが，所有者は不明である。浮き家（182戸），板壁の家屋（166戸），編み竹壁の家屋（86戸），木造平土間家屋（191戸），アタップの家屋（269戸）など，レンガ造り家屋を除くあらゆる種類の家屋がみられる。これらの家屋が，職業に応じて，また，経済的地位に応じて選択され展開するのである。この水路でも家屋のほとんどは居住者によって所有されている。

　以上の観察から，マハチャイ水路は，一方では交通路に特有な職業形態が見られ，他方では農業に特化した部分が存在する。衣料を扱う店が少ないので，生活のすべてがこの水路で完結するとはいえないとしても，日常生活に必要な物品は，道路に展開する商店に行くまでもなく入手できる。

6 パシチャルン水路

　パシチャルン水路は，バンコクヤイ水路とターチン川を直線的に結んで，マハチャイ水路の北方に1867年に開削された比較的新しい時代の水路である。郵便家屋台帳が作成された時点で，開削後16年が経過している。バンコクヤイ水路からの進入口は，マハチャイ水路への進入口から200メートルばかり西に開口するが，後者が一旦南西に進路をとるため両水路は，バンコクヤイ水路から離れるにつれて間隔を鋏状に拡大していく。

　パシチャルン水路の家屋は，奇数番号（1–279）と偶数番号（2–316）に分けて記載されている。水路の幅が相当に大きいことと，両岸の家屋が必ずしも対面していないためであろう。有人家屋は298戸(タイ人165，中国人133)である。園芸作物栽培に従事する者114戸（タイ人68，中国人46），稲作農業に従事する者75戸（タイ人64，中国人11）を含み，農業従事者の割合は63.4パーセントでマハチャイ水路に比してより高い。マハチャイ水路の場合と同様，農業従事者は分岐点であるバンコクヤイ水路から離れるほど多くなる。マハチャイ水路に比して農業生産に従事する中国人の割合が高いが，これは後期に開発された水路の特色なのかもしれない。

　この水路の住民の職業は，三つに大別され，それらが水路を進むにつれて交替していく（巻末付表2-4参照）。パシチャルン水路の最初の60戸は，農業以外の職業に従事する者が多い。水路のこの部分で目立つ職業は精米所で，右岸

第3章　水路沿いの住民

(偶数家屋番号)に6戸,左岸(奇数番号)に16戸がほとんど軒を連ねるように並んでいる。この水路で精米所が営まれているのはこの部分だけで,ここでは中国人の独占する職業である。米を扱う者3戸(中国人3),キンマの取引を行う者5戸(タイ人3,中国人2)がこの60戸の中に含まれる。鍛冶屋(中国人4)の存在も特徴的である。雑貨店はなく,衣料を扱う者は1戸(タイ人)だけある。豆腐を商う者3戸(中国人3),菓子を売る者2戸(中国人2),青物を売る者1戸(中国人1)が店を開いている。酒屋2戸(中国人2),アヘンを商う者2戸(中国人2)の存在も見逃せない。水路のこの部分は,小規模なショッピングセンターであると同時に農業取引基地としての性格が濃厚である。60戸の戸主のうちタイ人は12戸(20パーセント),中国人は48戸(80パーセント)である。このグループの末尾にキンマを扱う者に交じって園芸農家が現れ始める。

　水路の次の家屋群における主な職業は園芸農業である。家屋番号61から家屋番号174に至る114戸がこのグループに含まれる。園芸農業に従事する者が80戸で,70.2パーセントを占めている。上述の一般的な園芸農家のほかにキンマ栽培に特化する者が2戸(タイ人1,中国人1)見出される。園芸農家に交じって稲作農家が1戸(タイ人)だけある。キンマを扱う者が13戸(タイ人5,中国人8)あり,これらは嗜好品の小売というよりは,園芸農家の生産物の取引をする者を含んでいるように見える。園芸農家の間に,衣料を商う者(タイ人2),香料を扱う者(中国人2),酒屋(中国人2),金細工師(タイ人1),甕類を商う者(中国人1),菓子を商う者(中国人1),鍛冶職(中国人1),医師(タイ人1)などが点在する。官吏(タイ人1),徭役従事者(タイ人1),賭博場(中国人1)も末尾近くに見出される。

　最後のグループは稲作農家を主体としている。稲作農家が連続的に出現し始める家屋番号175以降の125戸がこのグループに入る。奇数家屋番号の最後尾は家屋番号279,偶数家屋番号最後尾は316となっており,両岸で家屋数の不均衡が見出される。稲作農家74戸(タイ人64,中国人10,タイ人稲作奴隷3を含む)は総戸数の59.2パーセントを占める。総戸数の22.4パーセントを占める園芸農家28戸(タイ人11,中国人17)が加わって,この地域を農業主体のものにしている。キンマを扱う者2戸(タイ人1,中国人1),青物を商う者1戸(タイ人1),サトウキビを商う者1戸(中国人1)などが僅かな商業活動で,徴税請負人3戸(タイ人1,中国人2),奴隷4戸(タイ人2,中国人2)などがその他の

91

住民である。この家屋群グループのみならずパシチャルン水路全体で貴族の姿はない。家屋群の末尾近くに酒屋が7戸（タイ人2, 中国人5）現れる。また, このグループの中ほどにアヘンを商う者が1戸（中国人）ある。

　パシチャルン水路住民のかなりの部分, すなわち74.2パーセントにあたる221戸（タイ人101, 中国人120）は木造平土間の家屋に居住している。この意味でこの水路の家屋形態は比較的均質的である。中国人の90.2パーセント, タイ人の61.2パーセントがこのタイプの家屋に居住している。板壁の高床家屋が31戸（タイ人25, 中国人6）あるが, このうち26戸は園芸農家である。アタップ家屋は19戸で, すべてタイ人が居住している。うち14戸が園芸農家である。浮き家に居住する者は, 水路の進入口近くに住むタバコを商うタイ人1戸だけである。すべての家屋は居住者の持家である。このような家屋形態は, 水路開削時期が新しく, 居住空間としての土手がしっかり構築されていることと関係するかもしれない。

　以上の観察からパシチャルン水路においては, 住民の農業的性格が顕著なことが分かる。この水路には, バンコクノーイ水路やバンコクヤイ水路で指摘された街的な様相はほとんど認められない。

　今日の地図では, パシチャルン水路に沿った家屋は, ターチン川の方向に延々と続いている。郵便家屋台帳においてパシチャルン水路の見出しを与えられた家屋群に接続する他の名称の家屋群が存在する可能性もあることに言及しておこう。そのような家屋群が確認される場合でも, その性格はきわめて農業的であることが推定される。

7 連絡水路

　マハチャイ水路とパシチャルン水路を結ぶ水路が数本あるが, ここではそのうちバンコクヤイ水路に比較的近い3本について観察する（地図6参照）。最初の連絡水路は, マハチャイ水路に沿ってバンコクヤイ水路から1キロメートル弱に位置するナンチー寺を起点に, パシチャルン水路のバンコクヤイから1キロメートル余りの地点に達する全長1キロメートルばかりのワットナンチー（Wat Nangchi）水路である。41戸の家屋があり, 戸主はすべてタイ人である。

第3章　水路沿いの住民

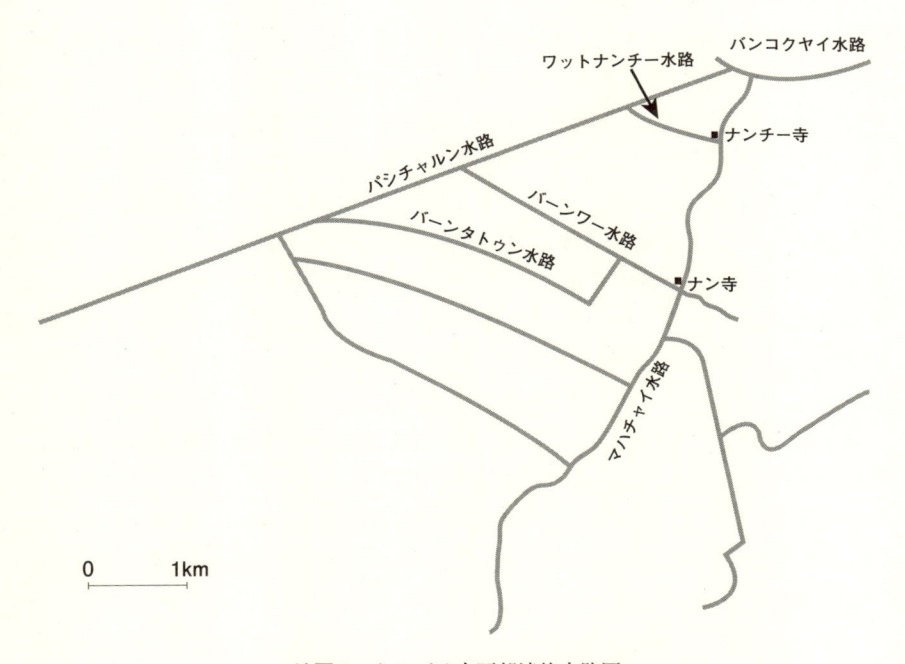

地図6　トンブリ南西部連絡水路図

　マハチャイ水路寄りに16戸の舟大工が見出されるのがこの水路の特色である。マハチャイ水路本体においてもナンチー寺付近に少なくとも17戸の舟大工（舟を商う者を含む）が居住するが，それと一体となって造船地域の一部を構成するものである。舟大工に次いで園芸農家が多く15戸数えられる。後者はパシチャルン水路の近くに多い。3番目に多い職業は，キンマを扱う者7戸である。ほかに食料あるいは菓子を作る者2戸，米を扱う者1戸などがある。貴族の居住する家屋はない。

　この連絡水路には，その短さにもかかわらず寺院が二つあって，うち一つはパシチャルン水路近くに位置している。パシチャルン水路本体において寺院の少なさが目立つことと対応している。住民の住む家屋は，さまざまな形状のものが混在している。木造板壁11戸，木造平土間（rong）11戸，アタップ8戸などである。レンガ造りのものは皆無である。

　バーンワー（Bang Wa）水路は，ワットナンチー水路から直線距離で1.5キロ

メートルばかり離れて並行し，マハチャイ水路のナン寺付近とパシチャルン水路を結ぶ。バーンワー水路とワットナンチー水路との間には，もう一つの水路がくの字に進みながら二つの幹線水路を結んでいる。全長2.5キロメートルに及ぶバーンワー水路には，寺院一つの外に167戸の家屋が記載されている。このうち162戸がタイ人，5戸が中国人である。この水路には園芸農家77戸（タイ人74，中国人3）と稲作農家57戸（すべてタイ人）が数戸ずつ塊りを形成しながら，特に著しい集中を示すことなく交錯しており，戸主の80.2パーセントが農業に従事している。非農業的な職業を営むのは，食料を扱う者11戸（タイ人），塩干魚を扱う者1戸（タイ人），菓子を扱う者2戸（タイ人），米を扱う者1戸（タイ人），キンマを扱う者7戸（タイ人5，中国人2），医師2戸（タイ人），金細工師2戸（タイ人）等で，中には金細工師のように水路半ばに居住する者もあるが，多くはマハチャイ水路に近い部分に集まっている。

　家屋の形状は，さまざまなものが混在するが，板壁60戸，編み竹壁16戸，アタップ53戸等，高床のタイ的なものが多く，木造平土間は32戸である。レンガ造りの家屋は皆無である。

　バーンタトゥン水路（Khlong Bang Tatun）は，バーンワー水路の途中から直角に南西に進み，ふたたび直角に曲がって，バーンワー水路に並行し，次いでやや西に逸れつつパシチャルン水路に至る。この水路には138戸の家屋が記載されているが，うち2戸は寺院で，水路半ばに位置する9戸のタイ式家屋（ruan）は空き家である。残りの127戸中，120戸にタイ人，7戸に中国人が居住している。園芸農家62戸，稲作農家51戸，野菜栽培農家が4戸記載されていて，農業従事者が92.1パーセントを占めている。稲作農家はすべてタイ人，園芸農家はタイ人59戸と中国人3戸，野菜栽培農家は4戸すべてが中国人である。園芸農家と稲作農家は入り交じっており，野菜栽培農家はパシチャルン水路に近い位置で耕作を行っている。寺院の一つはパシチャルン水路近くにある。寺院の向かい側に彫刻師が1戸，また水路半ばのどちらかといえばマハチャイ水路に近い位置に仏像師1戸が住む。このように，水路の住人にはときどき田舎というイメージにはそぐわない人物が出現する。

　この水路の家屋形状は，アタップ48戸，木造板壁35戸，木造平土間29戸，編み竹壁13戸等である。中国人の野菜栽培農家（4戸）はすべて木造平土間に住み，園芸農家（3戸）は，2戸がアタップ，1戸が板壁家屋の住人である。

幹線水路から分岐する水路では，水路の分岐点に商店が出現したり，特殊な職業従事者が集住したりすることがある。寺院が建立されるのもこれらの分岐点であることが多い。しかしながら，周辺部では農業従事者が大部分を占めることに注意したい。

8 独立集落

　幹線水路に沿いつつもバンコク中心部からある程度離れたり，幹線水路から外れたりすると，ときには家屋の並びの断絶を経て，それ自体の寺院を有する独立集落が出現することがある。ここでは，それらの例を二つ示しておこう。
　まず，バンコクヤイ水路の分岐点からマハチャイ水路に沿って12キロメートルばかりの位置で，マハチャイ水路から南に向かって分岐するシーサクラブー水路（Khlong Sisa Krabue）[5]を1キロメートルばかり進むと，シーサクラブー寺がある（地図7参照）。この寺院を起点として，水路に沿って189戸の家屋が展開している。戸主は1人の中国人を除いてすべてタイ人である。稲作農家が150戸で79.4パーセントを占める。中国人はこの稲作農家のうちの1戸で，寺院の隣に記載されている。次に多いのは薪作りで，34戸（18.0パーセント）が従事している。水路は海岸のマングローブの中に流れ込み，薪作り従事者は水路の南端に居住して，マングローブの樹木で薪を作るのであろう。上述以外には，米取引（交換）2戸，大工1戸，酒屋1戸，徭役従事者1戸がこの家屋群のすべてである。単純な職業構成をもつ独立集落の性格が見出される。木造平土間家屋が最も多いが（93戸），アタップの家屋（79戸）も全体の41.8パーセントを占め，他と比較してその比率が高い。薪作りを生業とする者の間にもアタップ家屋が見出されるが（7戸），アタップ家屋の大部分は稲作農家である。稲作農家の末端に浮き家に居住するものが2戸見出される。
　郵便家屋台帳においては，「シーサクラブー水路西」という独立の見出しをもつ12戸からなる家屋群が，続くページに記載され，家屋番号は上述のシー

---

(5) Khlong Hua Krabue と呼ぶこともある。いずれも水牛の頭の意。郵便家屋台帳では，Dis Krabue と読めるが，タイ文字印刷に際して生じた誤植のためと考えられる。

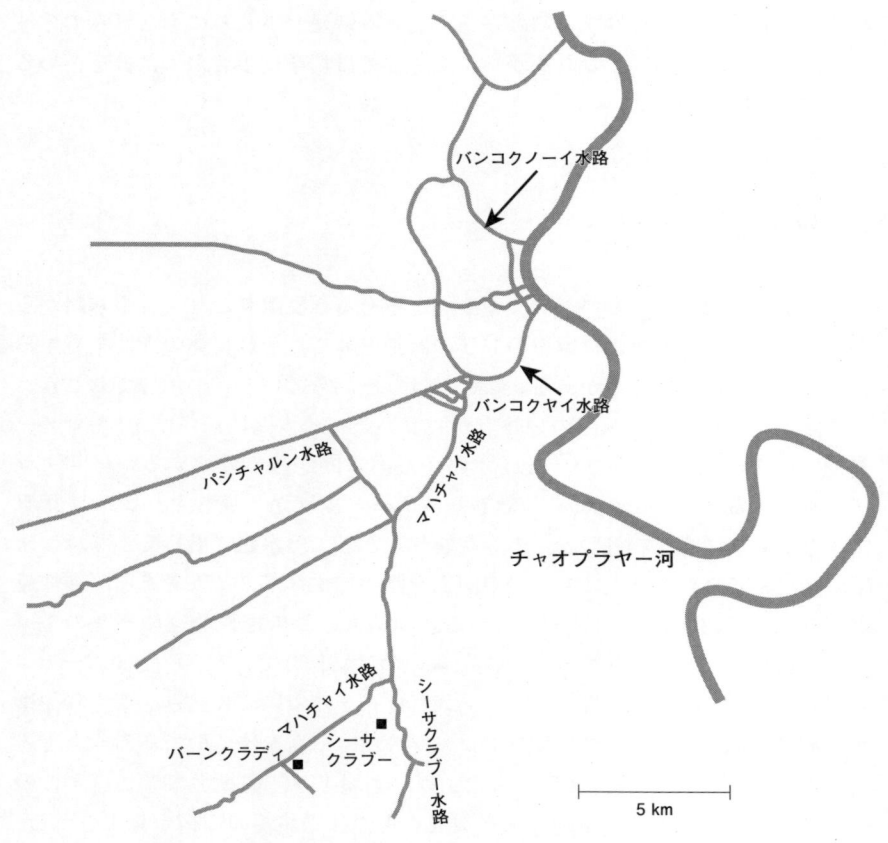

地図7　シーサクラブーおよびバーンクラディ位置図

サクラブー水路の続き番号となっている。すべてタイ人で，うち11戸が薪作りに従事し，1戸のみ職業が医師と記載されている。家屋は上述の医師の住まいを含む9戸がアタップで，3戸が木造平土間である。

　次に，シーサクラブー水路との分岐点を越えて，郵便家屋台帳に記載されたマハチャイ水路の家屋群が最終部に近づいたところにバーンクラディという付称を与えられた家屋群がある。この家屋群には偶数番号の794から896が当てられ，51戸の有人家屋が見出される。ここにはビルマ人（モーン人）23戸

第3章　水路沿いの住民

郵便家屋台帳に「ディスクラブー」の名で掲載されるシーサクラブー寺（水牛寺）

とタイ人28戸が記載されている。タイ人は，木造平土間21戸とアタップ家屋7戸に，ビルマ人は木造平土間9戸とアタップ14戸に居住する。職業構成は，稲作農家30戸（タイ人12，ビルマ人18），アタップ取引17戸（タイ人13，ビルマ人4）が主体で，このほかには唐辛子栽培農家（ビルマ人1），薪売り（タイ人1），米取引（タイ人1），徭役従事者（タイ人1）が数えられるのみである。ビルマ人は家屋群の中ほどに18戸が軒を並べるほか，家屋群の始めに近い部分に5戸が居住している。

　上述の偶数番号の家屋群に対応する奇数番号の家屋については，バーンクラディという付称はないが，マハチャイ水路の末尾の家屋群からそれらしい一群を見出すことができる（巻末付表2-3参照）。マハチャイ水路において，ラーオ寺を過ぎるとまもなく，奇数番号の5戸の空き家（829-837），家屋番号のみの記載（839），タイ人稲作農家（841），空き家（843），タイ人稲作農家4戸（845-851），空き家3戸（853-857）という変則的な配列を経て，タイ人稲作農家3戸（859-863）に続いてビルマ人（モーン人）稲作農家2戸（865-867）が出現し，タイ人稲作農家（869），ビルマ人（モーン人）稲作農家（871），さらにタイ人稲作農家11戸（873-893），寺院1棟（895），タイ人稲作農家2戸（897-899）を経てやがてビルマ人（モーン人）のみの家屋群（901-983）に至る。この奇数番号のビルマ人（モーン人）の家屋群の番号とバーンクラディの偶数番号との間にはずれがあるが，これは長大な水路においてそれぞれの側に与えられた一連番号が次第に対岸の番号とのずれを生じたためとも考えられる。

　ここでは仮に，空き家3戸に続く奇数家屋番号859からビルマ人（モーン人）の連続する家屋を経て奇数末尾の家屋番号997までを一群として扱ってみよう。バーンクラディ偶数家屋番号794-896に対応する可能性を視野に入れておきたい。この奇数番号側すなわち水路の南側に寺院があり，1877年に建立されたというモーン様式のこの寺院は現在も存在している。ビルマ（モーン）人45戸，タイ人24戸，計69戸の有人家屋が数えられ，すべてが稲作農家である。木造平土間25戸，アタップ41戸，編み竹壁3戸が家屋の形状である。ビルマ人（モーン人）は木造平土間18戸，アタップ25戸，編み竹壁2戸に居住し，タイ人は木造平土間7戸，アタップ16戸，編み竹壁1戸に居住する。両者に大きな差がみられるわけではない。

　バーンクラディを中心とする家屋群もまたそれ自体である程度まとまった農

業的色彩の強いコミュニティとして捉えられる。この集落からバンコクヤイ水路とマハチャイ水路との分岐点まで，現在ではエンジン付の船で1時間，帆と人力に頼る当時の舟で3時間の距離だという。

　以上の観察は，ラタナコーシン島対岸の長大な水路を中心に成り立つ家屋群が，交通の要所としての役割を果たす結節点に生活のための補給基地を有し，立地に応じた特殊生産物あるいは特異な職業を保ちながら，農業を基盤とする半自立的な生活体制を確立していたことを示している。

9 水路の性格（まとめ）

　バンコクにおける水路は，その果たしてきた役割をめぐって少なくとも四つに分類することができる。
(1) 商業センター
(2) 官吏，職能者の居住場所
(3) 農業生産の場所
(4) 交通路

　上に述べた中には，道路の役割と同等のものが含まれている。水路は街の機能を十分に果たしてきたのであり，それは道路がかなり整備されてきた1883年時点においても，なお保持されている側面がある。

　輸送力に富み，徒歩に比して移動がより容易な水路を介して，往時の首都が営まれていたとすれば，首都は大きな広がりをもつことが可能であった。また，道路に比してより自然との関係性を保持しやすい水路は，分業体制を曖昧にすることも可能であった。このため，特に周辺部では，官吏・職能者と農業従事者との混在を生じたとも考えられる。

　人口規模が小さかったために，水路沿いの家屋が主体となり，バンコクは線に沿って広がる都市となった。この性格が道路の発達にも付随して，バンコクが広がりの都市として発展したのであろう。

第4章

タイ人女性戸主の位置づけ

1 民族と女性戸主

バンコク郵便家屋台帳において，戸主の性別判別が可能であることは既に述べた。各巻別，民族別に女性戸主の実数および割合を示すと表4-1のようになる。全戸主の20パーセントが女性であることが分かる。女性戸主はタイ人において28.5パーセントを占めるが，中国人，ケークにおいてはそれぞれ1.1パーセント，2.7パーセントときわめて低い。その他の民族においては，とりたてて言及するには総数自体が少ない[1]。

バンコクにおいてタイ人女性はタイ人男性と変わらぬ役割を担っていたのか。あるいは，道路を含む新都市環境においてタイ人女性は先端的役割を演じたのか，逆に，新都市環境において女性の役割は減退していったのか。郵便家屋台帳の分析からこれらに対する見通しを得ることが本章の目的である。

表4-1から大掴みに見る限りでは，全民族を対象とする場合，郵便家屋台帳における女性戸主の割合は，第4巻（水路と運河）において最も高く（22.7パーセント），第2巻（道路と街路）において最も低い（13.8パーセント）。このことは，新都市環境としての道路は男性中心の世界であり，農業従事者を含む周辺部の水路は女性を包含する世界であるという印象を与える。ところが，タイ人戸主だけに注目すると，女性戸主の最も高い比率は，総数における第4巻から第3巻における30.9パーセントへと移行する。第2巻が最低位を占めることには変わりがないが，相対的な差は著しく小さくなり，タイ人の間では，女性戸主の割合はいずれの地域でも大差がないという結論に到達する可能性もある。バンコク市街およびその周辺で，女性戸主がどのような職業に従事しているかを検討することは，女性戸主の分布を理解するために重要である。

---

[1] 女性戸主に対しては，一律にアムデーン（amdεεŋ）というタイトルが付されている。女性戸主の民族区分については，父親が中国人あるいはケークであることが明記されている場合にそれぞれ父親の所属民族に一致させているが，この判定自体には問題がないわけではない。

表 4-1　民族別に見た女性戸主の割合

	総数				女性				女性の割合			
	第2巻	第3巻	第4巻	計	第2巻	第3巻	第4巻	計	第2巻	第3巻	第4巻	計
タイ人	3,755	6,257	10,545	20,557	992	1,933	2,926	5,851	26.4	30.9	27.7	28.5
中国人	3,507	2,608	2,203	8,318	47	16	25	88	1.3	0.6	1.1	1.1
ケーク	238	267	238	743	6	6	8	20	2.5	2.2	3.4	2.7
欧米人	60	66	19	145	2	4	3	9	3.3	6.1	15.8	6.2
ベトナム人		32	6	38		3	2	5		9.4	33.3	13.2
ビルマ人	6	2	68	76			4	4			5.9	5.3
ラーオ人	3	10	1	14	1	8		9	33.3	80.0		64.3
モーン人	2	3	3	8								
計	7,571	9,245	13,083	29,899	1,048	1,970	2,968	5,986	13.8	21.3	22.7	20.0

2　タイ人女性戸主の職業

　既に検討した職業カテゴリーのそれぞれについて，従事するタイ人女性戸主数および女性の割合を，女性の従事率が高いものから順に表示すると表 4-2 のようになる。タイ人戸主総数に対する女性戸主の割合（28.5 パーセント）を超える場合には女性の従事傾向が高い職種とみなすことができる。バンコク周辺部のタイ人の最も重要な職業である園芸農業および稲作農業において，女性戸主の割合がこの水準よりも低いことが分かる。園芸農業に比してより周辺部で営まれる稲作農業において，女性戸主の割合がより低いことは示唆的である。女性戸主の割合が平均値よりも高いのは，食料や衣料を商う職業においてである。アヘン，売春，賭博，富籤，酒，質屋などいわゆる歓楽ないし悪徳の分野においても，女性戸主の参与は平均値よりも高い。

　女性戸主の割合が著しく低いのは，官位保持者および官吏，徭役従事者においてである。これらはタイ人男子の独占的な分野であって，中国人の参入も僅かである。王宮を中心に構造化されたバンコクの性格から，この要素がラタナコーシン島居住者の一部に該当するために，そこでは女性の割合に影響が及ぶことになる。専門的職業や職人もタイ人男性の占有が生じやすい分野である。

　バンコクに居住する女性戸主すべてが何らかの職業に従事しているわけではない。職業記載のない女性戸主がかなり多く存在する。タイ人の場合，職業不明戸主における女性の割合は，76.9 パーセントできわめて高い。女性戸主にお

第4章　タイ人女性戸主の位置づけ

表 4-2　職業別に見たタイ人女性従事者の占める割合

職種	タイ人従事者総数	女性	女性の割合
茶を商う者	3	3	100.0
麺類を商う者	10	9	90.0
果物（バナナを除く）を商う者	60	49	81.7
衣料を商う者	150	114	76.0
家鴨を商う者	8	6	75.0
豚を商う者	47	34	72.3
菓子類を商う者	125	88	70.4
アヘンを商う者	11	7	63.6
鮮魚を商う者	26	16	61.5
精米業	7	4	57.1
煙草を商う者	76	43	56.6
雑貨を商う者	187	97	51.9
米屋・米取引	83	42	50.6
キンマ等を商う者	189	80	42.3
売春を扱う者	47	18	38.3
賭博を扱う者	21	8	38.1
バナナを商う者	32	12	37.5
酒を商う者	62	23	37.1
富籤を扱う者	11	4	36.4
質屋	6	2	33.3
徴税請負人	10	3	30.0
園芸農家	3,982	1,018	25.6
甕類を商う者	136	34	25.0
稲作農家	1,582	270	17.1
金細工師	141	23	16.3
教師	22	2	9.1
彫刻師	39	3	7.7
医師	77	4	5.2
徭役従事者	3,848	145	3.8
官位保持者および官吏	2,707	87	3.2
大工	161	2	1.2
鍛冶屋	30		
絵師	12		
法律業	22		
食品を商う者（酒・嗜好品を除く）	761	481	63.2
農業従事者	5,571	1,291	23.2

105

表 4-3　職業不明者

	不明者総数	女性	女性割合	戸主総数	戸主総数に対する不明者の割合	女性総数	女性総数に対する不明者の割合
タイ人	2,770	2,129	76.9	20,557	13.5	5,851	36.4
中国人	1,757	25	1.4	8,318	21.1	88	28.4
ケーク	196	3	1.5	743	26.4	20	15.0

ける職業不明者の割合は36.4パーセントである（表4-3）。ここで職業不明者というのは，職業記載のない者を指している。これを無職と解釈することについては若干の疑問が残るとしても，女性戸主において男性戸主よりも無職が多いのは理解しやすい。

上述の観点からすれば，バンコクにおける女性戸主の分布は，その職業的参与の分野との関係から理解可能である。女性の職業活動は，食料，衣料など日常生活のための商いにおいて顕著なため，女性戸主の分布は，道路，集落，水路のすべてにわたっているのである。

タイ人女性戸主の従事する職業の一部は，中国人の占有率がきわめて高いものである。たとえば，茶，家鴨の取引は，それぞれ90.7パーセントおよび92.5パーセントにおよぶ中国人占有率を示すが，この中に少数のタイ人女性の参入が見られることに注意したい。このことは，タイ人女性が，中国人に交じって，民族融合の役割を促進する役割を演じていたことを示唆する。一例を挙げよう。第3巻（集落と河）に含まれる31戸からなる一つの家屋群トゥアゴーク小路（Trok Thua'ngok）は，中国人24戸，タイ人7戸から構成されるが，タイ人のうち3戸は女性戸主である。この家屋群の一部分で中国人5戸，タイ人1戸が軒を連ねるようにして家鴨を商うが，このタイ人戸主は女性である。これらの女性は，中国人との結婚経験者，あるいは中国人とタイ人女性との子である可能性もある。

3　若干の道路と水路の観察

中国人の割合が大きいところでは，タイ人において女性戸主の占める比率が

第4章　タイ人女性戸主の位置づけ

水路に向いた食堂

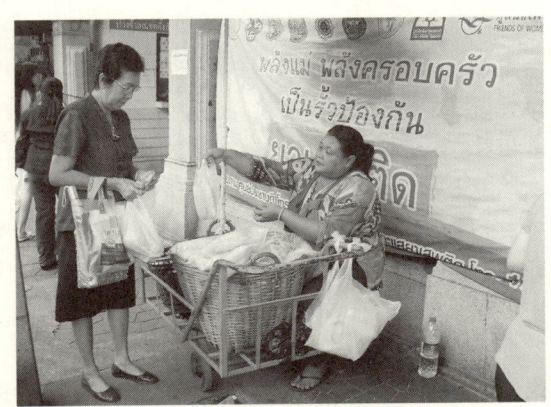

屋台でとうもろこしを売る女性

表 4-4　若干の道路および水路におけるタイ人女性戸主の割合

道路	タイ人総数	タイ人女性数	女性割合	総数における中国人割合
サンペン	15	7	46.7	92.7
外ニューロード	237	98	41.4	69.3
バムルンムアン	134	42	31.3	56.9
内ニューロード	95	18	18.9	46.9
フアンナコン	174	74	42.5	44.0
内側周環	379	53	14.0	23.6
外側周環	210	56	26.7	18.8

水路	タイ人総数	タイ人女性数	女性割合	総数における中国人割合
バシチャルン	165	40	24.2	44.6
バンコクノーイ	161	100	62.1	22.8
バンコクヤイ	559	146	26.1	21.3
マハチャイ	685	147	21.5	19.3

高くなるという仮説を設けて，若干の道路について検討を行うと表 4-4 のようになる。中国人が 92.7 パーセントを占めるサンペン道路においては，タイ人における女性戸主の比率は 46.7 パーセントにのぼる。次いで中国人の割合が高いのは外ニューロードの 69.3 パーセントであるが，ここでもタイ人における女性戸主の比率は 41.4 パーセントで高い。サンペン道路のタイ人戸主は 15 人に過ぎないので女性の高い比率は偶然出現したという可能性を含んでいるが，外ニューロードではタイ人戸主は 237 人に達し，そのうち 98 人が女性であるから，女性の比率は明らかに高い。中国人の割合が低い内側周環道路および外側周環道路においては，タイ人女性戸主の占める割合から見てこの 2 者間の相対的な位置関係は逆になっているが，両者に共通してタイ人戸主における女性の比率が明らかに低くなっている。バムルンムアンとフアンナコンについても両者の相対的な位置が逆になっているが，これらを群としてみた場合には，他の道路に対する位置づけはほぼ妥当といえる。内ニューロードに関しては，中国人割合が中間に位置づけられるのに対して，タイ人女性の割合が下位から 2 番目となり，その低さが目立つ。ニューロードのラタナコーシン島部分は，既に述べたようにバンコクにおける最初の道路として計画，建設されたもので，そこにはタイ人の貴族，官吏，兵士，徭役従事者などが中国人商店と並んで，

優先的に受け入れられている。このような官吏を中心とするタイ人優越地域では，女性戸主の比率が低いのである。タイ人官吏等の優越は，内側周環道路においてもみられ，ここでもタイ人女性戸主の比率が相対的に低い。以上のように，若干の道路成立に関する特殊事情を勘案すれば，中国人とタイ人女性との並存が強調されても良い。

しかし，道路で認められた傾向は必ずしも水路に当てはまるとは限らない（表4-4）。水路が基本的にタイ人を中心とする農業空間であって，その一部分に商業空間が形成されているという事情のためであろう。バンコクノーイにおけるタイ人女性戸主の多さは，タイ人地域においては，その商業活動の主な担い手は女性であるという第2の仮説を提起できるかもしれない。パシチャルンの中国人割合の高さは，この水路が園芸農業従事者および精米所を中心とする中国人を擁し，道路に見られた状況とは異なって商業以外に従事する中国人を多く含むためである。このような非商業的状況と関連して，この水路ではタイ人女性戸主の割合が必ずしも多くはないと解することができよう。

中国人地域においてタイ人女性の混住的居住傾向が，タイ人男性よりも顕著であることが確認されると，上述の仮説がさらに強化されることになる。タイ人女性戸主が中国人戸主を両隣に有する場合とタイ人男性戸主が中国人戸主を両隣に有する場合の件数を数え，それぞれタイ人女性総数およびタイ人男性総数（道路の最端部に居住する者を除く）に対する割合を算出すると，サンペン道路では男性50パーセント（4/8），女性83.3パーセント（5/6），外ニューロードでは男性22.6パーセント（31/137），女性25.8パーセント（25/97）となる。

道路に位置する借家（貸家）の家主に，かなり多くの女性の名が見出されることにも注意しておきたい。王室財産局や特定の大規模家主に続いて，どちらかといえば小規模のタイ人女性家主が家主名簿に並ぶのである。

4 女性の位置づけ（まとめ）

タイ人女性が商業活動を介して，近代都市としての発展を示しつつあったバンコクの道路に，タイ人男性よりもより積極的に進出していたという見方ができる。このことは，アジア型の都市発展において，男性の優位が強調されるな

かで注目に値する。バンコクの商業活動におけるタイ人女性の優位は，タイ人男性に対してのみ成立する。この意味で，バンコクが外国移民を中心とする男の世界であったことには変わりがない。都市形成の主体が移民という状況において，土着者の側では女性の相対的に積極的な進出が認められるのである。

　商業を中心とするタイ人女性の活動は，タイ人女性と中国人とのかかわりが顕著であったことを想定させる。これらのかかわりの中で，通婚が行われたことは容易に想像できるが，世帯構成に関する記述を欠く郵便家屋台帳からは実証がほとんど不可能である。僅かに，アムデーンという共通のタイトルを付された女性戸主の中に，中国人の父の名が付されている事例の存在から，中国人の娘はもはや必ずしも中国人として認知する必要がなかったと考えられ，バンコクにおける中国人のタイ化の兆しを察知することができる。

おわりに ── 都市の不在あるいは東南アジア的都市

(1) 拡散的存在としてのバンコク

　都市が大人口とその集中居住を形態的な特徴として成立することは常識的な理解となっている。この前提はほとんど無意識的に統計の解釈において現れ、誤解や概念のすれ違いを生み出すことがある。バンコクという都市について得られた資料を手がかりにして、原点に戻って検討することは、東南アジアにおける都市概念を明らかにするために有用であろう。

　筆者は伝統的な東南アジア社会を小人口世界として捉え、若干の誇張を含みながらも、都市が存在しなかったことを指摘したことがある（坪内1983、坪内1986）。本稿では、むしろ、バンコクにおいて人口や建物の集中という意味では、都市概念が存在しなかったということを念頭において、そのなかで近代的都市が形成される過程として、郵便家屋台帳の時代を位置づけたい。都市概念の不在というのは、王城や商人居住域が存在しなかったことを意味するのではない。統治の中心としての王城とその経済基盤となる通商施設が東南アジア海域世界に広く分布していたことは認められる。重要なのは、これらが凝集した地域単位すなわち都市として認識されていたのではないということである。

　バンコクは、チャオプラヤー河の新デルタに位置し、この大河と無数の水路を利用した水上交通によって交通ネットワークを確保していた。バンコクにはもともと王城近くで儀礼に用いられるものを除けば、道路が存在せず、外国人居留者の希望をも考慮して、ニューロード（チャルンクルン道路）を含む最初の道路が建設されたのは、1784年の遷都から80年を経た1864年のことであった。これに先立って、1852年には、バンランプー・オンアン水路の外側にパドゥンクルンカセム水路が建設されている。チャオプラヤー河とバンランプー・オンアン水路によって囲まれたラタナコーシン島には城壁がめぐらされていた。ラタナコーシン島をバンコクそのものとする考え方は、少なくとも人口記載に関する限り、いずれの時期においても採用されていないが、往時のバンコクを

巡る記述はこの地域を中心とするものである。王宮が対岸のトンブリ地区からラタナコーシン島に移されるにともない，中国人居住区がバンランプー・オンアン水路の外側，すなわち，城壁の外部に位置するサンペンに移された。城壁で住民全体を囲い込み保護するという思想は，バンコク建設時期には存在せず，王宮を中心としながら周辺に広がる「都」の存在がそこに見えるのである。

「都」というものは「町」でなければならないという考え方が再考されねばならない。王宮，官衙，街区ないし商業地区が一体となって，「都」を形成し，都市の形態をとってまとまっているという考え方は，ある意味では自然なのだが，その範囲が指定されないままに人口が示されると，たちまち短絡的な誤解が生ずる可能性がある。「中心を持つ広がり」をそのまま都市と解釈するところに，おそらくヨーロッパ的なバイアスが混入し，概念のすれ違いが生ずるのである。バンコクは，タイ人の間では「天使の都」を意味するクルンテープの名で呼ばれてきた。この名称自体に「都市」概念の一部が含まれるとしても，それが街区を内在する都市そのものを意味するわけではない。

古い時期のバンコク人口に関する情報は少ない。19世紀初頭ないし中葉における，外国人の推定したバンコク人口には，第1章で述べたように35万人ないし50万人というものがあるが，これらは過大な数値と考えられている（Terniel 1989）。1883年にタイ国における郵便制度導入に際して作成された『バンコク郵便家屋台帳』（郵便局職員のためのクルンテープ住民リスト）は，おそらく，最も古い時期の比較的信頼できる住民の詳細に関する記録であるが，その分析を通じてバンコク（クルンテープ）の構造をある程度解明することができた。

(2) クルンテープ ── 中心を持つ広がり

19世紀末のバンコク（クルンテープ）は，複数の地域商業センターを有する漠然とした地域の統合体であったとみなされる。王城と城壁をもつラタナコーシン島はその中心であったが，城壁は都市を完結させる性格のものではなく，都市機能は水路を利用しながら周辺へと拡散していた。郵便家屋台帳が，道路，集落，水路など一見奇妙な分類を採用したのは，このような状況を素直に反映したためであろう。道路建設につれて王城を中心とする現在のバンコク中心部が，国際基準に合致した都市へと変容していくのはこの後のことである。

おわりに

　本書では，重要な道路，水路に沿って，周辺との関係に応じた専門化をともないつつ，分節化された小さな商業中心が形成されていたことを見出した。恣意的に区切られた行政単位において，自然発生的な複数の小さな商業中心が出現するのは理解できる。郵便家屋台帳に記載されたバンコク（クルンテープ）は，これらの小中心を含んで，王宮を中心として求心的な何らかのまとまりを形成するものであろう。しかし，そこには小地域単位を統括する行政的な機関の存在を欠いている。この範囲が，行政単位あるいは地域として区画されず，線的に延長する道路および水路として個別に把捉されていることが重要である。

　バンコクから放射状に広がる水路については，注意深い捉え方が必要である。街路を捨象して，伝統的には水路だけが伝統的に存在していたと考えるならば，1883年時点ではそのあり方をラタナコーシン島対岸のトンブリ地域から類推することが可能である。水路は一様ではなく，機能的には商業センターあるいは補給センターとしての役割を果たす幹線水路の一部，日常生活における小取引センター，住宅地，農業的生産フィールドなどが地理的な合理性を満たしながら配置されている。商業センターや寺院を中心に自然発生的なコミュニティをそこに見出すことができるとしても，その組織化はきわめて弱い可能性がある。バンコクノーイ水路に展開する浮き家の商店群やバンコクヤイ水路とマハチャイ水路の分岐点あたりに集合する小舟による水上マーケットはバンコクの一部として認識され，それを農村部から切り離すことはあるいは可能かもしれない。実際，ヨーロッパ人が作成した古いバンコク地図は，対岸のトンブリ地域の一部をそのような形で切り取っている。しかしながら，バンコク市域として地域の切り取りを行うよりは，中心をもつ圏的な広がりとしてクルンテープを捉えたほうが自然なように思われる（地図8）。水路という特異な交通手段は，伝統的な時代においては，その機動性のゆえに，中心からの距離の拡大，すなわち拡散性の発現を助長したと考えられる。

　バンコクの人口が小規模であったことは繰り返し述べた。この時代のバンコクは，既に産業革命を経たヨーロッパの都市とは異なり，労働者を吸引する工業基盤をもたない。1855年に英国との間に結ばれたボウリング条約によって輸出入に関する独占権を放棄したシャム王室が，次に大きな収入源としたのは米の輸出であった。郵便家屋台帳作成時点である1883年には，米貿易が次第

に拡大しつつあったとみられるが，19世紀末あるいは20世紀初頭の大発展に比べると，それは初期的発展段階の状況にあった。バンコクにおいて機械力を導入した大規模な精米所が林立するようになるのは，郵便屋台帳作成よりももう少し後のことである。ちなみにバンコクの北，ランシット地域に運河網が開発され，広大な水田地域が形成されるのは1888年以降である。郵便家屋台帳の時代には，小規模な精米所がその営みを分散的に展開し，ラタナコーシン島対岸地域では，稲作よりも園芸農業が重視されていた。

　バンコクにおける道路建設が，ラーマ5世（チュラロンコーン王；在位1868-1910）によるヨーロッパ的要素の導入の一環とみなされることにはそれなりの意味がある。道路建設などの財政的基盤として，1873年に同王によって実行された税制改革の意味が大きいかもしれない。それは，徴税請負人の取り分を縮小させ，国王の収入を増大させるものであったと言われる（Hong Lysa 1984: 112-116）。国王の収入が，新しく建設された道路に，王室財産局所有レンガ造り家屋として投資され，家賃収入として回収されるというシステムが目論まれたのであろう。この意味では，バンコクの道路に対する国王の関与はきわめて大きく，道路網によるヨーロッパ風景観への転換は，シャム王国近代化のシンボルであり，ショウルームであった。しかしながら，道路がどの程度の社会的需要に基づいて建設されたかについては検討の余地がある。中心部に近い道路でさえも商業的空間として満たすことは困難で，官吏や徭役労働者が比較的低廉な家賃で入居することになったのである。道路沿いの借家の中にかなりの数の空き家が見出されることも，このことを示唆している。無理に造られた都市の姿がそこに見えなくもない。

　上述のような事情があったにせよ，道路は水路では満たしきれなかった都市機能を強化したり，新しく付加したりすることになった。その1は奢侈品の流通であり，その2はいわゆる都市の歓楽あるいは悪徳の集中化である。酒やアヘンの供給は，水路に沿って農村部に至るまで届いており，この意味でタイ社会に付随するものとなっていたとみられ，それらの存在自体と道路の発展とは必ずしも関連しない。道路はその集中化を促進したと考えるべきであろう。これに対して，歓楽や悪徳に隣接しつつ資金を供給する質屋や，売春宿は，道路に関連して急激な成長を始めた営みであった。

　王宮を中心として，放射状に道路の建設が進行すると，水路の役割が相対的

おわりに

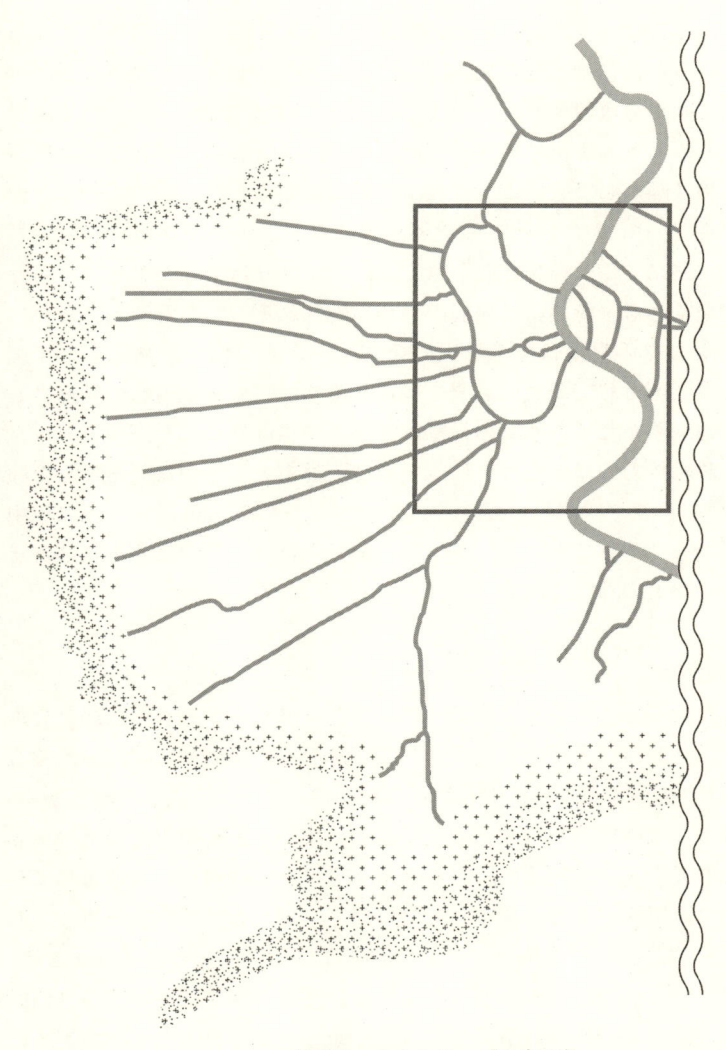

地図 8　クルンテープの広がり
1883 年当時のバンコク（クルンテープ）の西側部分におけるその広がりをイメージとして示す。四角の中は，当時のバンコク地図の記載範囲を示す。郵便家屋台帳から確認されるクルンテープの家屋はシャドウの内部にほぼおさまっている。シャドウの外延は後の行政区画モントン（州）の境界を示す。

115

に小さくなってくるという事実にも注意する必要がある。すべての都市に共通性を付与していった自動車交通の発達は，バンコクの発展方向を東および南へと転じ，行政区画や行政のあり方を変えていった。いわゆるバンコクの地図を時代的に並べてみると，チャオプラヤー河対岸部，すなわちトンブリおよび西部の記載が次第に縮小していくことが実感される。そうした過程のなかで，行政単位としてのチャンワット（県）の境界が定められ，チャオプラヤー河の対岸に位置し，水路による一体化がなされてきたトンブリはクルンテープから分離されて，少なくとも一時的には発展の列から外されるのである。

　その後のバンコクの発展は，米輸出の発達と呼応する側面がある。タイ国は，もっぱら農業国として発展の過程を経過してきた。鉄道と道路の発達にもかかわらず，輸送路としての水路の役割はかなりの程度保たれたが，バンコクの重要性は，政治権力の集中とともに唯一の港湾都市としての機能を通して強化され，首位都市（プライメートシティ）として，国中の都市機能を一点に集中させることになる。本稿におけるバンコクの位置づけは，このような状態がまだ見えない時期のものなのである。

(3) 放射状の都市

　水路が人と物資の輸送を容易にしていたことが，クルンテープの広がりをもたらしたと考えられる。広がりは，面としてではなく，線として捉えられるものであった。1本の線ではなく，中心から放射状に，伸長する複数の線である。このような線としての実体が，大きな広がりと，比較的小規模な人口との両立を可能にしたのである。放射状に広がる線同士をつなぐ線が，くもの巣のようなネットワークを実現させた。面としてではなく，線としての存在を都市として認知するならば，それは東南アジア的と呼ぶにはあまりにも特殊であるが，特異な形態の都市として認めることはできよう。東南アジアにおける小人口的状況を背景に現出した一つの都市像である。しかしそれは機能としての都市に過ぎず，地域あるいは面積としての都市ではない。中心をもつ広がりであるクルンテープという考え方のみが，伝統的な地域認識に結びつくものであったと考えたほうがよい。

　バンコクにおける道路が，水路が発達した西側においてではなく，東側に発達していく過程で，水路の場合と同様の放射状の展開が見られた。西洋人の眼

おわりに

首位都市として発展を続けるバンコク。遅ればせながら,軌道の時代に入ろうとしている。

取り残された小さな水路。小舟の通行も不可能になり,汚水が流れるのみとなった。埋めたてられた水路も多い。

から，バンコクが「広がりの都市」あるいは「距離の都市」，すなわち大きく拡散した都市 (the city of great distances) として認識されたことは，水路交通で培われた伝統を新たな都市形成に反映したためではないか。バンコクが，道路の世界への移行に際して，伝統的な水路の文化を継承したと考えると興味深い。

　流入する中国人が流通における中心的な役割を果たしたということが，もう一つの東南アジア的特色として位置づけられるであろう。中国人の活動が，商業センターを中心にしながらも，農村部にまで及んでいる姿を郵便家屋台帳から確認することができる。隣接するマレー半島（マラヤ）において，中国人がしばしば排他的とも見られる都市商業センターを形成していったこととは対照的な混住の姿をバンコクにおいて見出すことができる。そして，タイ人女性が，中国人との間に介在する姿を垣間見るのである。

(4) 都市への急展開 ── 首位都市としてのバンコクへ

　1883年時点におけるバンコク（クルンテープ）が，その地理的広がりに比して，きわめて小さい人口を有していたことが，本書で到達した結論の一つであった。この見解自体は，既に示したように，スキナー，スターンスタイン，ターヴィエルと受け継がれてきたものでことさら新しいものではない。新しい見解が加わっているとすれば，この小人口が都市人口を意味するものではなく，都市という定義を欠くままに，クルンテープという地域人口を指すことを確認したことである。それは王城を中心とする首都の範囲を念頭においたものであって，農業的要素を除外するものではない。軒並みが連続する人口集中地区としての都市の概念とは程遠いものである。

　バンコクはこの後，僅かな期間のうちに急成長を遂げ，タイ国における唯一の巨大都市としての姿を示すようになる。この過程の中で，道路から枝分かれする街路が無数に建設されていった。低層の家屋で成り立つ都市が高層化することによって巨大化する前に細かい網目の形成という過程を必要としたのである。

　小人口規模を出発点に設定することは，都市概念が土着の思考法の中に存在せず，急激に移植されたものであるという考え方と整合的である。1883年以降の人口の急成長自体は，バンコクがチャオプラヤー河を介したタイ国物産の集積地であったことに始まり，大デルタにおける唯一の港湾都市として米貿易

おわりに

の発展に対応していった過程を想定すれば容易に理解できる。1919年におけるバンコク（プラナコン県）およびトンブリ県の人口は，二つのチャンワット（県）の人口の合計として478,994人であった（Wilson 1981: 32）。36年の時間をかけて3倍の人口へと増加した速度はかなり速いものではあるが，増加の絶対量の小ささ，および，中国からの移民を斟酌すると十分に説明がつく。

　バンコクの首位都市（プライメートシティ）としての存在が注意されるようになるのは，1960年，あるいは1970年である。1960年および1970年のバンコク（プラナコン）およびトンブリ2県人口合計は，それぞれの年次において2,136,435人および3,077,361人に達している（Wilson 1981: 32）。この時点では，トンブリの人口増加速度は，バンコクを凌駕するものになっている。2010年現在で800万人とも伝えられるバンコク人口は，郵便家屋台帳の時代と異なりもはや正確な把握は困難な状態にある。かつての水路沿いの風景は大きく変動している。バンコクが交通渋滞の都市に変容し，高速道路，地下鉄の建設などを通してそこから脱出しようとする状況のなかで，水上バスが比較的正確に運行されたりしている。しかしながら，その運搬量は取るに足らない。伝統の水路交通はバンコクからほとんど消え去ろうとしているが，水路時代に培われた発想法を顧みつつ地域の理解を行うことは，いまもなお有効な側面があるのではないだろうか。

付　論

付論 1

[収録の目的]

　著者らが『バンコク郵便家屋台帳』の分析を開始したのは 1981 年頃のことで，京都大学東南アジア研究センターにおいてであった。石井米雄（当時東南アジア研究センター教授）が，マイクロフィルムをバンコクから持ち帰ったことが契機となっている。石井と筆者がこのマイクロフィルムを用いて 1982 年に発表した最初の報告（「郵便家屋台帳からみた 19 世紀末のバンコク人口―予備的考察―」『東南アジア研究』20 巻 2 号，1982 年 9 月）を英文抄録を除いてここに再録する。タイ国の国立図書館には第 1 巻から第 3 巻までが保管されており，第 4 巻の存在に気がつかなかったことが，この報告の重大な欠陥であるが，石井の手による『郵便家屋台帳』の成立事情をそのままここに収録することや，当時の問題意識を再認識することは，それなりの意味があると考えられる。再録に当たって，現時点における必要なコメントを補註として挿入した。

郵便家屋台帳からみた 19 世紀末のバンコク人口
―予備的考察―

坪内良博・石井米雄

1. タイ国における郵便制度の成立と家屋台帳の作成

　本稿の目的は，近代的人口センサスが実施される以前のバンコク人口の性格を解明するために，郵便配達のために作成された家屋台帳（後述）の利用法を検討することである。まず最初に，ここで利用しようとする家屋台帳の成立のいきさつを述べよう。

　タイ国における近代的郵便制度の正式発足は，1883 年 8 月 4 日の郵便電信局（Krom Praisanī-thōralēk）の新設の時とするのが定説であるが，その準備はすでに 1880 年頃から始まっていたらしい。『郵便電信局の沿革と発展』（Saan

Ditbut 1963) という資料によると，その発端をつくったのは，チュラロンコーン王（在位 1868-1910）の宮内官をつとめていたチャオムーン・サムーチャイラート（Chaomǔn Samoechairāt, 1853-1891）が作成した郵便制度創設に関する建議書であったという。残念ながら，この建議書には日付が脱落しているので，作成の時期を確定することは困難だが，『宮廷行事日誌』（*Bantŭkphrarātchakaranīyatit Rāiwan*）の 1880 年 9 月 27 日の条に，サムーチャイラートが拝謁して郵便制度創設につき奏上したという記事がみえていることから推定すると，建議書が執筆されたのはおそらくそれ以前であったと考えられる（Saan Ditbut 1963: 9）。近代的郵便制度創設を決意したチュラロンコーン王は，事業推進の責任者に，王弟チャオファー・パヌランシーサワーンウォン親王を任命した。ちなみに，同親王は郵便電信局創設と同時に初代長官に任じられた。

当時のタイ人は近代的郵便制度について全く知識をもっていなかったので，一挙に事を進めることをせず，あくまでも漸進主義でのぞむこととし，まず，首都バンコク市域内から準備に着手した。郵便を配達するためには，まず家屋を正しく見分ける必要がある。そこで，バンコク市域内の各家屋の「家屋番号」（māilēk bān）を定め，これを各戸に表示させるとともに家屋台帳を作成し，これを整理して郵便配達夫の手引きとなる詳細な家屋名簿を作成することにした（Saan Ditbut 1963: 13）。こうして印刷されたのが，『バンコク郵便局職員のための市内住民リスト（道路および水路）第 1 部～第 3 部』（1883）である(1)(補註1)。筆者らのひとりはバンコクの国立図書館においてこれを披見する機会に恵まれ，マイクロフィルムに収めて日本にもたらすことができた。序文によるとこの台帳は，1883 年 4 月 8 日，すなわち郵便電信局が正式に発足する約 4 ヵ月前に発行されたことが分かる。

この家屋台帳には，家屋群ごとに，各戸主について，(1)家屋番号，(2)姓名，(3)官職名あるいは職業，(4)各自が所属するムーン・ナーイ（主人）の名，および父または母の名，(5)家屋の形状などが記されており，19 世紀末のバンコク住民の居住状況を知る上にきわめて有用な材料が含まれている。3 部からなる

---

(1) 文献〔タイ語〕Anonymous 1883 参照。

補註 1　本書本文では『バンコク郵便家屋台帳』（郵便局職員のためのクルンテープ住民リスト）と表記している。

この台帳は，第1部と第3部との間に若干の重複部分を含んでいるので，その利用は重複部分を除いて行わねばならない。われわれの入手した家屋台帳が完全なセットであって，欠落のないものであるかどうかについては現在のところ十分な保証はない。しかし，家屋群の配列がタイ語のアルファベット順になっており，それぞれ最後の文字まで完結していること，および，判明する限りでは，これらの家屋群が王城内を除く全市域に分布していることは，少なくともサンプルとしての使用の妥当性を示すといえる[補註2]。

Sternstein は，Postal roll を用いて，1882年当時のバンコク人口を再現しようとしている (Sternstein 1979)。彼の用いた Postal roll がわれわれの家屋台帳とどのような関係にあるかは明らかではないが，時期および内容からすれば，同一のものである可能性が高い。彼は Postal roll によって，1882年の首都 (Krung Thēp) 人口は約169,300人であってその内訳はタイ人136,000人，中国人27,000人，マレー人4,000人，インド人1,000人，他のアジア人1,000人，西洋人300人であったとする。また，バンコク市域内の人口は119,700人で，タイ人93,000人，中国人23,000人，マレー人1,800人，インド人700人，他のアジア人900人，西洋人300人からなっているという。家屋台帳には世帯構成に関する情報が記載されていないので，彼の推計が何を根拠にどのような積上げによってなされたかは全く不明である。彼の目標の一つは，しばしばバンコク人口の5割に及ぶといわれた中国人の割合を，過大評価であると断定することであったが，これに代るべく示された彼自身の見解にもやや行き過ぎがあるように思われる。われわれはここでわれわれ自身の手によって台帳記載事項を検討し，数えあげることを試みよう[(2)]。

2. 家屋群の規模

われわれが入手した家屋台帳には合計543の家屋群が記載されており，それぞれに対して，例えば「タパーンハン運河沿いの家屋群」，「ラーチャボピット寺院の長屋裏の家屋群」などの見出しがつけられている。すなわち，台帳作成者は何らかの外観上，地理上の目標からバンコクにおける家屋の地域別グルー

---

(2) ただし，中間報告としての性格上，本稿で示す数値は最終的なものではない。

補註2 上述の事情により以下の分析は，バンコク郵便家屋台帳第2巻（道路と街路）と第3巻（集落と河）を用いて行ったもので，この時点では，第4巻（水路と運河）は視野に入っていなかった。

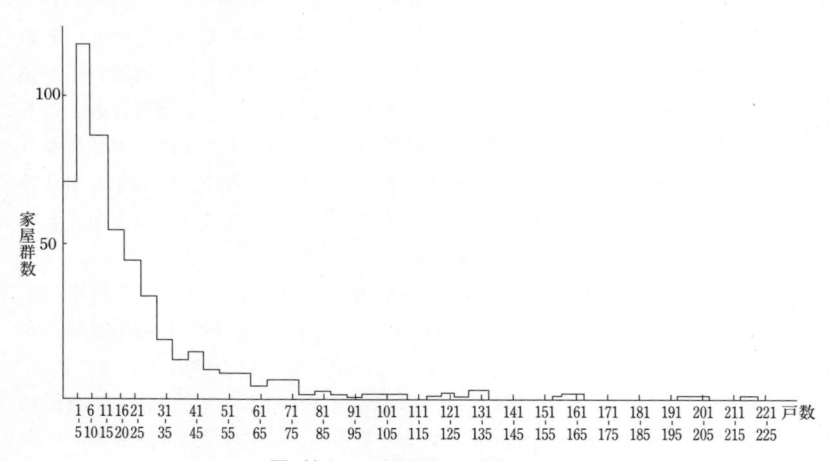

図 付1-1　家屋群の戸数別分布
注）戸数226戸以上の家屋群7ケースを除く。

ピングを行なっている。一つの家屋群に含まれる戸数は，最も少ない場合は1戸のみ（3ケース）であり，最も多い場合には808戸に及ぶ[補註3]。家屋群の戸数別に度数分布を観察すると，図付1-1のごとくとなる。6～10戸から構成される場合が最も多く，分布は正規分布曲線を描かずに，右側に長く尾をひく片寄った形を示す。最頻値を含む10戸以下の家屋群に属する戸数は1,173戸で，全戸数17,540戸[補註4]の6.7％を占めるに過ぎず，200戸以上からなる家屋群は9個しかないが，その内訳は，205，220，248，263，349，401，528，530，808（おのおのの戸数を示す），計3,552戸で，全戸数の20.3％を占めている。大小の家屋群の併存は，当時のバンコクの非組織性を如実に示しているといえよう。

3. 異民族の割合

バンコクにおける中国人の割合がきわめて高かったことはよく知られている。19世紀中葉のバンコク総人口と中国人人口については，Skinnerが各種の資料を整理してまとめている（表 付1-1参照）。総人口の把握において，

補註3　第2巻（道路と街路）における最大の家屋群は，本書第2章に示すように，外ニューロードの1,226戸である。ニューロードにおける計数の間違いが生じたと考えられる。この間違いは本論における分析にほとんど影響しない。
補註4　この戸数は空き家等を含む総家屋数と考えられる。

付論1　郵便家屋台帳からみた19世紀末のバンコク人口

表 付1-1　バンコク人口に関する記述

年次	中国人人口	総人口	出典
1822	31,000	50,000	Crawfurd 1830: II, 121, 215
1826	60,700	134,090	Malloch 1852: 70
1828	36,000	77,300	Tomlin 1844: 184
1839	60,000	100,000	Malcom 1839: I, 139
1843	70,000	350,000	Neale 1852: 29
1849	81,000	160,154	Malloch 1852: 70
1854	200,000	404,000	Pallegoix 1854: I, 60
1855	200,000	300,000	Bowring 1857: I, 85, 394

Skinner 1957: 81 による。なお，Tomlin の数値は原典のものを修正した結果が示されている。

　Pallegoix と Bowring とでは対象とする年次がほぼ同時期（1854 年と 1855 年）であるにもかかわらず，前者は 40 万余，後者は 30 万余という数値を示すなど，きわめて大ざっぱな推定である[3]。中国人の数および割合については，彼らの存在が外見上目立ち易いために過大評価されている可能性がある。1904 年に行われた首都を中心とする地域に関する最初のセンサス[4]によると，バンコク市域および首都周辺地域の人口は，867,451 人で，そのうち中国人は 197,918 人であった（Siam Observer Office 1910: 33）。このまま計算すると中国人の割合は 22.8％であるが，中国人の割合はおそらく市街地において高く，1904 年の統計は周辺の地域を含むため[5]，またこの時期における中国人の定

---

(3) Bowring は Pallegoix の数値を明らかに過大とみているが，他方，彼自身も正確な知識を持たぬまま，印象によって本書の数値を示したことを明記している（Bowring 1857: 394）。

(4) ちなみに，全国に関する最初のセンサスは，1909 年になってはじめて行われた。

(5) 1904 年のセンサスによると，バンコク市街に居住する人口 628,675 人に対して，首都周辺地域（provinces in the Krung Thēp monthon）の人口は 238,776 人である。民族別構成は両者を合わせた首都全体についてのみ記されている。市街における性比 1.519 に対して，周辺地域の性比が 0.838 であることは，これらの二つの地域の人口構造が非常に異なることを示しており，また市街地における中国人の多さを示唆している（*The Siam Directory* [Siam Observer Office 1910]

127

義に左右されるため，この場合は過小評価ということになるかもしれない。

郵便配達のための家屋台帳は，1883年における状況を推測するのに有用と思われる。これによると，空き家あるいは居住目的以外の建物（寺院，舟小屋などを含む）を除いた家屋数は16,565戸であって，戸主の姓名に付された敬称を手がかりに民族識別を行うと，このうちタイ人は9,958戸（60.1%），中国人は6,013戸（36.3%）を占めている。残りの594戸（3.6%）はマレー人や白人などである。中国人の割合は，19世紀中葉に推定されているよりもやや低いが，1904年の数値よりも高い。このことは中国人の割合がバンコクにおいて次第に低下していく過程を示すとも受け取られるが，それは，(1)中国人やタイ人の家屋がそれぞれ同民族の住人からなり，(2) 1軒あたりほぼ同数の居住者を有すること，(3)バンコク都市域の拡張によってタイ人の多い地域が統計に含まれていくこと，などの仮定ないし条件下においてである。

Sternsteinの示す中国人の割合は，首都（Krung Thēp）人口に関して15.9%，彼の定義するバンコク市域に関して19.2%である。用いた資料が同一ならば，この数値は各戸主に属する世帯員数に関して，タイ人と中国人の場合とで異なった人数を想定すること，あるいは中国人の世帯に含まれる現地で結婚した妻や現地生まれの家族を中国人として扱わないこと[6]によってのみ得られるように思われる。これはきわめて重大なことがらであるが，彼はその基礎を全く示していない。タイ人家屋数と中国人家屋数との比については，彼は言及しておらず，この意味でも誤解を生じ易い表現をしている。

4. 民族的隔離

上述の民族分布が実際にどのような形で現われるかを検討しよう。タイ人戸主のみからなる家屋群は157あって，家屋群総数の28.9%を占める。このような単一民族から構成される家屋群に居住するタイ人戸主は1,932人で，タイ人戸主総数の19.4%にあたる。また，中国人戸主のみからなる家屋群は33あっ

　　記載の数値による）。
　(6) Bowring (1857: 395) には，中国人の妻はシャム人，ペグー人，マレー人，カンボジア人，およびビルマ人であり，すべてタイ語を話すという記述がある。

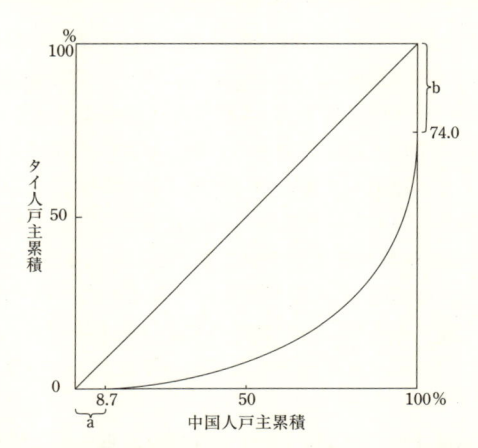

付論1　郵便家屋台帳からみた19世紀末のバンコク人口

図 付1-2　家屋群単位に観察した中国人とタイ人の混住状況

て，そこに住む中国人戸主は390人で，中国人戸主総数の6.5％にあたる。これらの数値は，タイ人，中国人ともに他民族を添加せぬ形で居住するケースが存在することは確かではあるが，他民族と混住する場合のほうが多いことを示している。他民族との混住の傾向は，タイ人よりも中国人において著しいといえる。マレー人についても同様の観察を行うことは，民族差を知るためにきわめて興味深いが，現時点ではマレー人とその他の外国人との分離区分が全家屋群については未完なので，ここで言及することができない。

単一民族から構成される家屋群の平均戸数は，空き家および居住目的以外の建物を含めて，タイ人戸主のみの家屋群については12.6戸，中国人戸主のみの家屋群については12.4戸である。これらの数値は全家屋群の平均戸数32.3よりもかなり小さく，家屋群が大きくなると混住の可能性が増大することを示唆しているが，このことが統計的な蓋然性の幅の中で出現するのか，あるいはより以上の意味を有するかについては，家屋群の規模と地域性との関連などを含む厳密な検討を必要とする。

ここで，タイ人と中国人の隔離と混住をとりあげて図示を試みよう（図 付1-2）。各家屋群のタイ人戸主と中国人戸主に注目し，これら二者の合計において

129

中国人戸主の割合の高いものから順に配列し，中国人家屋総数を 100 とした場合の中国人家屋の累積を横軸に，それに応じたタイ人家屋の累積（タイ人家屋総数を 100 とする）を縦軸に示す。a はタイ人戸主をまじえない家屋群に居住する中国人戸主の全中国人戸主に対する割合，b は中国人戸主をまじえない家屋群に居住するタイ人戸主のタイ人戸主総数に対する割合を示すが，いずれも既述の傾向に対応している。累積曲線は混住にさまざまな程度があることを示している。曲線の形は多数のタイ人の中に少数の中国人が混入する場合よりは，多数の中国人の中に少数のタイ人が混入している場合のほうが多いことを示す。これが何を意味するかは，各家屋群の内部構造を精査してさぐられねばならないが，一群の借家を所有するタイ人家主の存在がこの現象と何らかの関係を有するかもしれない。

　上述の観察方法は 1950 年代あるいはそれ以前から，米国の社会学者によって，黒人と白人の居住に関する隔離（segregation）の程度を測定するために，都市域内のセンサス調査区（census tract）を単位として適用されてきたものである。グラフのさまざまな部分に着目して隔離程度の指標化がはかられているが，それらはいずれも単一インデックスとしては不十分なものであるとされる（Duncan & Duncan 1955）。本稿においては，上述の欠陥に加えて，観察単位とした家屋群の中に規模の小さいものを含むため，単一民族から構成されるグループが出現し易くなり隔離の程度が誇張される一方，大規模の家屋群内における民族凝集状況が見逃される可能性がある。しかし，この種のグラフからは，他との比較をまって，いくらか有用な結論を得ることができる場合がある。相互比較が興味ある結論を導くとすれば，実数は少ないが，マレー人に関する観察を加えて，タイ人とマレー人，中国人とマレー人の混住状況を観察することが可能である。しかし，この作業は前述の理由のために，次のステップとして残されている。

5. タイ人中の特定要素と中国人居住とのかかわり

　タイ人に関しては，戸主が王族あるいは貴族に対して与えられる何らかのタイトルを有する場合が 1,020 ケース（タイ人戸主総数の 10.2％）あり，また，戸主に女性に対する敬称（Amdεεη）が付されている場合が 2,933 ケース

付論1　郵便家屋台帳からみた19世紀末のバンコク人口

表 付1-2　タイ人のみの家屋群と中国人との混住家屋群における王族・貴族および女性の有無^(補註5)

タイ人中の特定要素 混在状況	王族・貴族を含む	王族・貴族を含まず	タイ人女性を含む	タイ人女性を含まず	計
タイ人のみの家屋群	65 (41.4)	92 (58.6)	125 (79.6)	32 (20.4)	157 (100%)
中国人を含む混住家屋群	143 (43.3)	187 (56.7)	283 (85.8)	47 (14.2)	330 (100%)

(29.5%) ある。これらの王族・貴族的身分の戸主や女性戸主が、中国人との混住に際して親和的な役割を果たしているか、あるいは排他的な関係を示しているかについて見通しをつけておきたい。

　タイ人戸主のみからなる家屋群、タイ人戸主と中国人戸主とを含む混住家屋群のそれぞれにおいて、王族・貴族的身分と判定されるタイ人戸主を含む家屋群とこれらを含まぬ家屋群とを区別し、また女性戸主を含む家屋群と含まぬ家屋群とを区別して、これらの割合を示すと表 付1-2のようになる。タイ人のみの家屋群においては、王族・貴族タイトルを有する戸主を含むケースが中国人を含む混住家屋群に比してやや低いが、その差は僅少であり、王族・貴族と中国人居住との間には特に顕著な関係はないといえる。このことは、上下いずれの方向にせよ、中国人が差別的な扱いを受けていないことを示唆するが、より厳密な結論は、王族・貴族の地域的分布、市域中心部と周辺部の差などを考慮して出されねばならない。女性戸主を含む家屋群の割合は、タイ人のみの家屋群よりも中国人を含む混住家屋群においてやや高いといえる。

　上述の傾向は、それぞれのカテゴリーの家屋群の大きさの差に影響されて現われているのかもしれない。これを検討する一つの方法として、それぞれのカテゴリーのタイ人戸主総数に対する王族・貴族戸主総数と女性戸主総数の割合を調べると表 付1-3のごとくとなる。王族・貴族の割合に関しては、前述と同様の傾向が維持されている[7]。Amdεεη を付されている女性戸主の中には、

(7)　王族または貴族のタイトルを有するのはタイ人であるという仮定に基づい

補註5　表中の数値は家屋群の数。

表 付1-3 タイ人のみの家屋群と中国人との混住家屋群における王族・貴族および Amdεεŋ 数と，そのタイ人戸主に対する割合

	タイ人戸主（％）	王族・貴族戸主（％）	Amdεεŋ 戸主（％）
タイ人のみの家屋群	1,932 (100)	175 (9.1)	154 (26.6)
中国人を含む混住家屋群	7,569 (100)	817 (10.8)	2,309 (30.5)

父の名から明らかに中国人の娘と知られる者が含まれているので，タイ人に対する比は厳密にはこれらを差し引いた上で計算されねばならない。このこと自体には厳密な検討が必要であるが，このような手続きを経たのちもなお，混住家屋群における女性戸主の割合は，タイ人のみの家屋群におけるよりもやや多くなるのではないかと思われる。女性戸主の一部が中国人と結婚している可能性をも念頭において，女性戸主の存在形態を各家屋群内で綿密に検討してみる必要がある。他方，女性戸主の出現一般については，各種の商売を含む職業従事との関連をさぐることも重要である。

6. 家屋配列順の観察

すでに述べたように，家屋台帳では各家屋群を単位として，それぞれの家屋に対して一連の番号が付されている。市域内における家屋配置が線状になっているという保証はないが，少なくとも近接原理によって番号が与えられていると考えることはできる^(補註6)。このことは各家屋群内部における民族的凝集の様相を検討する手がかりとなる。ここでは若干の事例を示しながら見通しを述べよう。図 付1-3 は民族所属を示しつつ各戸主を番号順に並べたものである。ここに示した5例は，タイ人の割合が多い順に提示されている。同一民族が隣接居住する傾向が若干認められそうであるが，いずれの場合においても，各家屋群が民族によって明瞭に内部分化しているとはみられない。このことは，タイ人と中国人との混住を経て中国人の同化の過程が進むことを示唆している。

ているが，この仮定自体については厳密な検討を必要とするかもしれない。

補註6　その後のデータ分析は，少なくとも道路においては，片方に奇数番号，他方に偶数番号が与えられていることを示している。図 付1-3 の家屋群は道路としてではなく，集落として記載されているので，家屋の配置状況は不明である。

付論1　郵便家屋台帳からみた19世紀末のバンコク人口

```
家 屋 群              10            20            30
No. 223
 ┌総 戸 数 75    T T t T T t t T T T T C C C T t t T T T T t T T T t T T T T T
 ┤タイ人戸数 70   t T T T T t T T t t T T t C T t t C T T T T t T T T T
 └中国人戸数 5    T T t t T T T T T t t T t t T

No. 85
 ┌総 戸 数 50    T T t C T t T t T C T t T t t T T T T t t T C T T C C t t
 ┤タイ人戸数 33   C C C C C C C C T t C T T t T T C T
 └中国人戸数 17

No. 214
 ┌総 戸 数 31    C C T T t T t M T C C t C C t t t T C t t C t t t C t C C C
 ┤タイ人戸数 17   C
 └中国人戸数 13

No. 275
 ┌総 戸 数 62    T C T t C T C C C t t T C C X X t T T C C T t t T T t T T
 ┤タイ人戸数 32   t t T T T T T T T M t T C C O O O X O O O O X O C C C T C
 └中国人戸数 17   C C

No. 251
 ┌総 戸 数 84    O T C C T C C C C C C t C C C C C C C t C C C t C C C C
 ┤タイ人戸数 16   C C C C C C C C C C t C C C C T C t T T t C T C C t T
 └中国人戸数 66   T C C C C C C C C O C C C C C C C C C C C C C
```

図 付1-3　家屋の配列例

T：タイ人(男), t：タイ人(女), t：Amdɛɛŋ を冠された中国人の娘, C：中国人(男), M：マレー人, O：その他(白人を含む), X：空き家または非居住用建築物

　規模の異なる家屋群の単純な民族構成比だけではなく，確率論的な視点を導入した混住のインデックスを用いることによって，混住の実態をより正確に把握評価することが可能である。

　数量的な把握と同時に興味深いのは，混住状況の中で，中国人，マレー人などの外来民族が同化への道をどのように進み始めているかを個別的，具体的に観察することである。例えば中国人については，(1)そのうちのごく一部ではあるが，タイ人と同様，主人を有するようになっていること，(2)中国人の娘がタイ人女性と同様に，Amdɛɛŋ の敬称を付されて記載されていること，などに注目すべきである。マレー人などについては，通常 Khɛ̀ɛk あるいは To' と冠することによって識別されるものが，タイ人男子と同様，Naai という敬称を付さ

れる場合があることに注意するべきであろう。

7. 今後の分析のためのその他の問題点と可能性
a. 家屋群の位置
　台帳における家屋群の配列は，各家屋群に与えられた見出しのタイ文字配列順に従って行われており，バンコクの地理に通暁している郵便配達員にとっては有用な索引の役割を果たし得た。しかしながら，歳月の経過とバンコク市街の発展変容のために，今日では各家屋群の位置を推定することは，聴取を含む現地調査を行わぬ限り，かなり困難である。とはいっても，家屋群に付された寺院名や運河名などを手がかりとして，地域推定が可能な場合がある。中国人やその他の外国人の居住が多い地域は，よりのちの時代の統計などからある程度明らかであるが，ここで1883年当時の市域における民族分布の手がかりを得ることは，都市成立史の発展のために有用であろう。例えば中国人の居住に関して，排他的な居住地域がこの時点においてどこに形成されているかを見定め，これらがのちにいかに変化していくかを，新しい資料とつなぎ合わせながら観察することは，興味深い作業の一つとなるであろう。当時の排他的なタイ人居住地域に関しても同様である。地域推定は時間のかかる作業で，しかも不明部分がかなり残るものと考えられるが，地区特性をふまえた分析のためには不可欠である。

b. 職業構成
　家屋群の観察はその職業構成に関しても行い得る。職業記載はすべての戸主に対してなされているわけではなく，特にタイ人女子の場合記載を欠くことが多い。このように断片的な職業記載ではあるが，家屋群の位置と関連せしめる時，当時のバンコク都市人口に関して興味深い事実が明らかになる。若干の可能性をあげれば，以下のごとくである。まず，バンコク周辺部をおおう農業地域の存在と，その相対的な大きさが問題となる。すなわち，家屋台帳の職業分類には，野菜栽培，キンマ栽培，水稲栽培，果樹栽培などを含む農業的職業が含まれており，さらに養豚を職業とする戸主もかなり多数見出される。これらの非都市的要素がわずか17,540戸の台帳記載家屋の中に見出されることは，

バンコクが単なる「都市」ないし「市街」ではなく，より複合的な要素をもつことを示唆している[補註7]。バンコクにおける都市的部分と農業的部分に関する民族的構成，戸主の性別構成，貴族の居住状況などの観察は，この時点における都市の構造をより明らかにするであろう。各種の商売を営む者についても，居住地域と業種との組合せからバンコクの性格を示唆する事実が発見されるかもしれない。

c. 家屋の形状および所有主

郵便配達のためには家屋を識別することが必要であるから，台帳には各戸の形状が記されており，石造[補註8]，木造のみならず屋根，壁材料に至る区別が可能である。他の要素との組合せによって，市域の構成をよりよく理解することができる。特に民族との組合せは，この側面でも同化過程を示す手がかりを提供するかもしれない。往時のバンコクには水上家屋が多かったといわれるが，これらの分布，実際の数，居住者についてもある程度の資料が得られるであろう。このことは，外部からの印象として捉えられたバンコクの景観を，数量的な認識におきかえるために有用と思われる。

台帳を概観すると，借家を主体とする家屋群がかなり多く存在することが分かる。借家に対しては，家主が明記されている。家主は中国人の場合もあり，タイ人（女性を含む）の場合もある。他方，借家人には中国人の名が多い。これらの借家群は当時のバンコクの開発地域に建設されたと思われるので，その分布を調べることはきわめて興味深い。借家群が民族的混住のフロンティアとなるのか，あるいは外来者を収容することを主目的として少なくとも一時的に隔離状況を生み出すのかも，合わせて検討されねばならない。

d. 所属の問題

個人がいかなる所属関係を有するかについては，台帳記載事項を手がかりとして観察可能な側面が若干ある。

1918年に「人頭税徴収法」が制定されるまで，タイ人の間では各人はムーン・ナーイに所属することが原則になっていたが，すでに述べたように，これらの主人の名は各タイ人戸主（女性の場合は除く）について記されている。概

補註7　バンコク郵便家屋台帳記載者における農業従事者の多さについては，第4巻（水路と運河）の観察によって確認される。クルンテープが王城を中心とする地域概念で，都市概念ではないことについては，この時点では十分に気がつかなかった。
補註8　本書の本論ではレンガ造りとしている。

観すると，特定の主人に属する者は1カ所に居住しているわけではなく，むしろほとんどの場合分散居住している。主人の名前に同一名がないとすれば，同一主人に属する者の人数と居住地分布とをコンピューターを用いて検索することが可能であり，この作業が順調になされた場合には興味深い事実が発見されるであろう。

　タイ人以外の住民，特にマレー人および一部の中国人に関しては，ヨーロッパ諸国の領事の保護民となっているケースが見出される。これらの保護民の数と地域分布についても把握が試みられねばならない。

　厳密な意味では所属とはいえないが，台帳には戸主の父または母の名が記載されている。このことは同化の過程を知るために利用可能であるようにみえるが，情報は父母両方に関するものではなく，いずれか一方に限られているので，その有用性は限定され，推測の介入を許さねばならない。記載方法として興味深い傾向の一つは，男性戸主については父の名を，女性戸主に対しては母の名を記載する場合が多いことである。このこと自体の意味は，整理された資料を基礎に考察されるべき問題である。

8. おわりに

　本稿で扱ったのは，郵便配達のための家屋台帳の資料としての利用をめぐる可能性と見通しについてであって，最終的な結果ないし結論ではない。現在までに台帳記載のすべての家屋を対象に，17,540枚の家屋別カードの作成が完了し，各戸主について，タイ人，中国人，その他の民族への分類が行われ，このうちタイ人についてはさらに，王族・貴族のタイトルの有無，および男女の識別が行われた。他の項目については，翻訳およびコード化の作業が全カードの約3分の2まで進んだところである。今後コンピューターを用いた識別作業をも行うとすると，分析作業はその緒についたばかりである。この意味で筆者ら自身も本稿執筆は時期尚早と感じている。この種の作業は忍耐と根気を要するものであって，専従的な作業が行われていないとはいえ，現在すでに作業開始から10ヵ月ばかりを経過しており，中間報告がなされるべき時期には達して

付論1　郵便家屋台帳からみた19世紀末のバンコク人口

いるのである[(8)]。

　19世紀末の家屋台帳を扱うことが，東南アジアの人口研究にとってどのような意味をもつかを，末尾ながら記しておきたい。東南アジアの都市は，多くの場合，この時期以後に急速に発達したのであって，中国人を主体とする異民族の流入と彼らの定住が都市発達の重要な側面を形成している。この意味で19世紀末のバンコクは，現在の東南アジア都市の萌芽的形態を具有する。それは土着の村落とは全く異質な様相を呈していたのである。このような都市の特徴は，特にバンコクに関しては，第2次大戦後の中国人移民の減少と同化の進行，さらには地方タイ人の大量移住によって，急激に失われていく。バンコクに関しては当初の異質の中においても，すでにこのような同化ないしタイ化への準備があったようである。このことは他の東南アジア都市と比較して重要な特徴となる。われわれが扱った時期の中国人がほとんど男子移民であったことは，通婚による同化を促進し，他方単身生活者についてはたえざる入国者と帰国者との交替を実現していた。この意味で往時の中国人移民は，中国婦人（特に既婚婦人）の流入がさかんになった1920年以降の様相とは異なっている(Skinner 1957: 196)。東南アジア都市の発達の歴史の短期性をふまえて，そこに導入された民族の土着社会に対する連続性と非連続性を見定めることはきわめて重要な作業である。この意味で19世紀末のバンコクは，単なる歴史上の存在ではなく，現在に直結する意義をもっている。

　100年という期間は人口研究の観点からすれば比較的短いにもかかわらず，東南アジア，特にタイ国については数量的データを著しく欠いている。この時期の研究のためには，不完全データを用いる推計ないし，時には推量が不可欠となる。失われた近い過去を再現するために，さまざまな手法が考案されねばならない。不完全データはその多くの欠陥にもかかわらず最大限に利用されねばならないのである。

---

(8)　カード作成およびコード化を含む分析のための基礎作業は，大阪外国語大学タイ・ベトナム語学科の綱中賀子氏の手によって進行してきた。作業はその後同大学同学科の大橋靖子氏にひきつがれ，同大学同学科助教授吉川利治氏の協力の下に進行中である[補註9]。ここに記して感謝の意を表する次第である。

補註9　所属等は論文が執筆された1982年時点のもの。

付論 2

[収録の目的]

　本書執筆に先立ち，郵便家屋台帳に記載された地名の確認や現状視察などのために，共同研究者ポーパント・ウーヤノン氏らとともに，バンコク市内および周辺部を数回にわたって訪問した。ポーパント氏は日本学術振興会の支援で，1998年6月から1年10カ月にわたって，京都大学大学院アジア・アフリカ地域研究研究科で，郵便家屋台帳に記載された人々に関するデータベース作成に従事したタイ人研究者である。紀行文的あるいは現場での思考過程の記録を，甲南女子大学多文化共生学科の『多文化社会研究』創刊号 (2003) および第2号 (2004) に掲載した。ここでは前者からは，本書との内容的な重複部分や修正を要する数値などを含む最初の4節を省き，後者からは，冒頭の郵便家屋台帳に関する説明部分を省いて残りのほぼ全文を再録する。なお，これらのエッセイでは「郵便家屋台帳」を「郵便住所録」としているが，再録に当たり前者に統一した。また，華人という表記は中国人に，インド・マレー人という表記はケークに統一した。本書本文にあわせて，若干の数値訂正および地名表記上の統一を行った。なお，ここでバンコクノーイと表記する家屋群は，本書本文のバンコクノーイ前半部に相当する部分である。

19世紀末のバンコクを求めて

坪内良博

1. 郵便家屋台帳記載のバンコクの境界を求めて

　2002年8月初旬にバンコクを訪ねて，郵便家屋台帳に記載されている水路や道路のいくつかを訪ねる機会があった。主な目的は，郵便家屋台帳に記載されている水路沿いや道路沿いの家屋がどのあたりまで展開していたか，当時の様相が辿れるような景観が残っているか，そのような周辺部の住民の特性はど

水路で用いられた運搬船

のようなものかなどを垣間見ることであった。郵便家屋台帳分析における共同研究者ポーパント・ウーヤノン氏に加えて，藤田渡（当時京都大学東南アジア研究センター非常勤研究員）および2人の京都大学大学院アジア・アフリカ地域研究研究科院生が同行することになった。

　8月6日には，ポーパント氏が準備してくれた1905年時点のバンコク広域地図を頼りに水路をたどることにした。この地図には大小の水路が漏れなく描きこまれ，当時のバンコクの交通において水路が如何に重要であったかそれを見ただけでも分かる。まず，小船をチャーターして，トンブリのバンコクノーイとバンコクヤイと呼ばれる二つの水路，特に後者に連なる長大な水路を訪ねることにした。バンコクノーイとバンコクヤイは，現在のチャオプラヤー河（本文 xii ページ地図1参照）の旧河道であったといわれ，バンコク王宮の対岸にゆがんだ楕円状に展開している。チャオプラヤー河とこれらの水路が取り囲む面積は，かつてバンコクを拡大するために開削されたパドゥンクルンカセム運河がチャオプラヤー河と連携して取り囲む旧い市街地面積をはるかに上回る。

　タマサート大学の近くのマハラート桟橋でチャオプラヤー河観光用のボートをチャーターして，川を横切りバンコクヤイ水路に入る。チャオプラヤー河の水は東南アジアの他の大河と同様，上流から泥を運んで黄色く濁っているが，

付論2　19世紀末のバンコクを求めて

水路の向こうに果樹園の名残が見える（パシチャルン水路にて）

　透明度を全く欠くわけではない。バンコクヤイ水路に入ると汚濁はもっと顕著になりところによっては汚臭を伴う。水路の水をかき分けて，われわれのボートとほぼ同じ大きさか，少し大きいボートが，時には2人，時には20人近い観光客を乗せて轟音を立てて行き交う。バンコクヤイ水路からマハチャイ水路への分岐点に入る。マハチャイ水路の名は地図の上では見られず，携行した1905年の地図ではダン水路と記載されている。出発から30分くらいでワット・サイに至る。ワット・サイ付近では，小さな手漕ぎの舟を操る水上マーケットが観光用に保存されているが，既に11時を回っていてそれらの姿はなく，麺類などを売る小舟を時々見かける程度である。
　ワット・サイを過ぎたところで引き返して，再びバンコクヤイを掠めて，今度はパシチャルン水路へ進入してみた。しばらく進むと低い橋がかかっていて，数人の男が現れ，舟が通過できるように橋板を引きはずして水中に落す。こうして1時間ばかり水路に沿って進む。両岸には，しばしば荒れた果樹園なども見えてこの地域が農業的な空間であった名残を示している。大きな道路が水路と交差しているところで引き返して，再びバンコクヤイに入り，水路上に浮かべた船に板を張りつめたフローティング・レストランで遅い昼食をとる。麺と豚肉の串焼きで，5人で150バーツ（約420円）である。バンコクヤイか

らバンコクノーイを経てチャオプラヤー河に戻る。

　マハチャイ水路はトンブリと，チャオプラヤー河の西方を流れるターチン川河口部のサムットサーコンを結ぶ1645年に開削された古い水路である。パシチャルン水路はトンブリとターチン川を結んで，マハチャイ水路の北方に1867年に開削された比較的新しい時代の水路である。いずれの水路も郵便家屋台帳に記載されており，その長大な延長に沿ってバンコクが存在していたか，少なくともこれらの水路の途中までがバンコクの範域に収められていたと考えられる。マハチャイ水路も，パシチャルン水路も途中に水門が設けられていて，ターチン川までたどり着くことは不可能だという。また，水位が低いので水路深く進入することも難しい。この日の水路の旅は，こうして達成されることなく終了した。

　既に述べたように，1883年の郵便家屋台帳作成時には水路沿いには農業的な景観が展開していたと想像されるが，荒廃した水路の奥にみえるココヤシの樹影にその名残を残すのみである。道路の発達は，水路の役割をほとんど奪ってしまったように見える。家屋の多くは水路に向かって生活してきた昔の姿をとどめているが，水路に完全に背を向けて，嵌入してきた道路に生活の向きを変えてしまったものも少なからず見られる。

2. マハチャイ水路

　次の日は，自動車で国道35号線を通ってマハチャイ水路の終点であるサムットサーコンに向かった。サムットサーコンはシャコ，カニ，エビ，各種の魚など水産物の屋台店が商店街の前面に立ち並ぶ活気のある町で，鉄道の駅もあり，1時間あまりでバンコクに通勤可能な郊外の町である。もっとも列車は1時間1本程度に過ぎない。商店と商店の間の路地を利用して営業している食堂に入って，麺類を注文して軽い昼食をとった。メニューにオリアンがあったので注文してみた。オリアンはタマリンドの種を煎って挽いた一見アイスコーヒーのような飲み物で，砂糖がたくさん入っていて大変甘い。1970年代にタイ国で調査に従事した頃よく飲んだものだが，このごろは都会では余り見られなくなり，老人の飲み物とみなされているという。

　サムットサーコンで渡船として使われているエンジン付の小舟を雇い，マハ

マハチャイ水路の終点サムットサーコン

チャイ水路に入った。水路の入り口は水面が見えないほど布袋草で覆われ，この水路の利用が閑散化していることを示している。船頭は53歳の女性で，甥だという少年がとも綱を扱って手助けしている。100メートルもある幅広い水路で，40年前に拡幅されたという。水路の水は薄緑色で僅かながら透明感もある。

　バンコクの方角に向かって30分も行くと大きな鉄の構造物とクレーンが見えてきて前方を遮っている。洪水防止のための構造物が建設されているらしい。掲示板が掲げられており，右側に連絡用に空けられた部分を通り抜けることができると書かれているが，この舟では急流を乗り切って狭い水路を進んでいくことができないというので，しばらくこの水面に留まって，サムットサーコンに戻ることにする。バンコクまでは4時間くらいで行けるはずであった。エンジンを載せた舟が使用されるまでは，帆を使った舟が行き来したという。白人が舟を雇ってオリエンタルホテルへ向かったことがあるという。このあたりは以前マングローブ林で覆われていて，近くに墓地があって幽霊が出没したと女船頭が言う。岸の泥をムツゴロウに似た魚が這って水中に隠れていく。

　サムットサーコンから再び自動車に乗って，マハチャイ水路に面した集落にアプローチすることを試みた。バーンクラディ（Bang Kradi）に到着したのは

午後3時になっていた。マハチャイ水路はこの辺りではサナムチャイ水路と呼ばれている。ここにはモーン人のコミュニティがあって，タイ様式寺院で見慣れた急な傾斜の屋根を欠くモーン様式の寺院がある。71歳の僧に会うことができた。近くの学校の教師で郷土史家でもあるらしい57歳になる人物も現れて，モーン文化に関するタイ語の小冊子をくれる。寺院の隣にある学校の向こうにはマングローブの茂みが見える。住民はマングローブで炭を焼いたり，薪を作ったりして生計を立ててきたという。現在，住民はモーン人のほか，イサン人（東北タイ人），クメール人，タイ人を含んでいる。

この寺は郵便家屋台帳作成の6年前に当たる1877年に建立された。集落はこのあたりではもっとも古く，家屋台帳の中ではマハチャイ水路沿いの最末端，すなわちバンコク市街からもっとも遠い地点として位置付けられそうである。水路の分岐点にあたるワット・サイまでエンジン付の舟で1時間，帆と人力なら3時間の距離だった。15キロメートルばかりであろう。バーンクラディからバンコクの反対方向，すなわちターチン川の方角に4キロメートルばかり行くと往時の行政区画モントン（州）の境界線に遭遇する。郵便家屋台帳の収録範囲は，少なくとも西側ではどうやらモントンの境界に達するものらしい。モントンは，1930年代に廃止された行政単位だが，現在のタイ国の地方行政単位であるチャンワット（県）をいくつか合わせたくらいのかなり広い地域である。

3．セーンセーブ水路

8月8日には方向を変えて，チャオプラヤー河のバンコク側を東に向かいバーンパコン川に接続するセーンセーブ水路を辿ることにした。セーンセーブ水路は1837年から1840年の間に開削された長大な水路で，バンコクの交通渋滞を緩和するため再利用されて，水上バスが運行されている。旧バンコクの中心に近いマハカーン砦の近くの船着場から乗船して，終点まで行ってみることにした。5人掛けが可能な木のベンチが11列ほど並んでいる水上バスは，渋滞にも信号にも妨げられず，無数の橋を潜りながら首都の真ん中を通り抜けていく。水路の水は透明度ゼロの白っぽさを呈し，この汚水の飛沫がかからないように両舷に張られたビニール幕が乗降のたびに手動で操作できるようになって

付論2　19世紀末のバンコクを求めて

交通渋滞のない水上バス。ただ，水はかなり濁っている。

いる。低い橋の下を通り抜けるときには，一見極めて単純な構造に見える屋根が音もなく下がる仕組みを備えている。飛沫よけの幕のために周りの景色はほとんど見えず，時々幕を押し下げて様子を探ることになる。

　時にはスラム状の家屋群，時には高層ビルを横目に見ながら，途中で舟を乗り継ぎ，1時間余りでバーンカピに到着する。料金は15バーツ（約45円）であった。バーンカピ区に入る頃には，周囲の緑が急に多くなるが，水路の水は相変わらず汚い。寺が水路に向かって建っていて，水路沿いの生活が行なわれてきたことを物語っている。モスクも見えてメッカ巡礼者などが使用するハジ帽を被った人物の姿も現れる。水路沿いには水路に向かった家の造りや生活体制が見られるものの，水路に平行して道路が通じており，タクシーの行き来も盛んである。

　バーンカピの船着場近くでドアも壁もないオープンなつくりの小さな食堂に入って昼食をとった。料理人が東北タイ出身者というわけではないが，青いパパイアを千切りにして，香辛料をたっぷり使ったソムタムや蒸したもち米など，東北タイ風の料理が出てくる。東北タイからバンコクへの人口流入を背景に，バンコクの食文化が大いに変化したが，それがここにも及んでいるのであろう。

モスクが目立つので近くのモスクの一つを訪ねることにした。道路側からアプローチしたが，モスク自体は水路に面している。200世帯ばかりのイスラム教徒が維持するクロン・クム・ムー1と呼ばれる地域のモスクで，53歳のイマム（導師）に会うことができた。この地域の住民の祖先は，バンコクのイスラム教徒の多くと同じようにマレー半島のパタニーの捕虜で，市内の二箇所の前住地を経て，100年程前にこの地にきたという。イマムの家族は，以前は水稲耕作と水牛の飼育などに従事していたが，道路ができてから排水が困難になって水稲作を放棄したという。養鶏を試みた時期もあったが，現在は商売をして暮らしている。メッカには1973年に船で巡礼した。この地域には巡礼経験者が100人くらいあるといい，バンコクの拡大に伴う土地の値上がりとともに小金を手に入れる者が増加したことを示唆している。このあたりの開発が，郵便家屋台帳作成以後にも進んできたことが分かる。マハチャイ水路ではモーン人の子孫に会ったが，ここでマレー人の子孫に会ったことは印象的であった。バンコクの周辺にタイ人以外が開拓居住していく様相が垣間見えるのである。

　このモスクはこのあたりでもっとも古いものではなく，1キロメートル離れたところには1万人のイスラム教徒によって維持されているより古いムスリム・コミュニティがある。仏教徒の居住もまたかなり古い時代に遡るらしい。次に訪ねたシーブンルアン寺で以下のような情報を得た。1828年にヴィエンチャンとの戦いに勝利した記念にこの寺が建てられることになり，1830年に落成した。チャチェンサオに至る集落形成が行なわれたのもこの頃である。寺の名は3度変わって現在のものとなったが，1852年当時の名はラオ語で付けられていた。近くにはラオ人の集落もあるという。1905年の地図にこの寺の名を見出すことは難しい。ポーパント氏は誤記があった可能性を主張する。近くの別の寺や小水路の名などからこの地域が郵便家屋台帳に記載されたバンコクの外延部に含まれていたらしいことは分かる。水路をあと数キロメートル進めばミンブリであり，往時のモントンの境界もその辺りである。

4. チャルンクルン道路

　往時のバンコクには，街路はあっても道路がなく，チャルンクルン道路いわ

ゆるニューロード (Charoen Krung, the New Road) が，最初の計画道路として1864年に建設された。郵便家屋台帳に記載されたこの道路の住民の特性については既に別の報告[補註1]で分析したことがあるが，今回は，この道路の先端部分や周辺を訪ねて当時における市街の広がりを探ることにした。

モノレールでタクシン駅まで行き，そこからチャオプラヤー河に平行に走るチャルンクルン道路の最南端までタクシーに乗った。道は川の湾曲点で行き止まりになっている。モノレールはバンコクの交通渋滞を解決するため導入された乗り物で，信号に妨げられることなく，予定時間に目的地に達することができる。運賃は最短区間でも15バーツ，普通20ないし30バーツが必要であり，庶民の足といわれる赤バスの市内均一料金が3.5バーツというから，モノレールは決して庶民向けではない（1バーツは約2.8円）。それでも3両編成で，つり革利用者も結構多い状態で運行している。古い時代には鉄道馬車が通ったといわれるチャルンクルン道路の現在の交通渋滞は凄まじく，帰りの時間になってバンコク市街に近づいた地点からタクシーを拾うことができず，またモノレールの駅まで歩くことになった。

チャルンクルン道路の最南端は，少し寂れた商店街である。道路の内陸側には電力会社の建物も見える。この辺りを少し歩いて，南端部にはバーンコーレム (Bang Kho Laem)，バーンクワン (Bang Khwang)，バーンタワイ (Bang Thwai) など，バーン（集落）という語を冠した集落が続いていることが分かった。それよりも市街に近い部分ではバーンという呼び方は用いられず，家屋番号だけを与えられた街路の様相が強くなる。郵便家屋台帳に記載された家屋番号はバーンを冠した家屋群にも連続しているが，往時の家屋の形態はショップハウス形式のものから高床住宅形式へと市街地中心からの距離に応じて移り変わっているようである。現在の家屋番号はチャルンクルン通りの南端では2,600番台に達している。同じ地点の往時の番号は1,400番台で，家屋番号がいつかの時点で再編されたことを示唆している。現在の家屋番号は内陸側では奇数，河岸側では偶数が与えられている。往時もこのような割付が行なわれたと仮定して分析を進めることができるのだろうか。

道路を市街中心部に向かって移動し，ヤナワー寺に至る。ラーマ3世の建立した寺院で，河岸に近く位置している。当時衰退の兆しを示し始めたジャンク

補註1　Tsubouchi 1984 参照。

チャルンクルン道路沿いのヤナワー寺。中国との交易で活躍したジャンク船を模した仏塔が見える。

船の形を写した建物がある。チャルンクルン道路はラーマ4世時代に建設されており、この寺は通りに近いとはいえ、河岸に立地すると考えた方が良い。以前ここにはモーン人の僧を養成する学校があった。この辺りには昔は水牛などの放牧場もあったと寺僧は言う。バーンタワイの中に位置し、郵便家屋台帳で与えられた家屋番号は1,115、現在の家屋番号は1,648である。郵便家屋台帳の家屋番号が河岸側なのに奇数であることが気にかかる。

　ヤナワー寺から少し北へ上がり枝道を河岸の方に入ると、バーンウーのモスクがある。シャングリラホテルの裏手である。イマムは不在だったが、住民の1人が丁寧に中を案内してくれた。このモスクを建てたのは、シンガポールに住む香辛料を扱うスリランカ人の商人で、チャルンクルン道路が建設される少し前のことである。この辺りは精米工場地帯であった。モスクの周囲の土地にイスラム教徒の家を建てることが許されたのでムスリム・コミュニティができて、金曜日の礼拝には300人の教徒が集まったが、シャングリラホテルが河岸の土地を購入して建設されると、人々は郊外へと移住し、現在居住を続けているのは10戸程度に過ぎない。ここではチャルンクルン道路と河岸沿いの既存集落との関係を垣間見ることができた。このように見てくると、郵便家屋台帳

が作成された頃のチャルンクルン道路は，新興市街地としては現在のタクシン橋にも達していなかったことが分かる。

5. これからの分析

　バンコクが小都市であったことを冒頭で述べたが^(補註2)，ここでその再確認を行うことができる。郵便家屋台帳がカバーしたのはかなり広い範囲であった。それは1870年にブラッドレーが作成したバンコク市街図の約3倍の面積をカバーするというのが，スターンスタインの見解だが，実際にはより広い範囲をカバーしているように見える。それがモントン・クルンテープすなわちバンコクを含む往時の首都州全域を被うものか，あるいは一部の水路について放射状ないし星状の広がりを示すものかは今のところ断言できない。王族と官吏，道路と街路，集落と河，水路と運河という記載方法自体が，いわゆる都市概念^(補註3)を無視したカテゴリーであることに注意したい。都市概念ができあがる前の土着的な思考法の存在がここに浮び上がってくる。

　バンコク郵便家屋台帳が農村的な周辺部を含むことにはどのような意味があるのだろうか。第一の見方は，バンコクという都市が，食料供給地としての周辺農村部を自らの一部とみなしていたという可能性である。そこには城壁に囲まれた，閉ざされたあるいは保護された都市としての性格が見出されない。このような状況が19世紀も終りに近づいて初めて出現したものか，あるいは，伝統的な時代からタイあるいは東南アジアの都市における本質的な性格なのかは今後の検討を要する。前者の可能性を取れば，バンコク周辺における道路の建設や運河の開鑿が従来の都市概念を無効にしながら進行しているという解釈をすることができる。また，後者の可能性を取れば，タイ国における都市は農村との合同体として捉えられ，アユタヤやスコータイなどの城壁都市のありかたを含めた再検討が必要になる。第二の見方は，郵便家屋台帳において上述の分類方法をとること自体が，タイ国における都市概念の欠如を示唆するという考え方である。いずれにしても，郵便家屋台帳がヨーロッパ的な，あるいは近代的な都市概念に沿って作成されていないことは重要である。都市概念が城壁内部であった時代が過ぎ去ったとはいえ，住宅の密集をもって都市と見なす考え方もここでは適用できない。現在の日本における「市」のような行政区画的

補註2　本論では省略。
補註3　都市を面として捉えること，すなわち都市がそれぞれの境界を持つ下位の地区の集合体であるという考え方をイメージしている。

149

な概念がここで採用されていると主張するには，地域割りないし町割りの作業がまったく行われていないことに注意しなければならない。すなわちこの時期のバンコクは，少なくとも郵便家屋台帳に利用できるだけの組織性を欠いていたと見なされる。

　周辺部を歩くとバンコクの形成においてさまざまなエスニックグループが関与していることが分かる。バンコク形成における多民族性を重視すると同時に，これらがタイ人として纏められていく過程にも着目すべきであろう。このようなことを視野に入れて，現地と地図と郵便家屋台帳とを往還する作業が，19世紀のバンコクの再現をもたらし，アジア的都市像の解明に向かっていくらかの寄与を行なうことを可能にするのであろう。

19世紀末のバンコクを求めて　続編

坪内良博

1. 再びバンコク

　2003年9月初旬に再びバンコクを訪れて，共同研究者ポーパント氏との打ち合わせや，前年に見落としたことの確認を行う機会があった。この小論は，今回のバンコク訪問までに執筆した中間報告の一部を紹介するとともに，今回得られた知見を伝えることを目的にしている。19世紀末のバンコクが，大きな広がりを持つことを確認し，その意味を検討することを主題にしたい。

2. 運河沿いの広がり

　前回の訪問先の一つに1645年に開削された古い水路，マハチャイ水路が含まれていた。バンコクが立地するチャオプラヤー河と，この河の西方を流れるターチン川を結び，さらに西に向かう長大な水路である（本文xiiページ地図1参照）。バーンクラディと呼ばれるモーン人のコミュニティがターチン川との中間地点にあって，そこからターチン川の方角に4キロメートルも行けばバン

付論 2　19 世紀末のバンコクを求めて

コクを中心とする往時の大きな行政区画モントン（州）の境界に達する。この集落が郵便家屋台帳に記載されていることが重要なのである。

郵便家屋台帳を用いてバンコク人口を推定したスターンスタインは，ブラッドレーが 1870 年に作成したバンコク地図を提示し，郵便家屋台帳がカバーする範囲はこの約 3 倍の地域であるというコメントを記している（Sternstein 1979: 11）。この地図は，バンコクヤイおよびバンコクノーイの両水路を完全に収めるものである[補註1]。彼はブラッドレーよりも広域をカバーする地図を掲げて当時のバンコクの人口分布をプロットしてみせる（Sternstein 1979: Figure 9）[補註2]。ところで，バーンクラディは彼の示す地図の範囲を直線距離で少なくとも 10 キロメートル超えたところに位置している。郵便家屋台帳に記載された住民の居住範囲は，スターンスタインが想定した範囲を超えているようである。このことは 2002 年 8 月に筆者自身が共同研究者ポーパント氏らと行った実地調査によって判明した。

今回の訪問ではその確認作業を少しばかり追加した。先に述べたマハチャイ水路は，チャオプラヤー河西側にあって，トンブリ地区主要部を形づくるバンコクヤイ水路から分岐する。スターンスタインが示す地図はこの分岐点から直線距離で 3 キロメートルばかり南でその南限に達する。郵便家屋台帳にマハチャイ水路と記された家屋群がこの範囲に収まっているかどうかを調べてみた。手がかりとなるのは寺院である。郵便家屋台帳には住民の家屋に混じって寺院の名が記載されているので，これらの位置を確認しながら家屋が分布する範囲を探ってみると，寺院は地図の南端を越えてからも少なくとも 3.5 キロメートルにわたって分布していることが分かった。

マハチャイ水路からさらに分岐する水路の一つにフアクラブー，あるいはシーサクラブーと呼ばれる水路がある。いずれも「水牛の頭」の意である。郵便家屋台帳ではディスクラブーと記されているが，これはタイ文字を印刷したときのミスプリントだとポーパント氏は言う。シーサクラブー寺と呼ばれる寺院を手がかりにこの集落まで行って見た。マハチャイ水路からの分岐点から 1 キロメートルばかり南で，今日では既に道路が通っている。水路に面した寺院はかなり大きく，一つの建物の前面に角をつけたままの水牛の頭蓋骨が数え切れないほど積み重ねられている[補註3]。水路の名と結びつく伝承があるのだろ

補註 1　バンコクノーイ水路は，バンコクヤイ水路との合流点から，さらに北に向かって延長しているので，この表現は誤解を招く恐れがある。「トンブリを取り囲む」という形容を付加する必要がある。
補註 2　本文 12 ページ地図 5 参照。
補註 3　本文 97 ページ写真参照。

うが，住職が不在で話を聞くことができなかった。このあたりでは水路の幅は10メートルに達せず，かなりの数の小舟が浮かんでいるものの，水が汚染されて異臭が漂っている。水路は海岸のマングローブの中に流れ込み，住民の職業は昔も今も漁業が多いという。郵便家屋台帳にはタイ人189戸[補註4]が記載され，農業150戸，薪作り34戸などが主な生業であった。この集落もまたスターンスタインのバンコク地図の域外に位置している。

上記の水路沿いの家屋群は，既に述べたようにチャオプラヤー河の西側に位置している。チャオプラヤー河の東側でも同様の状態がみられると思われるが，今回は確認までに至らなかった。昨年は，ラタナコーシン島から東に向かいバーンパコン川に接続するセーンセーブ水路を水上バスでたどり，バーンカピを訪ねた。バーンカピにはシーブンルアン寺という名の寺院を訪ねて，この寺が1828年にヴィエンチャンとの戦いに勝利したことを記念して建てられ，1830年に落成したことなどを聞いたが，寺の名がその後3回変わって現在のものになったせいもあって，郵便家屋台帳でこの寺に相当する寺院名を確認するに至っていない。郵便家屋台帳にはバーンカピへの方向を示す家屋群の名が見出されるものの，バーンカピという集落そのものの記載は確認できない。

3. 拡散都市バンコク

1928年にシャム王国国鉄（The Royal State Railways of Siam）から出版された『バンコク案内書』（*Guide to Bangkok with Notes on Siam*, 2nd ed.）がある。この案内書のバンコクに関する一般状況の章の末尾に次のような意味の文章がある。「しかしながらバンコクは東あるいは南東方面ほどには北方面に向かって発展しようとしていない。東あるいは南東方面では大規模な集落や道路の建設計画が熟しつつある。将来，バンコクは，すべての方向に木陰の豊かな広い道路が走る，広大な良く計画された公園のような街になるであろう。その頃にはバンコクは現在にも増して『大きく拡散した都市』（"the city of great distances"）となっていることだろう。バンコクは既にその呼び名（大きく拡散した都市）で知られているのだが。」(Seidenfaden 1928: 90)。

上述の案内書に付された地図は，南北は比較的広い範囲を含むが，東西は比較的狭い範囲しか示さない細長い形態をとっている。バンコクヤイ水路とバン

補註4　実際には1戸だけは中国人。

コクノーイ水路についてはその入口付近が示されるのみで，トンブリ側の記載分が極めて限定されている。チャオプラヤー河の西側についてはブラッドレーの地図のほうがよほど広い範囲をカバーしている。ついでに言えば，現在市販されているバンコク地図においてもチャオプラヤー河の西側については同様の傾向が見られ，他方東側に関しては何倍もの広がりをカバーしている。この案内書が刊行された時期には，「絵のようにみえる浮き家（floating houses）^(補註5)は殆ど存在しなくなって」（Seidenfaden 1928: 90）おり，水路の役割が既に衰退しようとしていた。ここで言う「大きく拡散した都市」とは，道路に沿って拡散している状況を表現しているのである。

ところで，既に紹介したスターンスタインには，「途方もなく拡散した都市」（City of Magnificent Distances）とでも訳すにふさわしいタイトルの論文がある。内容は彼のバンコク人口を扱った他の二論文とほぼ同じだが，この場合にはバンコクが水路に沿って拡散していることを想定しているように見える。この論文のタイトルは上述の「大きく拡散した都市」をもじっているように思われる。共同研究者のポーパント氏に，タイ人の間で「大きく拡散した都市」という見方がバンコクに関してあったかと尋ねたところ，知らないという。40歳前後という彼の世代のタイ人においてそのような見方が既に消失しているのか，この見方自体が西洋人のものなのか改めて検討してみたいと思っている。ちなみに，前述の『バンコク案内書』の著者はシャム王国の憲兵少佐を勤めたことがある西洋人なのである。

4. 首都バンコク

バンコクは，チャオプラヤー河の新デルタに位置し，この河と水路を利用した水上交通によって都市機能を営み，かつては「東洋のヴェニス」と呼ばれたこともあった。バンコクには王城近くで儀礼に用いられるものを除けば，道路が存在しなかった。外国人居留者の希望をも考慮して，ニューロードを含む最初の道路が建設されたのは，1784年の遷都から80年を経た1864年のことであった。これに先立って1852年には，バンランプー・オンアン水路の外側にパドゥンクルンカセム水路が建設されている。チャオプラヤー河とバンランプー・オンアン水路によって囲まれたラタナコーシン島には城壁がめぐらされ

補註5 水路に浮かべた筏の上に建てた家屋。

ていた。ラタナコーシン島をバンコクそのものとする考え方はいずれの時期においても明示されていないが、往時のバンコクに関する記述はこの地域を中心とするものである。ちなみに、ラタナコーシン島を囲む城壁は、はざま胸壁[補註6]を備え、『バンコク案内書』では「市の城壁」(City Wall) として位置づけられている。

　王宮が対岸のトンブリ地区からラタナコーシン島に移されるにともない、そこにあった中国人居住区がバンランプー・オンアン水路の外側、すなわち、城壁の外部に位置するサンペンに移された。城壁で住民全体を囲い込み保護するという思想は、バンコク建設時期には存在せず、王宮を中心としながら周辺に広がる「都」の存在がそこに見えるのである。ラタナコーシン島の対岸、すなわちトンブリ地区の河岸沿いの家屋群も同様の立場で首都の一部とみなされている。中国やヨーロッパの城壁都市が住民を外敵から保護するという思想を前面に出しているのに対して、バンコクではその考え方が必ずしも徹底していないように思われる。もっともこれは時代の差かもしれない。

　日本では城下町というものが発達した。中心となるのは大名の居城で、家臣の居住区がその周囲に割り当てられ、商民たちはさらに周辺を占拠し、その外側は農村へと推移する。支配者が中心に位置するという構造は同じだし、広い範囲にわたる城壁を持たないのも同様だが、まだどこかが違う。町にはそれなりの組織があるし、農村の組織もしっかりしていて、集落の境界が比較的はっきりしているのである。現在の日本の行政単位の場合、たとえば「市」の中にかつての「村」が包含され、この意味で市は都市を中心とするものの、市域全体が「都市」ではない。バンコクの場合、このような状況が早くから見られたのである。

　何年前のことであったか、あるフランス人東南アジア研究者の講演で、東南アジア的な思考法の一つに「入れ子」的な捉え方があるという指摘があったことを思い出す。中心となる集落と同じ名が周辺地域にも適用される。バンコクはその中心を指すと同時に、周辺を含む地域を指すという考え方である[補註7]。

　タイ国の国内行政組織が再組織されるのは、郵便家屋台帳の作成から11年も後の1894年のことで、この時バンコクと周辺の地域を除く全地方が内務省の管轄下におかれて、以前の地方単位は数個ずつまとめられてモントンと呼ば

補註6　銃眼や矢狭間を持つ城壁。
補註7　ここではバンコクという呼称を採用しているが、郵便家屋台帳で使用されているのは「クルンテープ」である。ここで述べているのは、正確にはクルンテープの用法に関する考え方である。

れる地域に編成されたという。バンコクと周辺の地方だけは独立した地方統治省の下に置かれた。バンコク市街を含む地域単位もまたモントンと呼ばれたと解される。

5. 水路の広がり

　また水路の話に戻ろう。バンコクにおいては道路が新しい導入物であり，水路が伝統的な交通手段であったことは既に述べた。郵便家屋台帳において第4部水路と運河に記載される住民の戸数が全体の半数近くを占めることも既に示している[補註8]。水路の多くはチャオプラヤー河の西側に分布しているが，東側に位置しているものもある。このことは当時のバンコクが，地区に細分されることなく認識されていたことを意味する。水路はバンコクの中心部分に位置するものもあれば，冒頭に示したもののように周辺部に位置するものもある。

　バンコク中心部ほど水路が密集しており，水路に沿って人々が一定間隔で居住しているとすれば，中心部ほど人口が密集していることになる。スターンスタインはこのような仮定のもとに，当時のバンコクの人口分布図を描いている。それが現実に近い状態を示すかどうかは分からない。

6. 水路沿いの小中心

　人々が水路沿いにどのように居住していたかは，郵便家屋台帳の記載を注意深く検討することによってある程度見当をつけることができる。ここで水路のいくつかを取り上げてそれらの住民の職業構成を観察してみよう。

　まず，マハチャイ水路を取り上げる。郵便家屋台帳にはマハチャイ水路の見出しの下に，水路に沿った951戸の家屋（寺院，空家を含む）の記載がある。この水路沿いにもう少し西へ進むと既に述べたモーン人のコミュニティのあるバーンクラディに至る。バーンクラディもまたマハチャイ水路沿いに立地しているが，郵便家屋台帳では独立した見出しを与えられている。マハチャイ水路から分岐するいくつかの小水路に対してもそれぞれ独立の見出しがつけられている。つまり「マハチャイ水路」という見出しの家屋群は，この名を持つ水路のチャオプラヤー河寄りの一部分に展開している。寺院や空き家を除く有人家屋914戸の戸主は，685戸（74.9パーセント）がタイ人，184戸（20.1パーセン

補註8　郵便家屋台帳第2巻道路と街路には7,381戸，第3巻集落と河には9,099戸，第4巻水路と運河には14,821戸の有人家屋が記載されていることが，再録にあたって省略した冒頭部分で述べられている。ただし，本書本文第1章第4節に記載する修正値とこれらの数値の間には若干の違いがある。

155

ト）が中国人，45戸（4.9パーセント）がビルマ人（モーン人）である。職業別にみると，稲作農家と考えられる農業従事者が252戸を占め，これに加えて園芸作物栽培を行う者が185戸ある。全戸主の半数近くが栽培の仕事に従事していることになるが，この数値はこの家屋群を農業コミュニティとみなすにはやや低すぎる。ここで奇数の家屋番号と偶数の家屋番号を付されたものに分け，それぞれについて番号順に100戸ずつ区切って観察すると，チャオプラヤー河に接続するバンコクヤイ水路に近い部分に非農業的な家屋が多く含まれ，チャオプラヤー河から遠ざかると稲作農家の存在が顕著になることが分かる。

　非農業的な職業のなかには，農産物や園芸作物の取引や加工に関連するものが含まれる。とりわけ目立つのは，キンマを取り扱う者（タイ人47，中国人23），精米所（中国人5），米を扱う者（タイ人28，中国人23）である。徴税請負人（中国人8）もいて，アタップ(1)，卵(2)，鮮魚(1)のように対象が明示されている場合もある。水路交通を背景に造船業・舟大工を営む者（タイ人31，中国人3）も多い。日常生活に必要な物資を商う者も，雑貨商（タイ人34，中国人27）の他に，アタップ（タイ人6），木材（中国人2），薪炭（タイ人6，中国人4），布地（タイ人2，中国人1），野菜（中国人2），鮮魚あるいは加工魚または塩干魚（タイ人4，中国人3），家鴨（タイ人1，中国人1），砂糖（タイ人2，中国人3），薬種（タイ人1，中国人1），スパイス（タイ人1），タバコ（タイ人1，中国人1），金物（タイ人1，中国人2）のように多くの専門業種が記載されている。医師（タイ人2），産婆（タイ人2），彫刻師（タイ人1），絵師（タイ人1）も居住し，プラヤー（タイ人1）あるいはクン（タイ人5）と記載される貴族の居住も見られる。また，官吏（タイ人4），退職官吏（タイ人1），コルベー（タイ人28）の記載もある。ニューロードにおいて見られたような歓楽目的の業種も，酒屋（タイ人4，中国人9），アヘン商（中国人3），賭博・富籤商（タイ人3，中国人6），売春宿（中国人1）など数は少ないがすべてが揃っている。家屋台帳にはこの水路沿いに九つの寺院名が記載されているが，住職や僧に関する記載はない。非農業的な家屋群においては中国人の割合が多い。中国人の半数（93戸）が浮き家に住む。タイ人で浮き家に住むのは89戸で，その数は中国人に迫るものの，タイ人総数に対する比率は13.0パーセントに過ぎない。

　続いてパシチャルン水路，バンコクヤイ水路，バンコクノーイ水路の状況を

156

簡単に記しておこう。これらの水路はマハチャイ水路と同様，チャオプラヤー河の西側に位置し，郵便家屋台帳の中では，まとまった家屋数の記載がある有数の水路である。

(1) パシチャルン水路

　パシチャルン水路は，トンブリとターチン川を直線的に結んで，マハチャイ水路の北方に1867年に開削された比較的新しい時代の水路である。有人家屋はタイ人165戸，中国人133戸である。農業（稲作）に従事する者75戸（タイ人64，中国人11），園芸作物栽培に従事する者114戸（タイ人68，中国人46）を含むが，マハチャイ水路の場合と同様，これらは分岐点であるバンコクヤイ水路から離れるほど多くなる。マハチャイ水路に比して農業生産に従事する中国人の割合が高く，後期に開発された水路の特色を示唆している。この水路で目立つ職業は中国人の独占する精米所（22）とキンマの取引を行う者（タイ人9，中国人11）である。鍛冶屋（中国人5）の存在も特徴的である。雑貨店がなく，布地を扱う者が3戸（タイ人）見られるに過ぎない。街ないしショッピングセンターというよりは農業基地としての性格が濃厚である。しかしながら，酒屋（タイ人3，中国人10），アヘンを扱う者（中国人3），賭博場（中国人3）など歓楽的要素は備えている。浮き家に居住する者は，タバコを商うタイ人1戸だけである。水路開削時期が新しく，居住空間としての土手がしっかり構築されていることと関係するかもしれない。

(2) バンコクヤイ水路

　バンコクヤイ水路は，チャオプラヤー河に直接連なる，もとチャオプラヤー河の本流であったといわれる水路である。チャオプラヤー河に近い部分において家屋の密集度が顕著で，家屋番号も河に近い部分から始まっていると考えられる。有人家屋は737戸で，タイ人559戸（75.8パーセント），中国人158戸（21.4パーセント），ケーク（インド・マレー人）19戸（2.6パーセント），白人1戸（0.1パーセント）から成り立っている。中国人はいくらかの凝集性を示しつつも水路に沿ってある程度分散している。白人は水路入口近くに居住するアメリカ人医師である。ここでは職業記載において稲作が主業とみなされる者は

ない。園芸作物を栽培する者は260戸（タイ人248，中国人12）を数え，どちらかといえばチャオプラヤー河から離れて水路の奥深く居住する傾向がある。この水路沿いの居住者の特徴的な職業としては，精米所（タイ人3，中国人14），米を取り扱う者（タイ人6，中国人3），キンマを商う者（タイ人20，中国人9），製材所（タイ人9，中国人16）などが数えられる。雑貨商（タイ人14，中国人6，ケーク8）を含む多くの商売が水路沿いに展開しているが，それらの専門化ないし細分化の様相は，マハチャイ水路を上回るように見える。たとえば，金細工師（タイ人2，中国人1），スパイス商（タイ人1，ケーク3），砂糖商（タイ人3，中国人2），豚肉を扱う者（中国人3）などがそれぞれの業種について複数戸ずつ見出される。官吏や各種のタイトルを持つタイ人貴族の居宅がかなり見出されるのもこの水路の特徴である。酒屋（中国人11戸），アヘンを扱う者（中国人3戸），富籤を扱う者（中国人11戸）などの存在もある。この水路沿いに浮き家が16戸あるが，その半数は中国人が居住するものである。

(3) バンコクノーイ水路

　バンコクノーイ水路はバンコクヤイ水路に連結し，チャオプラヤー河に対してはバンコクヤイ水路よりも上流部で直接つながっている。有人家屋は307戸で，タイ人216戸（70.4パーセント），中国人73戸（23.8パーセント），ケーク17戸（5.5パーセント），不明1戸（0.3パーセント）から成り立っている[補註9]。この家屋群の職業的な特徴は，農業，園芸作物栽培者を含まないことと，雑貨商（タイ人14，中国人9，ケーク3）の他に，いくつかの特異な商いに従事するものを含むことである。それらのなかには，真鍮・鉄に区分された金物商（タイ人10，中国人8），布地商（タイ人22，中国人5，ケーク11），水柄杓を扱う者（タイ人31，中国人1），タバコ商（タイ人5，中国人4），養豚あるいは豚屠殺に関与する者（中国人5）などが含まれている。ここでも酒屋（中国人2），アヘンを取り扱う者（タイ人2），賭博・富籤商（タイ人1，中国人2）など歓楽関係の職業が僅かではあるが存在している。バンコクノーイ水路の特色は住民の多くが浮き家に居住することである。その数は166戸に達し，有人家屋の54.2パーセントを占める。タイ人で浮き家に居住するのは104

補註9　この部分に連続するバンコクノーイ水路沿いの家屋群には，別の名称が与えられている。本書本文におけるバンコクノーイ水路前半部が，ここで述べるバンコクノーイ水路に相当する。

戸（48.1パーセント），中国人では46戸（63.0パーセント），ケークの場合には16戸（94.1パーセント）である。チャオプラヤー河から水路への入口に近いと想定される家屋番号28～87においては56戸の浮き家が連続している。

7. 点と線

　重要な水路に沿って，周辺との関係に応じた専門化を伴いつつ，分節化された小さな中心が形成されていたことが分かる。恣意的に区切られた行政単位において，自然発生的な複数の小さな中心が出現するのは理解できる。しかしながら，郵便家屋台帳に記載されたバンコク（クルンテープ）の範囲は恣意的というよりも，王宮を中心として求心的な何らかのまとまりを形成するものであろう。この範囲が，都市として明確に区画されないところに往時のバンコクの特色があるのではないか。

　郵便家屋台帳から推測する限り，当時のバンコクにおいては，都市という概念による区画は認められない。道路，集落，水路という分類法ないし地域認識の方法は，点としての集落，線としての道路と水路を個別的に把握するもので，そこには地域区画ないし面という見方は生じていない。バンコクは線に沿って拡大する存在であったように見える。

　水路という交通手段がこの状況を支えてきた側面がある。王宮を中心として，チャオプラヤー河の東側で放射状に道路の建設が進行すると，水路の役割が相対的に小さくなってくる。すべての都市に共通性を付与していった自動車交通の発達は，行政区画や行政のあり方を変えていった。そうした過程のなかで，行政単位としては，モントンよりも小さいチャンワット（県）が機能することになり，チャオプラヤー河西岸，すなわちトンブリはバンコク（プラナコン）から分離され，少なくとも一時的には発展の列から外されたのである。川はこれまでとは逆に，交通を阻害する存在へとその性格を変えたのであった。

　昨年及び今年の訪問で，水路沿いの集落を訪ねる機会が多くあった。水路を行き来する船の数は減り，水路沿いの商店には扉を閉ざしたものが目立つ。水路から僅かに離れてハイウェイが通り，現代がそこまで顔を見せている中で，水路に面しては，過去の面影とともに時間がゆっくりと経過しているように感じられる空間が残存するのである。

参考文献

Bock, Carl. 1884. *Temples and Elephants, Travels in Siam in 1881–1882*. London: Sampson Law, Marston, Searle, & Rivington (Reprinted in 1986 by Singapore: Oxford University Press).

Bowring, Sir John. 1857. *The Kingdom and People of Siam, with a Narrative of the Mission to that Country in 1855*. 2 Vols. London: John W. Parker and Son (Reprinted in 1969 by Oxford University Press).

Bunnag, Tej. 1977. *The Provincial Administration of Siam, 1892–1915*. Kuala Lumpur: Oxford University Press.

Carter, A. Cecil (ed.) 1904. *The Kingdom of Siam: Ministry of Agriculture, Louisiana Purchase Exposition, St. Louis, U.S.A.* New York & London: G. P. Putnam's Sons; New York: The Knickerbocker Press (Reprinted by The Siam Society, Bangkok, 1988).

Crawfurd, John. 1828. *Journal of an Embassy to the Courts of Siam and Cochin China*. London: Henry Colburn (Reprinted in 1967 by Kuala Lumpur: Oxford University Press).

Crawfurd, John. 1830. *Journal of an Embassy from the Governor-General of India to the Courts of Siam and Cochin-China*. 2nd ed. London: Henry Colburn and Richard Bentley.

Duncan, Dudley O. and Duncan, Beverly. 1955. A Methodological Analysis of Segregation Indexes. *American Sociological Review*, 20.

Fournereau, Lucien. 1894. *Bangkok in 1892*. Bangkok: White Lotus (Translated and with an Introduction by Walter E. J. Tips, 1998).

Hong Lysa. 1984. *Thailand in the Nineteenth Century — Evolution of the Economy and Society*. Singapore: Institute of Southeast Asian Studies.

Hubbard, Robert V. 1977. *The History of Inland Waterway Development in Thailand, Part 1. Canal Construction in the Chao Phraya River System, Central Thailand*. Bangkok: The Applied Scientific Research Corporation of Thailand.

Malcom, Rev. Howard. 1839. *Travels in South-Eastern Asia, Embracing Hindustan, Malaya, Siam, and China, with Notices of Numerous Missionary Stations, and a Full Account of the Burman Empire*, 2 vols. London: Charles Tilt.

Malloch, D. E. 1852. *Siam, Some General Remarks on Its Productions*. Calcutta: Baptist Mission Press.

Neale, Frederick Arthur. 1852. *Narrative of a Residence in Siam*. London: Office of the National Illustrated Library (Reprinted in 1977 by White Lotus).

Pallegoix, Jean-Baptiste. 1854. *Description du Royaume Thai ou Siam*, 2 vols. Mission de Siam, Paris (Reprinted in 1969 by Westmead, Farnborough Hants, England: Gregg International Publishers Limited).

Porphant Ouyyanont. 1997. Bangkok's Population and the Ministry of the Capital in Early 20th Century Thai History. *Tonan Ajia Kenkyu* (Southeast Asian Studies), Vol. 35, No. 2.

Porphant Ouyyanont. 1999. Physical and Economic Change in Bangkok, 1851–1925. *Tonan Ajia Kenkyu* (Southeast Asian Studies), Vol. 36, No. 4.
Porphant Ouyyanont and Tsubouchi, Yoshihiro. 2000. *The Bangkok Postal Census and Nineteenth Century Bangkok Economic History*, Vol. 1 & Vol. 2, ASAFAS Special Paper, No. 5 & No. 7.
Porphant Ouyyanont and Tsubouchi, Yoshihiro. 2001. Aspects of the Place and Role of the Chinese in Late Nineteenth Century Bangkok. *Tonan Ajia Kenkyu* (Southeast Asian Studies), Vol. 39, No. 3.
Seidenfaden, Major Erik. 1928. *Guide to Bangkok with Notes on Siam*. 2nd ed. The Royal State Railways of Siam (Reprinted in 1984 by Singapore: Oxford University Press).
Siam Observer Office. 1910. *The Siam Directory*.
Skinner, G. William. 1957. *Chinese Society in Thailand: An Analytical History*. Ithaca: Cornell University Press.
Smithies, Michael. 1986. *Old Bangkok*. Singapore: Oxford University Press.
Sommerville, Maxwell. 1897. *Siam on the Meinam From the Gulf to Ayuthia*. London: Sampson Low, Marston and Company (Reprinted in 1985 by White Lotus Co.).
Sternstein, Larry. 1979. Krung Thep at One Hundred: Scape and Grid. *Journal of the Siam Society*, 67(2).
Sternstein, Larry. 1980. City of Magnificent Distances. In J. N. Jennings and G. J. R. Linge (eds.) *Of Time and Place: Essays in Honour of O. H. K. Spate*. Canberra: Australian University Press.
Sternstein, Larry. 1982. *Portrait of Bangkok*. Bangkok Metropolitan Administration.
末広　昭　1989.「バンコク：環濠城壁都市から貿易都市へ」大阪市立大学経済研究所編『世界の大都市6』東京大学出版会.
Suehiro, Akira. 1996. *Capital Accumulation in Thailand 1855–1985*. Ciang Mai: Silkworm Books.
高谷好一　1982.『熱帯デルタの農業発展』創文社.
Terwiel, B. J. 1989. *Through Travellers' Eyes: An Approach to Early Nineteenth-century Thai History*. Bangkok: Editions Duang Kamol.
Tomlin, Jacob. 1844. *Missionary Journals and Letters, Written during Eleven Years Residence and Travels among the Chinese, Javanese, Khassians, and Other Eastern Nations*. London: J. Nisbet.
Tomosugi, Takashi. 1993. *Reminiscences of Old Bangkok, Memory and the Identification of a Changing Society*. The Institute of Oriental Culture, the University of Tokyo.
友杉　孝　1994.『バンコク歴史散歩』河出書房新社.
Tsubouchi, Yoshihiro. 1984. A Sketch of the New Road in 1883, In Kenji Tsuchiya (ed.) *"States" in Southeast Asia: From "Tradition" to "Modernity"*. Center for Southeast Asian Studies, Kyoto University.
坪内良博　1983.「東南アジアにおける人口と伝統的基礎社会の性格—島嶼部を中心として—」『東南アジア研究』21-1.
坪内良博　1986.『東南アジア人口民族誌』勁草書房.

坪内良博　2002.「都市フロンティアとしてのバンコク」『三田学会雑誌』95(2).
坪内良博　2003.「19 世紀末のバンコクを求めて」『多文化社会研究』1　甲南女子大学多文化共生学科.
坪内良博　2004.「19 世紀末のバンコクを求めて　続編」『多文化社会研究』2　甲南女子大学多文化共生学科.
坪内良博・石井米雄　1982.「郵便家屋台帳からみた 19 世紀末のバンコク人口」『東南アジア研究』20(2).
Vincent, Frank. 1874. *The Land of the White Elephant: Sights and Scenes in South-Eastern Asia 1871-1872*, New York: Harper & Brothers (Reprinted in 1988 by Oxford University Press).
Wilson, Constance M. 1981. *Thailand: A Handbook of Historical Statistics*. Boston: G. K. Hall & Co.

[タイ語]

Anonymous. 1883. *Sarabanchi suan thi 1 khue tamnaeng ratchakan cho. so. 1245 lem thi 1* (Reprinted in 1998 by samnakphim ton chabap chamkat).
Anonymous. 1883. *Sarabanchi suan thi 2 khue rasadon nai changwat thanon lae trok cho. so. 1245 lem thi 2* (Reprinted in 1998 by samnakphim ton chabap chamkat).
Anonymous. 1883. *Sarabanchi suan thi 3 khue rasadon nai changwat ban mu lae lamnam samrap chao phanak ngan krom praisani krungthep mahanakon tangtae champuan pi mamae benchasok chulasakarat 1245 lem thi 3*. ti phim rong phim ban prattle, krungthep mahanakhon.
Anonymous. 1883. *Sarabanchi suan thi 4 khue rasadon nai changwat khu lae khlong lampadng samrap chao phanak ngan krom praisani krungthep mahanakhon tantae champuan pi ma mae benchasok chulasakarat 1245 iem thi 4*. ti phim rong phim ban prattle, krungthep mahanakhon.
Saan Ditbut. 1963. *Nangsŭ prawat lae waiwatthanākān krom praisanī-thōralēk*. Bangkok.

巻末付表

『バンコク郵便家屋台帳』を精査し，
付表1-1～付表1-7は道路沿いの家屋
付表2-1～付表2-4は水路沿いの家屋
についてまとめたものである。
各欄の略記号は以下の通り。

  民族 C：中国人
     T：タイ人
     K：ケーク（インド人またはマレー人）
     W：欧米人
  性 M：男性
     F：女性
  所有 自：自己所有
     借：借家，（　）内は家主。
     住：居住しているが所有者不明

付表 1-1　内ニューロード（内チャルンクルン道路）家屋配置

奇数家屋	民族	性	職業	家屋形態	所有	偶数家屋	民族	性	職業	家屋形態	所有
18/1	T	M	貴族 (Khun)	レンガ	自	18/2	C	M	兵士	レンガ	自
18/3	T	M	兵士	レンガ	自	18/4	T	M	貴族 (Khun)	レンガ	自
18/5	T	M	兵士	レンガ	自	18/6	T	M	不明	不明	不明
18/7	T	M	徭役従事者	レンガ	自	18/8	W	M	役所書記	レンガ	自
18/9	T	M	兵士	レンガ	自	19/10	C	M	絵師	レンガ (PPB)	借
19/11	C	M	酒	レンガ	借	19/12	C	M	酒	レンガ (PPB)	借
19/13	T	M	兵士	レンガ	自	19/14	T	M	兵士	レンガ (PPB)	借
19/15	T	M	兵士	レンガ	自	19/16	T	M	徭役従事者	レンガ (PPB)	借
19/17	T	M	兵士	レンガ	自	19/18	T	M	徭役従事者	レンガ (PPB)	借
19/19	C	M	酒	不明	不明	19/20	T	M	貴族 (Khun)	レンガ (PPB)	借
19/21	T	M	兵士	不明	不明	19/22	C	M	金細工師	レンガ (PPB)	借
19/23	C	F	不明	レンガ (PPB)	借	19/24	T	M	巡査	レンガ (PPB)	借
19/25	T	M	徭役従事者	レンガ (PPB)	借	19/26	C	F	不明	レンガ (PPB)	借
19/27	C	M	兵士	レンガ (PPB)	借	19/28	C	M	大工	レンガ (PPB)	借
20/29	T	M	徭役従事者	レンガ (PPB)	借	20/30	T	F	タバコ	不明	不明
20/31	T	M	徭役従事者	レンガ (PPB)	借	20/32	C	M	質屋	レンガ (PPB)	借
20/33	T	M	官吏	レンガ (PPB)	借	20/34	T	M	宮内官	レンガ (PPB)	借
20/35	T	F	不明	レンガ (PPB)	借	20/36	C	M	質屋	レンガ (PPB)	借
20/37	T	M	青物	レンガ (PPB)	借	20/38	C	M	大工	レンガ (PPB)	借
20/39	T	M	兵士	レンガ (PPB)	借	20/40	C	M	質屋	レンガ (PPB)	借
20/41	T	F	不明	不明	不明	20/42	C	M	仕立て	不明	不明
20/43	T	M	大工	レンガ (PPB)	借	20/44	C	M	衣料	レンガ (PPB)	不明
21/45	T	M	官吏	不明	借	21/46	C	M	仕立て	レンガ (PPB)	借
21/47	T	M	官吏	レンガ (PPB)	借	21/48	C	M	仕立て	レンガ (PPB)	借
21/49	T	M	官吏	編み竹壁	自	21/50	T	F	王族・仕立て	レンガ (PPB)	借
21/51	T	M	官吏	レンガ (PPB)	借	21/52	T	M	宮内官	不明	不明
21/53	T	M	徭役従事者	レンガ (PPB)	借	21/54	T	M	医師	レンガ (PPB)	借
21/55	C	M	大工	不明	不明	21/56	K	M	宝石指輪	レンガ (PPB)	借
21/57	T	M	徭役従事者	レンガ (PPB)	借	21/58	T	M	徭役従事者	レンガ (PPB)	借
21/59	T	M	徭役従事者	レンガ (PPB)	借	21/60	T	M	兵士	レンガ (PPB)	借
21/61	T	M	兵士	レンガ (PPB)	借	21/62	T	M	巡査	レンガ (PPB)	借
21/63	T	M	兵士	レンガ (PPB)	借	21/64	C	M	仕立て	レンガ (PPB)	借
22/65	T	M	徭役従事者	レンガ (PPB)	借	22/66	C	M	酒	レンガ (PPB)	借
22/67	C	M	扇子	レンガ (PPB)	借	22/68	C	M	大工	レンガ (PPB)	借
22/69	C	M	不明			22/70	C	M	大工	レンガ (PPB)	借
22/71	C	M	洗濯業			22/72	T	M	時計修理	レンガ (PPB)	借
22/73	C	M	大工	レンガ (PPB)	借	22/74	T	M	貴族 (Phra)	板壁	不明
22/75	C	M	質屋	レンガ (PPB)	借	22/76	T	M	英領事館雇	レンガ (貴族所有)	借
22/77	C	M	質屋	レンガ (貴族所有)	借	22/78	C	M	金細工師	レンガ (貴族所有)	借
22/79	C	M	仕立て			22/80			記載なし		
23/81	W	M	船長	レンガ (貴族所有)	借	23/82	C	M	大工	レンガ (貴族所有)	借
23/83	C	M	質屋	不明	不明	23/84	T	M	徭役従事者	レンガ (PPB)	借
23/85	T	M	徭役従事者	レンガ (PPB)	借	23/86	C	M	菓子	レンガ (PPB)	借
23/87	T	M	貴族 (Luang)	レンガ (PPB)	借	23/88	C	M	仕立て	レンガ (PPB)	借
23/89	T	M	貴族 (Khun)・貸し車庫業	レンガ (PPB)	借	23/90	C	M	アヘン	レンガ (PPB)	借
23/91	T	F	不明	レンガ (PPB)	借	23/92	C	M	富籤	レンガ (PPB)	借
23/93	T	M	宮内官	レンガ (PPB)	借	23/94	C	M	酒	レンガ (PPB)	借
23/95	T	M	技師	レンガ (PPB)	借	23/96	C	M	質・富籤	レンガ (PPB)	借
24/97	C	M	石工	レンガ (PPB)	借	24/98	T	M	兵士	不明	不明
24/99	C	M	賭博従事	レンガ (PPB)	借	24/100	C	M	酒	レンガ (PPB)	借
24/101	C	M	石工	レンガ (PPB)	借	24/102	C	M	石工	レンガ (PPB)	借

付表 1-1　内ニューロード（内チャルンクルン道路）家屋配置

奇数家屋	民族	性	職業	家屋形態	所有		偶数家屋	民族	性	職業	家屋形態	所有
24/103	C	M	人夫	不明	不明		24/104				レンガ (PPB)	空き家
24/105	T	M	宮内官・金細工師	レンガ (PPB)	借		24/106	C	M	家事使用人	レンガ (PPB)	借
24/107	C	M	雑貨	レンガ (PPB)	借		24/108	T	M	徭役従事者	レンガ (PPB)	借
24/109	C	M	法律業	レンガ (PPB)	借		24/110	C	M	大工	レンガ (PPB)	借
24/111	T	M	雑貨	レンガ (PPB)	借		24/112	T	M	教師	レンガ (PPB)	借
25/113	T	M	金細工師	レンガ (PPB)	借		25/114	C	M	石工	レンガ (PPB)	借
25/115	T	F	貴金属商	レンガ (PPB)	借		25/116	C	M	賭博従事	レンガ (PPB)	借
25/117	T	F	青物	レンガ (PPB)	借		25/118	C	M	賭博場	レンガ (PPB)	借
25/119	C	M	人夫	レンガ (PPB)	借		25/120	T	M	箱製造	レンガ (PPB)	借
25/121	T	M	貴族 (Khun)	レンガ (PPB)	借		25/122	C	M	青物	レンガ (PPB)	借
25/123	C	M	酒	レンガ (PPB)	借		25/124	T	M	宮内官・青物商	レンガ (PPB)	借
25/125	T	F	飲食	レンガ (PPB)	借		25/126	T	M	理髪師	レンガ (PPB)	借
25/127	T	M	青物	不明	不明		25/128	T	M	衣料・酒	レンガ (PPB)	借
25/129	T	F	富籤	レンガ (PPB)	借		25/130	T	M	新聞	レンガ (PPB)	借
26/131	C	M	宮内官・青物商	レンガ (PPB)	借		26/132	T	M	官吏	レンガ (PPB)	借
26/133	T	M	兵士・飲食	レンガ (PPB)	借		26/134	C	M	行商	レンガ (PPB)	借
26/135	C	M	酒	レンガ (PPB)	借		26/136	T	F	青物	レンガ (PPB)	借
26/137	T	M	理髪師	レンガ (PPB)	借		26/138	T	M	青物	レンガ (PPB)	借
26/139	T	M	理髪師	レンガ (PPB)	借		26/140	C	M	大工	レンガ (PPB)	借
26/141	T	M	兵士	レンガ (PPB)	借		26/142	K	M	石工	レンガ (PPB)	借
26/143	C	M	青物	レンガ (PPB)	借		26/144	K	M	宝石指輪	レンガ (PPB)	借
26/145	T	M	技師	レンガ (PPB)	借		26/146	C	M	ガラス	レンガ (PPB)	借
27/147	T	F	酒	レンガ (PPB)	借		27/148	T	F	仕立て	レンガ (PPB)	借
27/149	T	M	大工・理髪	レンガ (PPB)	借		27/150	K	M	宝石指輪	レンガ (PPB)	借
27/151				宮殿入り口			27/152	T	F	青物	レンガ (PPB)	借
27/153	T	F	雑貨	レンガ (PPB)	借		27/154	K	M	宝石指輪	レンガ (PPB)	借
27/155	C	M	鋳掛職人	レンガ (PPB)	借		27/156	C	M	質屋	レンガ (PPB)	借
27/157	T	M	魚網	レンガ (PPB)	借		27/158	C	M	不明	レンガ (PPB)	借
27/159	C	F	酒	レンガ (PPB)	借		27/160	C	M	酒・雑貨	レンガ (PPB)	借
27/161	C	M	賭博従事	レンガ (PPB)	借		27/162	C	M	酒・雑貨	レンガ (PPB)	借
27/163	C	M	商売	レンガ (PPB)	借		27/164	C	M	酒	レンガ (PPB)	借
28/165	C	M	酒・麹類	レンガ (PPB)	借		28/166	C	M	不明	レンガ (PPB)	借
28/167	C	M	事務主任・医師	レンガ (PPB)	借		28/168	C	M	仕立て	アタップ	借
28/169	C	M	酒	レンガ (PPB)	借		28/170	C	F	富籤	レンガ (PPB)	借
28/171	T	F	指輪	レンガ (PPB)	借		28/172	C	M	富籤・タバコ	レンガ (PPB)	借
28/173	T	M	宮内官・雑貨	レンガ (PPB)	借		28/174	C	M	アヘン	レンガ (PPB)	借
28/175	C	M	石工	レンガ (PPB)	借		28/176	C	M	アヘン	レンガ (PPB)	借
28/177	T	M	王宮仕	レンガ (PPB)	借		28/178	C	M	富籤	レンガ (PPB)	借
28/179	T	F	王族	不明	不明		28/180	C	M	富籤	レンガ (PPB)	借
28/181	T	F	タバコ	レンガ (PPB)	借		28/182			記載なし		
28/183	C	M	人夫	レンガ (PPB)	借		28/184			記載なし		
28/185	C	M	ガラス	レンガ (PPB)	借		28/186			記載なし		
29/187	T	F	仕立て	レンガ (PPB)	借		29/188	K	M	宝石指輪	レンガ (PPB)	借
29/189	T	M	雑貨	レンガ (PPB)	借		29/190			記載なし		
29/191	T	M	雑貨	レンガ (PPB)	借		29/192			記載なし		
29/193	C	M	質屋・仕立て	レンガ (PPB)	借		29/194			記載なし		
29/195	C	M	芝居職人	レンガ (PPB)	借		29/196			記載なし		
29/197	C	M	仕立て	レンガ (PPB)	借		29/198			記載なし		
29/199	C	M	仕立て	レンガ (PPB)	借		29/200			記載なし		
29/201	C	M	靴修理	レンガ (PPB)	借		29/202			記載なし		
29/203	C	M	仕立て	レンガ (PPB)	借		29/204			記載なし		
29/205	C	M	靴修理	レンガ (PPB)	借		29/206			記載なし		
29/207	C	M	衣料・靴修理	レンガ (PPB)	借		29/208			記載なし		
29/209	C	M	靴修理	レンガ (PPB)	借		29/210			記載なし		
29/211	C	M	仕立て	レンガ (PPB)	借							

巻末付表

付表1-2　外ニューロード（外チャルンクルン道路）家屋配置

奇数家屋	民族	性	職業	家屋形態	所有	家主	偶数家屋	民族	性	職業	家屋形態	所有	家主
30/197	T	M	貴族(Khun)	不明		不明	30/198	T	M	巡査	不明		不明
30/199	W	M	巡査	不明		不明	30/200	T	F	不明	不明		不明
30/201	C	M	酒	アタップ(土間)	借	CN	30/202	C	M	酒・アヘン	平土間	借	CN
30/203	C	M	貴族(Khun)	編み竹壁	借	O	30/204	T	F	王族	平土間	借	CN
30/205	T	F	酒・食料	平土間(貴族所有)	借	CN	30/206	C	M	飯	平土間	借	CN
30/207	C	M	酒・富籤	レンガ	借	O	30/208	C	M	質屋	平土間	借	CN
30/209	C	M	不明	アタップ(土間)	借	O	30/210	T	F	アヘン	レンガ	借	O
30/211	C	M	アヘン	平土間(貴族所有)	借	CN	30/212	C	M	質屋	レンガ	借	O
31/213	K	M	貸し車庫	アタップ		不明	CN	31/214	C	M	質屋	レンガ	借	O
31/215	C	M	酒	平土間(貴族所有)	借	CN	31/216	C	M	質屋雇員	レンガ	借	O
31/217	C	M	雑貨	アタップ(土間)		不明	O	31/218	C	M	飲食	平土間(貴族所有)	借	CN
31/219	C	M	アヘン	平土間(貴族所有)	借	CN	31/220	C	M	酒	平土間(貴族所有)	借	CN
31/221	C	M	人夫頭	平土間(貴族所有)	借	CN	31/222	K	M	不明	natung		不明
31/223	K	M	不明	アタップ	借	O	31/224	C	M	不明	平土間	借	CN
31/225	C	M	牛	平土間(貴族所有)	借	O	31/226	C	M	飲食	平土間(貴族所有)	借	O
32/227	C	M	酒	平土間(貴族所有)	借	CN	32/228	C	M	飲食	平土間	借	O
32/229	T	M	貸し車庫	アタップ		不明		32/230	C	M	甕類	平土間	借	O
32/231	C	M	質屋	レンガ	借	MS	32/232	C	M	質屋	平土間(貴族所有)	借	O
32/233	T	M	菓子(中国菓子)	平土間(貴族所有)	借	O	32/234	T	F	雑貨	平土間	借	MS
32/235	C	M	質屋	レンガ	借	MS	32/236	C	M	医師	レンガ	借	MS
32/237	T	M	職人・雑貨	編み竹壁	借	O	32/238	C	M	不明	編み竹壁	借	O
32/239	C	M	不明	不明		不明		32/240	C	F	不明	レンガ	自	
32/241	T	M	娼家	トタン	自		32/242	T	M	法律業	レンガ	借	MS
32/243	C	M	質屋	レンガ	借	MS	32/244	C	M	雑貨	レンガ	借	MS
33/245	C	M	酒	レンガ	借	MS	33/246	C	M	酒・靴修理	平土間(貴族所有)	借	O
33/247	C	M	タバコ	レンガ(貴族所有)	借	PMM	33/248	C	M	靴修理	レンガ(貴族所有)	借	O
33/249	C	M	アヘン	レンガ(貴族所有)	借	PMM	33/250	C	M	賭博場	レンガ(貴族所有)	借	PMM
33/251	C	M	雇員	レンガ(貴族所有)	借	PMM	33/252	C	M	不明	レンガ	自	
33/253	C	M	酒	レンガ(貴族所有)	借	O	33/254	C	M	酒・雑貨	レンガ	借	O
33/255	C	M	養豚	レンガ(貴族所有)	借	PMM	33/256	C	M	パン・雑貨	レンガ(貴族所有)	借	PMM
33/257	C	M	賭博従事	レンガ(貴族所有)	借	PMM	33/258	C	M	雑貨	平土間(貴族所有)	借	O
34/259	C	M	酒	平土間(貴族所有)	借	O	34/260	T	M	徭役従事者	平土間(貴族所有)	借	O
34/261	T	M	貴族(Phraya)	レンガ(貴族所有)	自	PMM	34/262	C	M	車職人	アタップ(土間)		
34/263	C	M	宮内官・貸し車庫	平土間	自		34/264	C	M	酒	レンガ(貴族所有)	借	PMM
34/265	C	M	商売	レンガ	借	PMM	34/266	C	M	車職人	平土間(貴族所有)	借	CP
34/267	C	M	不明	平土間(貴族所有)	借	CP	34/268	C	M	アヘン	レンガ(貴族所有)	借	PMM
34/269				レンガ(貴族所有)	空き家	PMM	34/270	C	M	傘	レンガ(貴族所有)	借	PMM
34/271	C	M	不明	レンガ(貴族所有)	借	PMM	34/272	C	M	車職人	レンガ(貴族所有)	借	PMM
34/273	C	M	車職人	レンガ(貴族所有)	借	PMM	34/274	C	M	車職人	平土間	借	O
35/275	C	M	貸し車庫	平土間	借	O	35/276	C	M	車職人	平土間	借	
35/277	K	M	不明	アタップ(土間)	自	CP	35/278	T	M	娼家	レンガ	自	
35/279	C	M	車職人	平土間(貴族所有)	借	CP	35/280	C	M	金銀彫物細工師	レンガ(貴族所有)	借	O
35/281	C	M	鋳掛職人	平土間(貴族所有)	借	CP	35/282	C	F	タバコ製造販売	レンガ(貴族所有)	借	O
35/283	C	M	不明	平土間(貴族所有)	借	CP	35/284	T	M	徭役従事者	レンガ	自	
35/285	C	M	酒	レンガ(貴族所有)	借	O	35/286	C	M	養豚	平土間(貴族所有)	借	CP
35/287	C	M	娼家	レンガ(貴族所有)	借	O	35/288	C	M	もやし	平土間(貴族所有)	借	CP
35/289	T	F	雑貨	平土間(貴族所有)	借	CP	35/290	C	M	コーヒー	レンガ(貴族所有)	借	O
35/291	C	M	名くろ師	レンガ	借	MS	35/292	T	M	医師	レンガ	借	
36/393	T	M	理髪師	レンガ	借	MS	36/294	C	M	酒・富籤	アタップ	住	CP
36/295	C	M	徴税請負	平土間	借	CP	36/296	C	M	酒・アヘン	レンガ	借	MS

外ニューロード（外チャルンクルン道路）

付表 1-2　外ニューロード（外チャルンクルン道路）家屋配置

奇数家屋	民族	性	職業	家屋形態	所有	家主	偶数家屋	民族	性	職業	家屋形態	所有	家主
36/297	C	M	薬	レンガ	借	MS	36/298				門		
36/299	T	M	タバコ	レンガ	借	MS	36/300	C	M	麺類	平土間(貴族所有)	借	O
36/301	T	M	徭役従事者	レンガ	借	MS	36/302	C	M	麺類	レンガ	借	MS
36/303	C	M	大工	レンガ	借	MS	36/304	C	M	椀類	平土間(貴族所有)	借	O
36/305	C	M	人夫頭	平土間	借	O	36/306	C	M	金細工師	レンガ(貴族所有)	借	O
36/307	C	M	人夫頭	平土間(貴族所有)	借	O	36/308	C	M	質屋	レンガ(貴族所有)	借	O
36/309	T	M	書記	平土間(貴族所有)	借	O	36/310	C	M	衣料	レンガ(貴族所有)	借	O
36/311	C	M	賭博場	レンガ	借	O	36/312	C	M	金細工師	レンガ	借	O
36/313	C	M	豆腐	平土間(貴族所有)	借	O	36/314	C	M	豆腐	平土間	借	NP
37/315	C	M	不明	平土間	借	O	37/316				平土間	空き家	
37/317	C	M	大豆・雑貨	平土間	借	NP	37/318				平土間	空き家	
37/319	C	F	不明	平土間	借	不明	37/320						
37/321	C	M	大豆	平土間	借	O	37/322	T	M	娼家	平土間	借	A
37/323	C	M	不明	不明	不明		37/324	T	M	貸し車庫	平土間	借	A
37/325	C	M	大豆	平土間	借	NP	37/326	C	M	飲食	平土間	借	NP
37/327	C	M	不明	不明	不明		37/328	C	M	石工	平土間	借	NP
37/329	C	M	大豆	平土間	借	NP	37/330	C	M	菓子(中国菓子)	レンガ	借	NP
37/331	C	M	仕立て・酒	平土間	借	NP	38/332	C	M	質屋	レンガ	借	NP
38/333	C	M	質屋	レンガ	借	NP	38/334	C	M	質屋	レンガ	借	NP
38/335	C	M	飲食	平土間	借	NP	38/336	T	F	飲食	平土間	借	NP
38/337	C	M	雑貨	平土間	借	NP	38/338	C	M	賭博場	平土間	借	NP
38/339	C	M	質屋	平土間	借	不明	38/340	C	M	酒	平土間(貴族所有)	借	O
38/341	C	M	酒	平土間	借	Ci	38/342	C	M	麺類	平土間(貴族所有)	借	O
38/343	C	M	貸し車庫	平土間	借	Ci	38/344	C	M	麺類	平土間(貴族所有)	借	O
38/345	C	M	質屋	レンガ	借	Ci	38/346	C	M	アヘン	平土間	借	O
38/347	C	M	アヘン	平土間(貴族所有)	借	O	38/348	C	M	人夫頭	平土間	借	O
38/349	C	M	不明	レンガ	借	O	39/350	C	M	青物	レンガ	借	O
39/351	C	M	薬草	レンガ	借	O	39/352	C	M	酒	レンガ	借	Ci
39/353	C	M	アヘン	レンガ(貴族所有)	借	O	39/354	C	M	雑貨	レンガ	借	Ci
39/355	C	M	酒・雑貨	レンガ	借	O	39/356	C	M	娼家	平土間	借	O
39/357	C	M	質屋	平土間(貴族所有)	借	PM	39/358	C	M	薬草	レンガ	借	O
39/359	C	M	医師	平土間	借	O	39/360	C	M	石工	レンガ	借	O
39/361	C	M	雑貨	レンガ	借	PM	39/362	C	M	アヘン	レンガ	借	O
39/363	C	M	大工	レンガ(貴族所有)	借	PM	39/364	C	M	アヘン	レンガ	借	O
39/365	C	M	不明	レンガ(貴族所有)	借	PM	39/366	C	M	米	平土間	借	O
39/367	C	M	行商	レンガ(貴族所有)	借	PM	39/368	C	M	不明	平土間	借	O
39/369	C	M	バナナ菓子	レンガ(貴族所有)	借	PM	40/370	T	M	兵士	平土間	借	O
40/371	C	M	籠	レンガ(貴族所有)	住	PM	40/372	C	M	頭巾製造	平土間	借	O
40/373	C	M	官吏	レンガ(貴族所有)	借	PM	40/374	C	M	籠	平土間	借	O
40/375	T	M	貴族(Phra)	レンガ(貴族所有)	自	PM	40/376	C	M	霊媒師	レンガ	借	MS
40/377	T	M	娼家	平土間(貴族所有)	借	PM	40/378	C	M	賭博従事	レンガ	借	MS
40/379	T	M	娼家	平土間(貴族所有)	借	PM	40/380	C	M	医師	レンガ	借	MS
40/381				番号のみ			40/382	C	M	質屋	レンガ	借	MS
40/383	C	M	アヘン	平土間(貴族所有)	借	PM	40/384	C	M	傘	レンガ	借	MS
40/385	C	M	家鴨	平土間(貴族所有)	借	PM	40/386	C	M	医師	レンガ	借	MS
40/387				平土間(貴族所有)	空き家	PM	41/388	C	M	役者	レンガ	借	MS
41/389	C	M	石工	平土間(貴族所有)	借	PM	41/390	C	M	大工	レンガ	借	MS
41/391	T	F	不明	平土間(貴族所有)	借	PM	41/392	C	M	人夫頭	レンガ	借	MS
41/393	T	M	兵士	平土間(貴族所有)	借	PM	41/394		M	娼家	レンガ	借	O
41/395	C	M	薪	平土間	借	O	41/396	C	M	不明	平土間	借	O
41/397	T	M	酒	平土間(貴族所有)	借	O	41/398	C	M	フランス人雇い		借	O
41/399	T	M	娼家	レンガ	借	O	41/400	C	M	娼家	レンガ	借	O
41/401	C	M	酒	平土間(貴族所有)	借	O	41/402	C	M	酒	平土間	借	O
41/403	K	M	貸し車庫	平土間	借	O	41/404	C	M	貸し車庫	不明	不明	O

外ニューロード（外チャルンクルン道路）

付表1-2　外ニューロード（外チャルンクルン道路）家屋配置

奇数家屋	民族	性	職業	家屋形態	所有	家主	偶数家屋	民族	性	職業	家屋形態	所有	家主
41/405	C	M	タバコ製造販売	レンガ	自		42/406	K	M	貸し車庫	レンガ	借	O
42/407	C	M	不明	平土間	借	O	42/408				平土間	空き家	O
42/409	C	M	アヘン	平土間	借	O	42/410	K	M	菓子	平土間	借	O
42/411	K	M	貸し車庫	平土間	借	PN	42/412	K	M	貸し車庫	レンガ(貴族所有)	借	PN
42/413	C	M	菓子(中国菓子)	平土間	借	A	42/414	C	M	官吏	レンガ(貴族所有)	借	PN
42/415				寺院			42/416	C	M	質屋	レンガ(貴族所有)	借	PN
42/417	C	M	貸し車庫	レンガ(貴族所有)	借	PN	42/418	C	M	教師	レンガ(貴族所有)	借	PN
42/419	C	M	質屋	レンガ(貴族所有)	借	PN	42/420	C	M	質屋	レンガ(貴族所有)	借	PN
42/421	C	M	酒	レンガ	借	Ci	42/422	C	M	医師	レンガ(貴族所有)	借	PN
42/423	C	M	酒	レンガ	借	Ci	42/424	C	M	酒	レンガ(貴族所有)	借	PN
42/425	C	M	質屋	レンガ	借	Ci	43/426	C	M	香辛料	平土間	借	PN
43/427	C	M	香辛料	平土間	借	O	43/428	C	M	酒	平土間	借	O
43/429	C	M	アヘン	平土間	借	O	43/430	C	M	徴税請負	平土間(貴族所有)	借	kP
43/431	C	M	酒	平土間(貴族所有)	借	kP	43/432	C	M	酒	平土間(貴族所有)	借	kP
43/433	C	M	雑貨	平土間(貴族所有)	借	kP	43/434	C	M	富籤	平土間(貴族所有)	借	不明
43/435	C	M	人夫頭	平土間(貴族所有)	借	kP	43/436	K	M	不明	平土間(貴族所有)	借	kP
43/437	C	M	富籤	平土間(貴族所有)	借	kP	43/438	C	M	菓子(中国菓子)	平土間(貴族所有)	借	kP
43/439	C	M	籠	平土間(貴族所有)	借	kP	43/440			貸し車庫	不明	自	
43/441	C	M	家鴨	平土間(貴族所有)	借	kP	43/442	C	M	甕類	平土間	借	O
43/443	C	M	籠	平土間	借	O	44/444	C	M	車職人	平土間	借	Ci
44/445	C	M	菓子(中国菓子)	平土間	借	O	44/446	C	M	靴職人	平土間	借	Ci
44/447			貸し車庫・宮内官	平土間	自		44/448	C	M	雑貨	平土間	自	
44/449	C	M	不明	不明	自		44/450	C	M		平土間	空き家	O
44/451	K	M	貸し車庫	平土間	借	Ci	44/452	C	M	不明	平土間	借	O
44/453	C	M	アヘン	平土間	借	O	44/454	C	M	籠	平土間	借	O
44/455	C	M	鍍金職人	平土間	借	O	44/456	C	M	易者	平土間	借	O
44/457	C	M	質屋	平土間	借	O	44/458	C	M	アヘン	平土間	借	O
44/459				門			44/460				門		
44/461	C	M	豆腐	平土間	借	O	44/462	C	M	雑貨	平土間(貴族所有)	借	O
44/463	C	M	家鴨	平土間	借	O	45/464	C	M	家鴨	平土間	借	O
45/465	C	M	樽製造	平土間	借	O	45/466				平土間(貴族所有)	空き家	O
45/467	T	M	徭役従事者	平土間	借	O	45/468	T	M	娼家	屋敷	借	不明
45/469	C	M	不明	平土間	借	O	45/470	C	M	豆腐	平土間	借	O
45/471	K	M	貸し車庫	平土間(貴族所有)	借	O	45/472	T	M	貸し車庫	平土間(貴族所有)	自	PMM
45/473	C	M	不明	浮き家	自		45/474	C	M	椀類	平土間(貴族所有)	借	PMM
45/475				門			45/476	C	M	酒	平土間(貴族所有)	借	PMM
45/477	C	M	賭博従事	平土間(貴族所有)	借	Ci	45/478	C	M	家鴨	平土間(貴族所有)	借	PMM
45/479	C	M	賭博従事	平土間(貴族所有)	借	PMM	45/480	C	M	中国焜炉	平土間	借	Ci
45/481	C	M	米粉	平土間	借	PMM	45/482						
45/483	C	M	家鴨	平土間	借	Ci	45/484	C	M	菓子(中国菓子)	平土間(貴族所有)	借	PMM
46/485	C	M	人夫頭	平土間(貴族所有)	借	Ci	46/486	C	M	仕立て	平土間(貴族所有)	借	PMM
46/487	C	M	人夫頭	平土間(貴族所有)	借	PMM	46/488	C	M	薬	平土間(貴族所有)	借	PMM
46/489	C	M	養豚	平土間(貴族所有)	借	PMM	46/490	C	M	雑貨	平土間(貴族所有)	借	PMM
46/491	C	M	菓子	平土間(貴族所有)	借	PMM	46/492	C	M	雑貨	平土間(貴族所有)	借	PMM
46/493				廟			46/494	C	M	大工	不明	不明	
46/495	C	M	魚醤	平土間	借	O	46/496	C	M	アヘン	平土間	借	O
46/497	C	M	賭博従事	平土間	借	O	46/498	C	M	行商	平土間	借	O
46/499	C	M	不明	不明	不明		46/500	C	M	茶葉	平土間	借	O
46/501	C	M	不明	平土間	借	A	46/502	T	F	娼家	平土間	借	A
47/503	C	M	不明	平土間	借	A	47/504	C	M	不明	平土間	借	A
47/505	C	M	不明	平土間	借	A	47/506	C	M	不明	平土間	借	A
47/507	C	M	不明	平土間	借	A	47/508	C	M	不明	平土間	借	A
47/509	C	M	養豚	平土間	借	A	47/510	C	M	家鴨	平土間	借	A
47/511	C	M	賭博場	平土間	借	A	47/512	C	M	家鴨	平土間	借	A

付表1-2　外ニューロード（外チャルンクルン道路）家屋配置

奇数家屋	民族	性	職業	家屋形態	所有	家主	偶数家屋	民族	性	職業	家屋形態	所有	家主
47/513	C	M	中国煜炉	レンガ	自		47/514	C	M	養豚	レンガ	借	不明
47/515	K	M	御者	レンガ	自	O	47/516	C	M	中国煜炉	平土間	借	O
47/517	C	M	人夫頭	平土間(貴族所有)	借	O	47/518	C	M	徴税請負	平土間	借	O
47/519	C	M	雑貨	平土間	借	O	47/520	C	M	家鴨	平土間	借	O
48/521	C	M	雑貨	平土間	借	O	48/522	C	M	籠	平土間	借	O
48/523	C	M	家鴨	平土間	借	O	48/524	C	M	養豚	平土間	借	Ci
48/525	C	M	娼家	平土間	借	A	48/526	C	M	大工	平土間	借	A
48/527	C	M	雑貨	平土間	借	A	48/528	C	M	不明	平土間	借	A
48/529	C	M	不明	平土間	借	A	48/530	C	M	不明	平土間	借	A
48/531	C	M	雑貨	平土間	借	A	48/532	C	M	不明	平土間	住	A
48/533	T	F	不明	板壁	自		43/534	T	F	娼家	平土間(貴族所有)	借	O
43/535	T	M	娼家	平土間(貴族所有)	借	O	43/536	T	M	娼家	平土間(貴族所有)	借	O
48/537	C	M	娼家	平土間	借	A	48/538	C	M	アヘン	板壁	住	Ci
49/539	T	F	娼家	平土間	借	A	49/540	C	M	籠	平土間	借	O
49/541	T	F	不明	平土間	住	O	49/542	T	M	家鴨	平土間	借	O
49/543	C	M	家鴨	平土間	借	O	49/544	C	M	魚醤	平土間	借	O
49/545	K	M	御者	平土間	借	O	49/546	T	F	娼家	平土間	借	A
49/547	K	M	アヘン	平土間	借	A	49/548	C	M	酒	平土間	借	A
49/549	C	M	不明	平土間	住	A	49/550	K	M	不明	平土間(貴族所有)	借	O
49/551	K	M	不明	平土間(貴族所有)	借	O	49/552	C	M	貴族(Khun)	レンガ	自	
49/553	T	M	徭役従事者	板壁	自		49/554	T	M	警備	レンガ	自	
49/555	C	M	小鳥	屋敷	自		49/556	C	M	家鴨	平土間(貴族所有)	借	O
50/557	C	M	官吏	木の葉壁	借	Ci	50/558	C	M	豆腐	平土間(貴族所有)	借	O
50/559	C	M	塩	木の葉壁(土間)	自		50/560	C	M	不明	レンガ	借	CR
50/561				レンガ	空き家	CR	50/562	T	M	貴族(Khun)	レンガ	借	CR
50/563	T	M	徭役従事者	レンガ	自		50/564				レンガ	空き家	CR
50/565	T	F	不明	レンガ	自		50/566	T	M	不明	レンガ	借	O
50/567	T	M	不明	レンガ	借	CR	50/568	T	F	家屋管理人	レンガ	住	O
50/569	T	M	麺類	レンガ	借	CR	50/570				レンガ	空き家	
50/571					空き家		50/572	C	M	廟	レンガ	借	A
50/573	C	M	豆腐	レンガ	自		50/574	K	M	欧州系商店書記	レンガ	借	A
51/575				レンガ	空き家	CR	51/576				レンガ	空き家	CR
51/577				レンガ	空き家	CR	51/578	C	M	酒	レンガ	借	A
51/579	T	M	宮内官	レンガ	借	CR	51/580	W	M	不明	レンガ	借	A
51/581	Burmese	M	不明	レンガ	借	A	51/582	C	M	ジャンク船主	レンガ	借	A
51/583	T	M	徭役従事者	レンガ	自		51/584	T	M	宮内官	レンガ	自	CR
51/585	T	F	娼家	平土間	借	Ci	51/586	T	M	警備	寺院(Wat Samchin)	住	不明
51/587	C	M	不明	平土間	借	A	51/588	C	M	セメント輸入	平土間	借	A
51/589	T	F	不明	平土間	借	A	51/590	T	F	酒	平土間	借	A
51/591	C	M	徴税請負	切妻屋根	自		51/592	T	M	警備	寺院(Wat Samchin)	住	不明
51/593	C	M	精米所	平土間	借	O	51/594	T	F	不明	編み竹壁	借	O
52/595	T	F	不明	編み竹壁	自		52/596	T	F	不明	編み竹壁	借	Ci
52/597	T	F	養豚	編み竹壁	自		52/598	C	M	魚醤	平土間	借	O
52/599	C	M	人夫頭	平土間	借	O	52/600				平土間	空き家	O
52/601	C	M	石工	平土間	借	O	52/602	C	M	籠	平土間	借	O
52/603	T	M	医師	編み竹壁	借	O	52/604				平土間	空き家	K
52/605				平土間	空き家	K	52/606				平土間	空き家	K
52/607	C	M	家屋管理人	不明	不明	K	52/608				平土間	空き家	KNP
52/609	C	M	賭博従事	平土間	借	KNP	52/610	C	M	家鴨	平土間	借	O
52/611	C	M	米仲買	平土間	借	KNP	52/612	C	M	アヘン	平土間	借	KNP
52/613	C	M	雑貨	平土間	借	O	52/614	C	M	酒	平土間	借	K
53/615	T	F	酒	平土間	借	KNP	53/616	C	M	賭博場	平土間	借	Ci
53/617	C	M	不明	平土間	借	KNP	53/618	C	M	雑貨	平土間	借	Ci
53/619	C	M	アヘン	平土間	借	Ci	53/620	C	M	アヘン	平土間	借	Ci

付表1-2　外ニューロード（外チャルンクルン道路）家屋配置

奇数家屋	民族	性	職業	家屋形態	所有	家主	偶数家屋	民族	性	職業	家屋形態	所有	家主
53/621	C	M	不明	平土間	借	Ci	53/622	C	M	酒	平土間	借	A
53/623	C	M	雑貨	平土間	借	A	53/624	C	M	雑貨	平土間	借	KNP
53/625	C	M	豆類	平土間	借	A	53/626	T	M	貸し車庫	平土間		自
53/627	C	M	家賃集金	編み竹壁		自	53/628				平土間	空き家	Ci
53/629				平土間	空き家	O	53/630				平土間	空き家	O
53/631				平土間	空き家	O	53/632	C	M	菓子	平土間	借	O
53/633	C	M	牛皮	平土間	借	O	53/634	T	F	不明	平土間	借	KNP
54/635	T	F	娼家	平土間	借	KNP	54/636	T	F	娼家	平土間	借	KNP
54/637	C	M	人夫	平土間	借	O	54/638	C	M	不明	平土間	借	KNP
54/639	C	M	不明	平土間	借	KNP	54/640	C	M	娼家	平土間	借	KNP
54/641	T	F	娼家	平土間	借	KNP	54/642					空き家	KNP
54/643	C	M	マット	平土間(貴族所有)	借	O	54/644				平土間(貴族所有)	空き家	O
54/645	K	M	不明	平土間(貴族所有)	借	O	54/646	C	M	人夫	平土間(貴族所有)	借	O
54/647	C	M	魚(煮魚)	平土間(貴族所有)	借	O	54/648	T	F	雑貨	平土間(貴族所有)	借	O
54/649	T	M	御者	平土間(貴族所有)	借	O	54/650	K	M	御者	平土間(貴族所有)	借	O
54/651	K	M	御者	平土間(貴族所有)	借	O	54/652	K	M	御者	平土間(貴族所有)	借	O
55/653	K	M	御者	平土間(貴族所有)	借	O	55/654	C	M	雑貨	平土間(貴族所有)	借	Ci
55/655	K	M	御者	平土間	借	Ci	55/656	T	F	仕立て	平土間	借	K
55/657	C	M	アヘン	平土間	借	NK	55/658	C	M	アヘン	平土間	借	NK
55/659	C	M	酒	平土間	借	K	55/660	C	M	大工	平土間	借	NK
55/661	C	M	アヘン	平土間	借	K	55/662	C	M	アヘン	平土間	借	K
55/663	C	M	アヘン	平土間	借	NK	55/664	C	M	大工	平土間	借	K
55/665	C	M	菓子	平土間	借	NK	55/666	C	M	酒	平土間	借	K
55/667	C	M	飲食	平土間	借	NK	55/668	C	F	雑貨	平土間		自
55/669	C	M	飲食	平土間	借	NK	55/670	C	M	商店員	平土間	借	A
55/671	C	M	養豚	平土間	借	NK	55/672	C	M	雑貨	平土間	借	A
56/673	C	M	人夫	平土間	借	NK	56/674	C	M	養豚	平土間	借	A
56/675	C	M	人夫頭	平土間	借	NK	56/676	C	M	養豚	平土間	借	A
56/677	T	M	兵士	平土間	借	O	56/678	C	M	雑貨	平土間	借	A
56/679	C	M	人夫	平土間	借	NK	56/680	C	M	雑貨	平土間	借	A
56/681	C	M	パン	平土間	借	NK	56/682	T	F	青物	平土間	借	A
56/683	C	M	人夫	平土間	借	NK	56/684	C	M	給仕	平土間	借	NK
56/685	C	M	麺類	平土間	借	NK	56/686				平土間	空き家	O
56/687					空き家		56/688	C	M	雑貨	平土間	借	AAN
57/689	C	M	雑貨	平土間	借	NK	57/690	C	M	酒	平土間	借	AAN
57/691	C	M	魚	平土間	借	NK	57/692	C	M	アヘン	平土間	借	AAN
57/693	C	M	籠	平土間	借	NK	57/694	C	M	薬	レンガ	借	CS
57/695	C	M	アヘン	平土間	借	NK	57/696	C	M	大工	レンガ	借	CS
57/697				レンガ	空き家		57/698	C	M	アヘン	レンガ	借	CS
57/699	C	M	金細工師	レンガ	住	CS	57/700	C	M	雑貨	レンガ	借	CS
57/701	T	F	衣料	レンガ	借	CS	57/702	T	F	家屋管理人 PPB	レンガ(PPB)	住	不明
57/703	T	M	御者	レンガ	借	CS	57/704				レンガ(PPB)	空き家	CS
57/705	C	M	酒	レンガ	借	CS	57/706	T	M	家屋管理人 PPB	レンガ(PPB)	住	不明
58/707	C	M	酒	レンガ	借	CS	58/708	C	M	大工	レンガ(PPB)	借	不明
58/709	C	M	御者	レンガ	借	KNN	58/710	C	M	アヘン	平土間	借	AAN
58/711	C	M	アヘン	レンガ	借	KNN	58/712				平土間	空き家	AAN
58/713	C	M	雑貨	レンガ	借	KNN	58/714				平土間	空き家	AAN
58/715	C	M	アヘン	レンガ	借	KNN	58/716	C	M	人夫	平土間	借	AAN
58/717				レンガ	空き家		58/718	T	M	人夫	平土間	借	AAN
58/719	C	M	仕立て	レンガ	借	KNN	58/720	C	M	家具	平土間	借	AAN
58/721	K	M	御者	平土間	借	KNN	58/722	C	M	不明	平土間	借	AAN
58/723	C	M	人夫頭	平土間	借	KNN	58/724					空き家	AAN
58/725	C	M	車両機械部品	平土間	借	AAN	58/726				平土間	空き家	KNN
58/727	C	M	アヘン	平土間	借	KNN	59/728	C	M	教師	平土間	借	AAN

付表 1-2 外ニューロード（外チャルンクルン道路）家屋配置

奇数家屋	民族	性	職業	家屋形態	所有	家主	偶数家屋	民族	性	職業	家屋形態	所有	家主
59/729	C	M	鍛冶屋	平土間	借	KNN	59/730	C	M	人夫	平土間	借	AAN
59/731	C	M	雑貨	平土間	借	O	59/732	C	M	機械部品	平土間	借	AAN
59/733	K	M	不明	平土間	借	O	59/734				平土間	空き家	O
59/735	C	M	雑貨	平土間	借	O	59/736	T	M	医師	レンガ	自	
59/737	C	M	御者	平土間	借	A	59/738	C	M	機械部品	平土間	自	
59/739	T	F	薬	平土間	自		59/740	T	M	人夫	木の葉壁	自	
59/741	T	M	徭役従事者	レンガ	自		59/742				レンガ	空き家	
60/743	T	M	警備	平土間	借	O	60/744	K	M	御者・書記	平土間	借	O
60/745	C	M	不明	平土間	住	O	60/746	C	M	御者	平土間	借	O
60/747	C	M	酒	平土間	借	O	60/748	C	M	人夫頭	平土間	借	O
60/749			樽	平土間			60/750	T	M	医師	平土間	自	
60/751	T	M	警備	編み竹壁	住	不明	60/752	C	M	雑貨	平土間	借	O
60/753	C	M	給仕	平土間	住	A	60/754	C	M	人夫	平土間	借	O
60/755	C	M	雑貨	平土間 (貴族所有)	住	O	60/756	C	M	飲食	平土間	自	
61/757	C	M	酒	レンガ (貴族所有)	借	SC	61/758	T	M	雑貨	平土間	自	
61/759	C	M	不明	平土間 (貴族所有)	借	SC	61/760	C	M	酒	平土間	借	O
61/761	C	M	雑貨	レンガ (貴族所有)	借	SC	61/762	C	M	酒	平土間	借	O
61/763	C	M	アヘン	レンガ (貴族所有)	借	SC	61/764	C	M	養豚	平土間	借	O
61/765	C	M	雑貨	レンガ (貴族所有)	借	SC	61/766	C	M	酒	レンガ (貴族所有)	借	O
61/767	C	M	薬（漢方薬）	レンガ (貴族所有)	借	SC	61/768	C	M	雑貨	レンガ (貴族所有)	借	O
61/769	C	M	人夫頭	レンガ (貴族所有)	借	SC	61/770	C	M	質屋	レンガ (貴族所有)	借	O
61/771	C	M	パン	レンガ (貴族所有)	借	SC	61/772	C	M	アヘン	レンガ (貴族所有)	借	O
62/773	C	M	伝道師	レンガ (貴族所有)	借	SC	62/774	C	M	雑貨	レンガ (貴族所有)	借	O
62/775	C	M	アヘン	レンガ (貴族所有)	借	SC	62/776	C	M	アヘン	レンガ (貴族所有)	借	O
62/777	C	M	質屋	レンガ (貴族所有)	借	O	62/778	C	M	アヘン	レンガ (貴族所有)	借	O
62/779	C	M	アヘン	レンガ (貴族所有)	借		62/780	T	M	徭役従事者	切妻屋根	自	
62/781				レンガ (貴族所有)	空き家		62/782	K	M	御者	平土間	借	Ci
62/783				平土間 (貴族所有)	空き家		62/784				平土間	空き家	Ci
62/785				平土間 (貴族所有)	空き家		62/786	K	M	御者	平土間	借	Ci
62/787	C	M	酒	平土間	借	Ci	62/788				平土間	空き家	Ci
62/789	C	M	酒	平土間	借	Ci	62/790	K	M	不明	平土間	借	Ci
63/791	C	M	酒	平土間	借	Ci	63/792	K	M	御者	平土間	借	Ci
63/793	T	F	金細工師	板壁	自		63/794	W	M	不明	切妻屋根	自	
63/795	T	M	雑貨	不明	不明		63/796	C	M	不明	屋敷	住	不明
63/797	C	M	伝道師	平土間	自		63/798	K	M	雑貨	レンガ	借	O
63/799	T	F	不明	レンガ	借	O	63/800	W	M	不明	屋敷	借	O
63/801	K	M	不明	レンガ	借	O	63/802	K	M	墺会社書記	レンガ	借	O
63/803	W	M	教師	切妻屋根	借	O	63/804	C	M	養豚	平土間	借	A
63/805	C	M	青物	平土間	借	A	63/806	C	M	養豚	平土間	借	A
64/807				板壁	空き家		64/808	T	M	給仕	平土間	借	A
64/809	C	M	仕立て	平土間	借	A	64/810	C	M	靴屋	平土間	借	A
64/811				平土間	空き家	A	64/812				平土間	空き家	A
64/813				平土間	空き家	A	64/814				平土間	空き家	A
64/815	C	M	不明	平土間	借		64/816	C	M	タバコ製造販売	平土間	住	A
64/817	T	F	賭博従事	平土間	借		64/818	C	M	不明	平土間	住	A
64/819	T	F	雑貨	板壁	自		64/820	T	F	不明	板壁	自	A
64/821	C	M	人夫	平土間	借	A	64/822	T	M	貴族 (Luang)	平土間	自	A
64/823	T	M	雑貨	平土間	自		64/824	C	M	雑貨	平土間	自	
65/825	T	M	不明	平土間	借		65/826				平土間	借	Ci
65/827	C	M	不明	平土間	借	Ci	65/828	C	M	不明	平土間	借	
65/829	C	M	不明	板壁	自		65/830	T	M	税務雇員	平土間	借	
65/831	T	F	雑貨	平土間	住	A	65/832	C	M	不明	平土間	自	
65/833				平土間	空き家	A	65/834				平土間	空き家	
65/835	T	M	雑貨	平土間 (貴族所有)	借	O	65/836	T	M	医師	平土間	借	A

巻末付表

付表1-2　外ニューロード（外チャルンクルン道路）家屋配置

奇数家屋	民族	性	職業	家屋形態	所有	家主	偶数家屋	民族	性	職業	家屋形態	所有	家主
65/837	C	M	人夫	平土間(貴族所有)	借	O	65/838	C	M	酒	平土間	借	Ci
65/839	C	M	人夫頭	平土間(貴族所有)	借	O	65/840	C	M	酒	平土間	借	Ci
65/841	C	M	人夫	平土間	借	Ci	65/842	C	M	甕類	平土間(貴族所有)	住	O
66/843	C	M	酒	平土間	借	Ci	66/844	C	M	富籤	平土間	自	
66/845	C	M	アヘン	平土間	借	Ci	66/846	C	M	人夫	平土間	借	Ci
66/847	C	M	薬	平土間	借	Ci	66/848	C	M	不明	不明	不明	Ci
66/849	T	F	雑貨	平土間	借	Ci	66/850	C	M	靴屋	平土間	借	Ci
66/851	C	M	仕立て	平土間	借	Ci	66/852	T	M	教師	レンガ	不明	
66/853	W	M	不明	切妻屋根	自		66/854	W	M	英国領事	レンガ	自	
66/855	W	M	不明	レンガ	自		66/856	W	M	不明	編み竹壁	借	O
66/857	W	M	不明	板壁	自		66/858	n.a	M	御者	平土間	借	K
66/859	K	M	御者	平土間	借	K	66/860	K	M	不明	平土間	借	K
67/861	K	M	仕立て	平土間	借	K	67/862	K	M	仕立て	平土間	借	K
67/863	C	M	料理人	平土間	借	不明	67/864	C	M	不明	平土間	借	K
67/865	W	M	不明	切妻屋根	自		67/866	W	M	不明	切妻屋根	自	
67/867	T	M	宝石	板壁	自		67/868	T	M	麺類	編み竹壁	住	不明
67/869	W	M	領事	切妻屋根	自		67/870	T	F	麺類	編み竹壁	自	
67/871	T	M	不明	切妻屋根	住	O	67/872	W	M	雑貨	切妻屋根	借	A
67/873	K	M	荷役	屋敷	借	A	67/874	T	F	不明	屋敷	借	A
67/875				切妻屋根	空き家		67/876	W	F	不明	切妻屋根	借	O
68/877	C	M	船頭	板壁	自		68/878	C	M	英領事館雇	板壁	自	
68/879	C	M	富籤	平土間	自		68/880	W	M	支配人	切妻屋根	借	O
68/881	T	F	不明	平土間	住	A	68/882	T	M	チーク材	平土間	借	CCS
68/883	W	M	牛	平土間	借	A	68/884	W	M	船長	屋敷	自	
68/885	C	M	酒造	板壁	自		68/886	T	F	不明	平土間	借	A
68/887	W	M	船長	切妻屋根	自		68/888	T	F	仕立て	編み竹壁	住	Ci
68/889	W	M	不明	切妻屋根	借	O	68/890	T	F	仕立て	編み竹壁	借	不明
68/891	W	M	酒	切妻屋根	自		68/892	C	M	税務雇員	板壁	自	
69/893	C	F	不明	平土間	借	A	69/894	T	F	不明	平土間	借	A
69/895	T	F	雑貨	平土間	借	A	69/896	T	M	不明	平土間	借	Ci
69/897	T	M	不明	平土間	借	A	69/898	C	M	芋	平土間	借	Ci
69/899	W	M	不明	平土間	自		69/900	C	M	雑貨	平土間	借	Ci
69/901	C	M	雑貨	平土間	借	A	69/902	C	M	米	レンガ(貴族所有)	借	LN
69/903	C	F	薬	平土間	自		69/904	T	M	霊媒師	レンガ(貴族所有)	借	LN
69/905	C	M	酒	平土間	借	A	69/906	C	M	牛肉	レンガ(貴族所有)	借	LN
69/907	W	M	酒	レンガ(貴族所有)	借	LN	69/908	C	M	養豚	レンガ(貴族所有)	借	LN
69/909	W	F	酒	レンガ(貴族所有)	借	LN	69/910	C	M	養豚	レンガ(貴族所有)	借	LN
70/911	W	M	不明	レンガ(貴族所有)	借	LN	70/912	W	M	雑貨	レンガ(貴族所有)	借	LN
70/913	W	M	不明	レンガ(貴族所有)	借	LN	70/914	K	M	不明	レンガ(貴族所有)	借	LN
70/915	W	M	書記	レンガ(貴族所有)	借	LN	70/916	C	M	米	レンガ(貴族所有)	借	LN
70/917	W	M	書記	レンガ(貴族所有)	借	LN	70/918	K	M	御者	レンガ(貴族所有)	借	LN
70/919	C	M	大工	レンガ(貴族所有)	借	LN	70/920	C	M	大工	レンガ(貴族所有)	借	LN
70/921	C	M	不明	レンガ(貴族所有)	借	LN	70/922	C	M	飲食	レンガ(貴族所有)	借	O
70/923	W	M	道路技師	レンガ(貴族所有)	借	LN	70/924	C	M	不明	レンガ(貴族所有)	借	LN
70/925	C	M	不明	レンガ(貴族所有)	借	LN	70/926	C	M	アヘン	レンガ(貴族所有)	借	LN
71/927	C	M	アヘン	レンガ(貴族所有)	借	LN	71/928	C	M	米	レンガ(貴族所有)	借	LN
71/929	K	M	不明	レンガ(貴族所有)	借	LN	71/930	C	M	酒	レンガ(貴族所有)	借	LN
71/931	C	M	アヘン	レンガ(貴族所有)	借	LN	71/932	C	M	大工	レンガ(貴族所有)	借	LN
71/933	C	M	商店書記	レンガ(貴族所有)	借	LN	71/934	C	M	不明	レンガ(貴族所有)	借	LN
71/935	C	M	酒	レンガ(貴族所有)	借	kP	71/936	C	M	雑貨	レンガ(貴族所有)	借	LN
71/937	C	M	米	レンガ(貴族所有)	借	LN	71/938	C	M	酒	平土間	借	O
71/939	K	M	牛	平土間	借	O	71/940	C	M	雑貨	レンガ(貴族所有)	借	O
71/941				平土間	空き家		71/942				平土間	空き家	
72/943	C	M	酒	レンガ(貴族所有)	借	O	72/944	T	F	雑貨	平土間	借	K

付表 1-2　外ニューロード（外チャルンクルン道路）家屋配置

奇数家屋	民族	性	職業	家屋形態	所有	家主	偶数家屋	民族	性	職業	家屋形態	所有	家主
72/945	K	M	船員	レンガ(貴族所有)	借	O	72/946	T	F	雑貨	平土間	借	O
72/947	C	M	染色	レンガ(貴族所有)	借	O	72/948	C	M	パン	平土間	借	A
72/949	C	M	御者	レンガ(貴族所有)	借	O	72/950	K	M	雑貨	平土間	借	Ci
72/951	C	M	不明	平土間	借	O	72/952	T	M	布教師	レンガ(貴族所有)	借	O
72/953	T	F	雑貨	平土間	借	A	72/954	C	M	不明	レンガ(貴族所有)	借	O
72/955	C	M	雑貨	平土間	借	Ci	72/956	C	M	不明	レンガ	自	
73/957	C	M	人夫頭	平土間	借	A	73/958	C	M	造本業	レンガ	借	A
73/959	C	M	雑貨	平土間	借	A	73/960	C	M	酒	平土間	借	A
73/961	K	M	衣料	平土間	借	A	73/962	C	M	アヘン	平土間	借	A
73/963	C	M	アヘン	平土間	借	LN	73/964	C	M	酒	平土間	借	A
73/965	C	M	御者	平土間	借	LN	73/966	C	F	御者	平土間(貴族所有)	借	LN
73/967	C	M	アヘン	平土間	借	LN	73/968	C	M	雑貨	平土間(貴族所有)	借	LN
73/969	C	M	牛	平土間(貴族所有)	借	LN	73/970	T	F	雑貨	平土間(貴族所有)	借	LN
73/971	C	M	御者	平土間	借	LN	73/972	C	M	酒	平土間(貴族所有)	借	LN
74/973	C	M	機械部品	平土間(貴族所有)	借	LN	74/974	K	M	不明	平土間(貴族所有)	借	LN
74/975	C	M	アヘン	平土間(貴族所有)	借	LN	74/976	C	M	富籤	平土間(貴族所有)	借	LN
74/977	T	M	雑貨	平土間(貴族所有)	借	LN	74/978	C	M	酒	平土間(貴族所有)	借	LN
74/979	C	M	酒	平土間(貴族所有)	借	LN	74/980	C	M	大工	平土間(貴族所有)	借	LN
74/981	C	M	雑貨	平土間	借	LN	74/982	C	M	酒	平土間(貴族所有)	借	LN
74/983	C	M	飲食	平土間	借	LN	74/984	C	M	薬	平土間	借	LN
74/985	C	M	アヘン	平土間	借	LN	74/986	C	M	仕立て	平土間	借	LN
74/987	C	M	雑貨	平土間	借	LN	74/988	C	M	質屋	平土間(貴族所有)	借	LN
74/989	C	M	飲食	平土間	借	LN	74/990	C	M	質屋	平土間(貴族所有)	借	LN
75/991	C	M	アヘン	平土間	借	LN	75/992	C	M	質屋	平土間(貴族所有)	借	LN
75/993	T	M	賭博場	平土間	借	O	75/994	T	F	雑貨	平土間(貴族所有)	借	LN
75/995	T	F	雑貨	平土間	借	LN	75/996	C	M	雑貨	平土間(貴族所有)	借	LN
75/997	C	M	質屋	平土間(貴族所有)	借	LN	75/998	C	M	雑貨	平土間(貴族所有)	借	LN
75/999	C	M	質屋	平土間(貴族所有)	借	LN	75/1000	C	M	飲食	平土間(貴族所有)	借	LN
75/1001	C	M	質屋	平土間(貴族所有)	借	LN	75/1002	C	M	飲食	平土間(貴族所有)	借	LN
75/1003	C	M	菓子	平土間	借	LN	75/1004	C	M	アヘン	平土間(貴族所有)	借	LN
75/1005	C	M	菓子	平土間	借	LN	75/1006	C	M	アヘン	平土間(貴族所有)	借	LN
76/1007	C	M	アヘン	平土間	借	LN	76/1008	C	M	アヘン	平土間(貴族所有)	借	LN
76/1009	C	M	雑貨	平土間	借	LN	76/1010	C	M	アヘン	平土間(貴族所有)	借	LN
76/1011	C	M	雑貨	平土間	借	LN	76/1012	C	M	質屋	平土間(貴族所有)	借	LN
76/1013	T	F	魚（塩干魚）	平土間	借	LN	76/1014	C	M	アヘン	平土間(貴族所有)	借	LN
76/1015	C	M	雑貨	平土間	借	LN	76/1016	C	M	牛肉	平土間(貴族所有)	借	LN
76/1017	T	M	医師	平土間	借	LN	76/1018	C	M	アヘン	平土間(貴族所有)	借	LN
76/1019	C	M	雑貨	平土間	借	LN	76/1020	C	M	アヘン	平土間(貴族所有)	借	LN
76/1021	C	M	雑貨	平土間	借	LN	76/1022	C	M	アヘン	平土間(貴族所有)	借	LN
77/1023	C	M	魚（塩干魚）	平土間	借	LN	77/1024	C	M	薬（漢方薬）	平土間(貴族所有)	借	LN
77/1025	C	M	雑貨	平土間	借	LN	77/1026	C	M	麺類	平土間(貴族所有)	借	LN
77/1027	C	M	雑貨	平土間	借	LN	77/1028	C	M	雑貨	平土間(貴族所有)	借	LN
77/1029	C	M	時計修理	平土間	借	LN	77/1030	C	M	薬（漢方薬）	平土間(貴族所有)	借	LN
77/1031	C	M	青物	平土間	借	LN	77/1032	C	M	不明	平土間(貴族所有)	借	LN
77/1033	C	M	雑貨	平土間(貴族所有)	借	LN	77/1034	C	M	不明	平土間	借	Ci
77/1035	C	M	雑貨	平土間(貴族所有)	借	LN	77/1036	C	M	不明	平土間	借	Ci
77/1037	C	M	雑貨	レンガ	借	不明	77/1038	C	M	樽	平土間	借	Ci
77/1039	C	M	雑貨	平土間	借	Ci	77/1040	C	M	人夫	平土間	自	
78/1041	C	M	雑貨	平土間	借	A	78/1042	C	M	雑貨	平土間	借	Ci
78/1043	C	M	雑貨	平土間	借	A	78/1044	K	M	御者	平土間	借	Ci
78/1045	C	M	質屋	平土間	借	A	78/1046	K	M	不明	平土間	借	Ci
78/1047	C	M	雑貨	平土間	借	A	78/1048	C	M	御者	平土間	自	
78/1049	C	M	雑貨	平土間	借	A	78/1050	C	M	不明	平土間	借	Ci
78/1051	C	M	雑貨	平土間	借	A	78/1052	C	M	薬（漢方薬）	平土間	借	aL

付表1-2 外ニューロード(外チャルンクルン道路)家屋配置

奇数家屋	民族	性	職業	家屋形態	所有	家主	偶数家屋	民族	性	職業	家屋形態	所有	家主
78/1053	C	M	酒	平土間	借	A	78/1054				平土間	空き家	
78/1055	C	M	養豚	平土間	借	A	79/1056	C	M	雑貨	平土間	借	aL
79/1057	C	M	鍛冶屋	平土間	借	Ci	79/1058	C	M	アヘン	平土間	借	aL
79/1059	C	M	不明	平土間	住	A	79/1060	C	M	雑貨	平土間	借	CL
79/1061	C	M	アヘン	平土間	借	aL	79/1062	C	M	会社雇員	不明	不明	
79/1063	C	M	人夫	平土間	借	aL	79/1064	C	M	人夫	平土間	借	CL
79/1065	C	M	酒	平土間	借	aL	79/1066	C	M	アヘン	平土間	借	CL
79/1067	C	M	不明	平土間	借	aL	79/1068	C	M	人夫	平土間	借	CL
80/1069	C	M	鍛冶屋	平土間	借	aL	80/1070	C	M	船大工	平土間	借	CL
80/1071	C	M	大工	平土間	借	aL	80/1072	C	M	賭博従事	平土間	借	CL
80/1073	C	M	人夫	平土間	借	aL	80/1074	C	M	人夫	平土間	借	CL
80/1075	C	M	不明	平土間	借	aL	80/1076	C	M	人夫	平土間	借	CL
80/1077	C	M	養豚	平土間	借	O	80/1078	C	M	人夫	平土間	借	CL
80/1079	C	M	人夫	平土間	借	aL	80/1080	C	M	不明	平土間(貴族所有)	借	不明
80/1081	C	M	大工	平土間	借	aL	80/1082	C	M	酒	平土間	借	CL
81/1083	C	M	不明	レンガ	借	aL	81/1084	C	M	不明	平土間	借	CL
81/1085				レンガ	空き家		81/1086	C	M	徴税請負	レンガ(貴族所有)	住	aL
81/1087	T	F	雑貨	編み竹壁	借		81/1088	C	M	雑貨	レンガ	住	aL
81/1089	C	M	アヘン	平土間	借	CL	81/1090	C	M	不明	板壁(土間)	住	aL
81/1091	C	M	領事館雇い	編み竹壁(土間)	自	O	81/1092	C	M	アヘン	平土間	借	aL
81/1093	C	M	酒	平土間(貴族所有)	自	O	81/1094	C	M	酒	編み竹壁(土間)	借	aL
81/1095	C	M	酒	平土間(貴族所有)	借		81/1096	C	M	大工	編み竹壁(土間)	借	aL
82/1097	T	M	材木	編み竹壁	自		82/1098	T	M	不明	編み竹壁	自	
82/1099	T	F	不明	木の葉壁	自		82/1100	T	M	不明	木の葉壁	自	
82/1101	T	M	不明	木の葉壁	自	TW	82/1102	C	F	官吏	板壁	自	
82/1103	T	M	徭役従事者	編み竹壁	自		82/1104	T	F	徭役従事者	木の葉壁	自	
82/1105	W	M	技師	板壁	借	O	82/1106	T	M	不明	木の葉壁	住	TW
82/1107	W	M	技師	板壁	自		82/1108	W	M	車職人	板壁	自	
82/1109	T	M	宝石	板壁	自	TW	82/1110	Burmese	M	材木	切妻屋根	自	
82/1111	W	M	船長	板壁	自		83/1112	Burmese	M	書記	不明	不明	
83/1113	Burmese	M	材木	切妻屋根	自		83/1114	T	M	大工	木の葉壁	自	TW
83/1115			寺院(Salawat Yarnnawa)				83/1116	C	M	御者	平土間(貴族所有)	借	O
83/1117	C	M	大工	木の葉壁	自	TW	83/1118	T	M	大工	木の葉壁	自	TW
83/1119	Burmese	M	不明	木の葉壁	自		83/1120	T	M	不明	木の葉壁	自	TW
83/1121	T	M	徭役従事者	編み竹壁	自		83/1122	C	M	官吏	木の葉壁	自	
83/1123				政府桟橋			83/1124	T	M	徭役従事者	木の葉壁	自	TW
83/1125	T	M	徭役従事者	板壁		TW	83/1126	T	F	不明	板壁	自	
84/1127	T	F	雑貨	平土間	自		84/1128	T	M	不明	屋敷	自	
84/1129	C	M	人夫	屋敷	借	A	84/1130	T	F	不明	編み竹壁	自	
84/1131				平土間	空き家	Co	84/1132				平土間	空き家	Co
84/1133	C	M	人夫	平土間	借	Co	84/1134	C	M	機械技師	平土間	借	Co
84/1135	C	M	鍛冶屋	平土間	借	Co	84/1136	T	M	大工	屋敷	自	TW
84/1137	C	M	酒	平土間	借	Co	84/1138	T	F	不明	屋敷	自	
85/1139				平土間	空き家	Co	85/1140	C	M	雑貨	平土間	借	Co
85/1141	T	F	不明	平土間	住		85/1142	T	M	雇い御者	平土間	住	Co
85/1143	C	M	薬(漢方薬)	平土間	借	Co	85/1144				平土間	空き家	Co
85/1145	C	M	酒	平土間	借	Co	85/1146				平土間	空き家	Co
85/1147	K	M	不明	平土間	借	Co	85/1148	C	M	酒	平土間	借	Co
85/1149	C	M	アヘン	平土間	借	Co	85/1150	C	M	質屋	レンガ(貴族所有)	借	O
85/1151	C	M	豆腐	平土間	借	Co	85/1152	C	M	質屋	レンガ(貴族所有)	借	O
86/1153	C	M	アヘン	平土間	借	Co	86/1154	C	M	雑貨	レンガ(貴族所有)	借	O
86/1155	C	M	アヘン	レンガ(貴族所有)	借	O	86/1156	T	M	賭博場	不明	不明	
86/1157	C	M	酒	平土間	借	O	86/1158	C	M	酒	平土間	借	O
86/1159	C	M	アヘン	平土間	借	Ci	86/1160	C	M	雑貨	平土間	借	Ci

外ニューロード(外チャルンクルン道路)

付表 1-2　外ニューロード（外チャルンクルン道路）家屋配置

奇数家屋	民族	性	職業	家屋形態	所有	家主	偶数家屋	民族	性	職業	家屋形態	所有	家主
86/1161	C	M	麺類	平土間	自	A	86/1162	C	M	酒	平土間	借	Ci
86/1163	C	M	雑貨	平土間	自	A	86/1164	T	F	不明	平土間	自	
86/1165	C	M	雑貨	平土間	借	AAN	86/1166	C	M	雑貨	平土間	借	AAN
86/1167	T	M	御者	切妻屋根	借	O	86/1168	C	M	酒	平土間	借	O
86/1169	C	M	不明	平土間	自		86/1170	C	M	酒	平土間	借	O
87/1171	C	M	人夫	平土間	借	O	87/1172	C	F	酒	平土間	借	不明
87/1173	C	M	雑貨	平土間	借	A	87/1174	C	M	親方	レンガ	自	
87/1175	C	M	雑貨	平土間	借	CCS	87/1176	C	M	雑貨	平土間	借	O
87/1177	C	M	人夫	平土間	借	CCS	87/1178	C	M	不明	平土間	借	O
87/1179	C	M	不明	平土間	借	CCS	87/1180	C	M	人夫	平土間	借	O
87/1181	T	F	雑貨	平土間	住	CCS	87/1182	C	M	不明	平土間	借	O
87/1183	C	M	外国会社雇員	板壁	自		87/1184	C	M	酒	平土間	借	CCS
87/1185	C	M	雑貨	平土間	借	CCS	87/1186	C	M	雑貨	平土間	借	CCS
87/1187	C	M	雑貨	平土間	借	CCS	87/1188	C	M	雑貨	平土間	借	CCS
87/1189	T	F	娼家	平土間	借	O	88/1190				平土間	空き家	O
88/1191				平土間	空き家		88/1192				平土間	空き家	
88/1193	K	M	御者	平土間	借		88/1194	C	M	不明	平土間	自	
88/1195			寺院 (Suthamwararam)				88/1196	C	M	飲食	平土間	借	A
88/1197	C	M	酒	平土間	借	A	88/1198	C	M	酒	平土間	借	A
88/1199	C	M	人夫頭	平土間	借		88/1200	C	M	酒	平土間	借	AAP
88/1201	C	M	質屋	平土間	借	AAP	88/1202	C	M	酒	平土間	借	AAP
88/1203				平土間	空き家	AAP	88/1204	C	M	アヘン	平土間	借	O
88/1205	C	M	アヘン	平土間	借	O	88/1206	C	M	アヘン	平土間	借	O
88/1207	C	M	アヘン	平土間	借	K	88/1208	C	M	酒	平土間	借	K
89/1209	C	M	酒	平土間	借	K	89/1210	C	M	アヘン	平土間	借	K
89/1211	C	M	アヘン	平土間	借	K	89/1212	C	M	不明	平土間	借	AAP
89/1213				平土間	空き家	AAP	89/1214	C	F	雑貨	平土間	借	AAP
89/1215	C	M	不明	平土間	借	AAP	89/1216	C	M	雑貨	平土間	借	AAP
89/1217	C	M	雑貨	平土間	借	K	89/1218	C	M	人夫	平土間	借	K
89/1219	C	M	雑貨	平土間	借	不明	89/1220	C	M	雑貨	平土間	借	AAP
89/1221	C	M	雑貨	平土間	借	AAP	89/1222	C	M	不明	平土間	住	不明
89/1223	C	M	雑貨	平土間	借	AAP	89/1224	C	M	雑貨	平土間	借	AAP
89/1225	C	M	雑貨	平土間	借	AAP	89/1226				平土間		AAP
90/1227				平土間	空き家	AAP	90/1228	K	M	御者	平土間	自	
90/1229	C	M	不明	平土間	借	O	90/1230	C	M	不明	平土間	借	O
90/1231	C	M	雑貨	平土間	借	O	90/1232	C	M	アヘン	平土間	借	O
90/1233	C	M	人夫	平土間	借	不明	90/1234	C	M	花	平土間	借	O
90/1235	C	M	雑貨	平土間	借	O	90/1236	C	M	雑貨	平土間	借	O
90/1237	C	M	雑貨	平土間	借	O	90/1238	T	F	雑貨	平土間	借	不明
90/1239	C	M	不明	平土間	借	O	90/1240	K	M	雑貨	平土間	自	
90/1241	C	M	不明	平土間 (貴族所有)	借	O	90/1242	K	M	雑貨	不明	不明	
90/1243	C	M	商店書記	平土間 (貴族所有)	借	O	90/1244	T	M	雑貨	平土間	住	K
91/1245	T	M	不明	平土間	借	K	91/1246	C	M	雑貨	平土間	借	K
91/1247	T	M	雑貨	平土間	借	K	91/1248	T	M	雑貨	平土間	借	不明
91/1249	K	M	不明	モスク	住		91/1250	C	M	不明	平土間	借	K
91/1251	T	F	不明	平土間	借	A	91/1252	C	M	不明	平土間	借	A
91/1253	T	F	不明	平土間	自		91/1254	C	M	不明	平土間	借	K
91/1255	C	M	不明	平土間	借	K	91/1256	T	F	雑貨	平土間	借	不明
91/1257	C	M	不明	平土間	借	A	91/1258	C	M	不明	平土間	借	K
91/1259	C	M	酒	平土間	借	A	91/1260	C	M	不明	平土間	借	O
91/1261	C	M	不明	平土間	借	A	91/1262	C	M	不明	平土間	借	O
91/1263	K	M	雑貨	平土間	借	不明	92/1264	C	M	雑貨	平土間	借	O
92/1265	C	M	不明	平土間	借	不明	92/1266	T	M	酒	平土間	借	O
92/1267	C	M	アヘン	平土間	借	A	92/1268	C	M	酒	平土間	借	A

外ニューロード（外チャルンクルン道路）

付表 1-2　外ニューロード（外チャルンクルン道路）家屋配置

奇数家屋	民族	性	職業	家屋形態	所有	家主	偶数家屋	民族	性	職業	家屋形態	所有	家主
92/1269	C	M	不明	平土間	借	K	92/1270	C	M	不明	平土間	借	K
92/1271	C	M	不明	平土間	借	K	92/1272	C	M	不明	平土間	借	K
92/1273	C	M	不明	平土間	借	K	92/1274	C	M	不明	平土間(貴族所有)	借	PP
92/1275	C	M	不明	平土間(貴族所有)	借	PP	92/1276	C	M	不明	平土間(貴族所有)	借	PP
92/1277	C	M	質屋	平土間(貴族所有)	借	PP	92/1278	C	M	人夫	平土間(貴族所有)	借	PP
92/1279	C	M	不明	平土間(貴族所有)	借	PP	92/1280	C	M	人夫	平土間(貴族所有)	借	PP
93/1281	C	M	人夫頭	平土間(貴族所有)	借	PP	93/1282	C	M	養豚	平土間(貴族所有)	借	PP
93/1283	C	M	不明	平土間(貴族所有)	借	PP	93/1284	K	M	不明	平土間	借	不明
93/1285	C	M	酒	平土間	借	K	93/1286	C	M	不明	平土間	借	K
93/1287	C	M	不明	平土間	借	K	93/1288	K	M	不明	編み竹壁	自	
93/1289	K	M	不明	モスク	住		93/1290	K	M	不明	屋敷	自	
93/1291				平土間	空き家	A	93/1292	T	M	不明	屋敷	自	
93/1293	T	M	不明	平土間	借	A	93/1294	T	F	不明	平土間	借	不明
93/1295	C	M	質屋	平土間	借	A	93/1296	T	F	不明	板壁(土間)	自	
94/1297	T	F	不明	板壁	自		94/1298	T	M	不明	編み竹壁	自	
94/1299	T	M	不明	切妻屋根	自		94/1300	T	M	徭役従事者	屋敷	住	不明
94/1301	T	M	徭役従事者	平土間	自		94/1302	C	M	不明	板壁	自	
94/1303	T	M	徭役従事者	木の葉壁	自		94/1304	T	M	徭役従事者	切妻屋根	自	
94/1305	T	M	徭役従事者	木の葉壁	自		94/1306	T	M	徭役従事者	木の葉壁	自	
94/1307	T	M	徭役従事者	編み竹壁	自		94/1308	T	M	徭役従事者	平土間	自	
94/1309	T	F	不明	編み竹壁	自		94/1310	T	M	徭役従事者	木の葉壁	自	
95/1311	W	M	船長	切妻屋根	自		95/1312	W	M	領事	切妻屋根	自	
95/1313	T	M	不明	平土間	自		95/1314	T	M	守衛	平土間	自	
95/1315	C	M	不明	平土間	借	O	95/1316	C	M	不明	平土間	借	O
95/1317	T	M	不明	編み竹壁(土間)	自	O	95/1318	T	F	不明	板壁	自	
95/1319				車庫			95/1320	T	F	不明	木の葉壁	自	
95/1321	T	F	不明	編み竹壁(土間)	自		95/1322	T	F	雑貨	平土間	住	不明
95/1323	C	M	不明	平土間	自		95/1324	T	M	徭役従事者	平土間	自	
95/1325	C	M	雑貨	平土間	自		95/1326	C	M	雑貨	平土間	借	O
95/1327	T	M	雑貨	平土間	自		95/1328	T	F	雑貨	平土間	自	
96/1329	T	F	徭役従事者	板壁	自		96/1330	T	M	奴隷	平土間	自	
96/1331	C	M	不明	平土間(貴族所有)	借	O	96/1332	C	M	不明	平土間	住	O
96/1333	C	M	アヘン	平土間(貴族所有)	借	O	96/1334	C	M	酒	平土間(貴族所有)	借	O
96/1335	K	M	御者	平土間	借		96/1336	C	M	酒	平土間(PPB)	借	王室
96/1337	C	M	雑貨	平土間(PPB)	借	王室	96/1338	C	M	アヘン	平土間(PPB)	借	王室
96/1339	T	F	雑貨	平土間(PPB)	借	王室	96/1340	C	M	雑貨	平土間(PPB)	借	王室
97/1341	C	M	不明	平土間(PPB)	借	王室	97/1342				平土間	空き家	
97/1343	C	M	アヘン	平土間(PPB)	借	王室	97/1344	C	M	雑貨	平土間(PPB)	借	王室
97/1345	C	M	酒	平土間(PPB)	借	王室	97/1346	T	M	徭役従事者	平土間(PPB)	借	王室
97/1347	C	M	不明	平土間(PPB)	借	王室	97/1348	T	F	雑貨	平土間(PPB)	借	王室
97/1349	C	M	アヘン	平土間(PPB)	借	王室	97/1350	C	F	アヘン	平土間(PPB)	借	王室
97/1351	T	F	不明	平土間(PPB)	借	王室	97/1352	T	M	賭博場	平土間(PPB)	借	王室
97/1353	C	M	酒	平土間(PPB)	借	王室	97/1354	C	M	アヘン	平土間(PPB)	借	王室
97/1355	T	F	酒	平土間(PPB)	借	王室	97/1356	C	M	アヘン	平土間(PPB)	借	王室
97/1357	C	M	養豚	平土間(PPB)	借	王室	97/1358	C	M	不明	平土間	借	
98/1359	T	M	不明	平土間(PPB)	借	王室	98/1360	T	M	徭役従事者	平土間(PPB)	借	王室
98/1361	T	M	徭役従事者	平土間(PPB)	住	王室	98/1362	W	M	貸し車庫	不明	不明	
98/1363	C	M	菓子	平土間(貴族所有)	住	O	98/1364	C	M	不明	平土間	自	
98/1365	C	M	不明	平土間(貴族所有)	住	O	98/1366	C	M	中国商品	平土間(貴族所有)	住	自
98/1367	W	M	不明	平土間(PPB)	住	王室	98/1368	T	M	徭役従事者	木の葉壁	自	
98/1369	C	M	精米所	不明		不明	98/1370	T	M	徭役従事者	木の葉壁	自	
98/1371	T	F	不明	木の葉壁	自		98/1372	T	F	不明	木の葉壁	自	
98/1373	T	M	不明	木の葉壁	自		98/1374				寺院 (Wat Chonaram)		
99/1375	T	M	徭役従事者	編み竹壁	自		99/1376	K	M	不明	木の葉壁	住	SC

外ニューロード（外チャルンクルン道路）

付表 1-2　外ニューロード（外チャルンクルン道路）家屋配置

奇数家屋	民族	性	職業	家屋形態	所有	家主		偶数家屋	民族	性	職業	家屋形態	所有	家主
99/1377	C	M	不明	平土間	借	O		99/1378	C	M	不明	平土間	借	A
99/1379	C	M	不明	平土間	借	O		99/1380	C	M	不明	不明	不明	Co
99/1381	C	M	アヘン	不明	不明	A		99/1382	C	M	不明	平土間	住	Co
99/1383	C	M	不明	平土間	借	Co		99/1384	C	M	不明	平土間	自	O
99/1385	C	M	不明	平土間	住	O		99/1386	T	M	徭役従事者	平土間	自	
99/1387	C	M	不明	平土間	住	Co		99/1388	C	M	賭博場	不明	不明	CCS
99/1389	C	M	不明	平土間	住	Co		99/1390	C	M	アヘン	平土間	借	O
99/1391	C	M	不明	平土間	住	A		99/1392	C	M	不明	平土間	借	O
99/1393	C	M	地主	不明	不明			99/1394	C	M	アヘン	平土間	借	O
99/1395	C	M	地主	平土間	自			100/1396	C	M	雑貨	平土間	借	Ci
100/1397	T	F	飲食	平土間	借	O		100/1398	C	M	不明	平土間	自	
100/1399	W	M	不明	切妻屋根	住	不明		100/1400	W	M	不明	切妻屋根	自	
100/1401	T	M	雑貨	屋敷	自			100/1402	K	M	不明	平土間	自	K
100/1403	T	F	不明	切妻屋根	自			100/1404	T	F	不明	木の葉壁	自	
100/1405	K	M	不明	木の葉壁	自			100/1406	K	M	不明	木の葉壁	自	
100/1407	K	M	不明	木の葉壁	自			100/1408	K	M	不明	木の葉壁	自	
100/1409	T	M	徭役従事者	木の葉壁	自			100/1410	T	M	徭役従事者	木の葉壁	自	
100/1411	T	M	徭役従事者	木の葉壁	自			100/1412	K	M	不明	木の葉壁	自	
101/1413	T	F	不明	編み竹壁	自			101/1414	T	M	徭役従事者	木の葉壁	自	
101/1415	T	M	徭役従事者	木の葉壁	自			101/1416	T	M	徭役従事者	木の葉壁	自	
101/1417	T	F	不明	板壁	自			101/1418	T	M	徭役従事者	平土間	自	
101/1419	T	M	不明	板壁	自			101/1420	T	F	不明	板壁	自	
101/1421	T	M	徭役従事者	板壁	自			101/1422	C	M	不明	平土間	自	

10 戸以上の借家を所有する家主は、家主欄に記号（外ニューロードの主な家主一覧参照）で示す。
10 戸以下の小規模家主に関する記号は以下の通り。
A：女性，Ci：中国人，K：ケーク，O：その他の小規模家主。

外ニューロードの主な家主（10戸以上所有）

家主名	略記号	所有家屋数
Luang Nawa	LN	102
Phrayaa Mahamontri	PMM	30
Mee Seeng	MS	25
PPB	PPB	25
Company	Co	23
Naai Khee	NK	20
Aakon Liikii	aL	19
Phra Mahaatheep	PM	17
Amdɛɛŋ Nuu	AAN	16
Amdɛɛŋ Paan	AAP	16
Cao Suariu	CR	15
Naai Phlapkheek	KNP	15
Naai Ploot	NP	15
Cao Nin	CN	14
Cao Sualeek	CL	12
Phrayaa Phraibuun	PN	12
Ciin Seeng	CCS	11
Naai Nokkheek	KNN	11
Somdet Caophrayaa	SC	11
Thawaai	TW	11
Cao Pridaa	CP	10
Cao Suaseeng	CS	10
Khun Phatngoo	kP	10
Phra Phaasii	PP	10

付表1-3　サンペン道路家屋配置

奇数家屋	民族	性	職業	家屋形態	所有	家主	偶数家屋	民族	性	職業	家屋形態	所有	家主
304/1	C	M	麺類	レンガ(貴族所有)	借	O	304/2	C	M	甕類	レンガ(貴族所有)	借	O
304/3	T	M	ろくろ細工	レンガ	借	C	304/4	C	M	紙・雑貨	レンガ	借	C
304/5	C	M	衣料(綿布)	レンガ	借	A	304/6	C	M	薬	レンガ	借	A
304/7	C	M	衣料	レンガ	借	A	304/8	C	M	薬	レンガ	借	A
304/9	C	M	鋳掛職人	レンガ	借	A	304/10	C	M	衣料	レンガ(貴族所有)	借	O
304/11	T	F	不明	レンガ	自		304/12	C	M	中国陶器	レンガ	借	A
304/13	C	M	中国食材	レンガ	借	A	304/14	C	M	衣料	レンガ	借	O
304/15				廟			304/16	C	M	真鍮器	レンガ	借	O
304/17	T	F	不明	レンガ	借	AC	304/18	C	M	酒	レンガ	借	A
304/19	C	M	薬(漢方薬)	レンガ(貴族所有)	借	O	304/20	C	M	ランプ	レンガ	借	AC
305/21	C	M	衣料	レンガ	借	AC	305/22	T	F	衣料	レンガ	借	不明
305/23	C	M	衣料	レンガ	借	AC	305/24	C	M	飲み物	レンガ	借	AC
305/25	C	M	衣料	レンガ	借	AC	305/26	C	M	鉄器	レンガ	借	C
305/27	C	M	衣料	レンガ	借	O	305/28	C	M	雑貨	レンガ	借	C
305/29	C	M	薬(漢方薬)	レンガ	借	C	305/30	C	M	飲み物	レンガ	借	AK
305/31	T	M	衣料・宮内官	レンガ	自		305/32	C	M	紙類	レンガ	借	O
305/33	C	M	飲み物	レンガ	借	O	305/34	C	M	衣料	レンガ	借	C
305/35	C	M	鉄器	レンガ(貴族所有)	借	O	305/36	C	M	衣料	レンガ	借	A
305/37	C	M	鉄器	レンガ(貴族所有)	借	PK	305/38	C	M	鉄器	レンガ(貴族所有)	借	PK
305/39			記載なし				305/40	T	F	衣料	レンガ	借	O
305/41	T	M	鉄器	レンガ(貴族所有)	借	PK	306/42	C	M	紙類	レンガ(貴族所有)	借	PS
306/43	C	M	鉄器	レンガ(貴族所有)	借	PK	306/44	C	M	衣料	レンガ	借	PS
306/45	C	M	鉄器	レンガ(貴族所有)	借	PK	306/46	C	M	ランプ	レンガ	借	A
306/47	C	M	鉄器	レンガ(貴族所有)	借	PK	306/48	C	M	雑貨	レンガ	借	PS
306/49	C	M	鉄器	レンガ(貴族所有)	借	PK	306/50	C	M	紙類	レンガ	借	A
306/51	C	M	鉄器	レンガ(貴族所有)	借	PK	306/52	C	M	時計	レンガ	借	A
306/53	C	M	酒・金物	レンガ(貴族所有)	借	PK	306/54	C	M	雑貨	レンガ	借	A
306/55	C	M	貴族(Khun)	レンガ(貴族所有)	借	不明	306/56	C	M	衣料・雑貨	レンガ	借	A
306/57			雑貨	レンガ(貴族所有)	借	P	306/58	C	M	衣料・雑貨	レンガ	借	A
306/59	C	M	酒・アヘン	レンガ	借	O	306/60	C	M	衣料(色布地)	レンガ	借	O
306/61	C	M	雑貨	レンガ	借	A	307/62	C	M	衣料(色布地)	レンガ	借	O
307/63	C	M	真鍮器	レンガ	借	O	307/64	C	M	雑貨	レンガ(貴族所有)	借	A
307/65	C	M	真鍮器	レンガ	借	O	307/66	C	M	酒・食料	レンガ(貴族所有)	借	O
307/67	T	F	真鍮器	平土間(貴族所有)	借	P	307/68	C	M	衣料	レンガ	借	PS
307/69	C	M	雑貨	平土間(貴族所有)	借	P	307/70	C	M	鉄器	レンガ	借	PS
307/71	C	M	雑貨	平土間(貴族所有)	借	P	307/72	C	M	ランプ	レンガ(貴族所有)	借	PS
307/73	C	M	雑貨	平土間(貴族所有)	借	P	307/74	C	M	ランプ	レンガ(貴族所有)	借	PS
307/75	C	M	雑貨	平土間(貴族所有)	借	P	308/76	C	M	雑貨	レンガ	借	C
308/77	C	M	雑貨	平土間(貴族所有)	借	P	308/78	T	M	真鍮器	レンガ	自	
308/79	C	M	雑貨	平土間(貴族所有)	借	P	308/80	T	M	真鍮器	平土間(貴族所有)	借	PS
308/81	C	M	雑貨	平土間(貴族所有)	借	P	308/82	C	M	陶磁器	レンガ(PPB)	借	王室
308/83	C	M	雑貨	平土間(貴族所有)	借	P	308/84	C	M	ランプ	レンガ(PPB)	借	王室
308/85	C	M	陶磁器	平土間(貴族所有)	借	P	308/86	C	M	飲み物	レンガ	自	
308/87	C	M	雑貨	平土間(貴族所有)	借	P	308/88	C	M	衣料・雑貨	レンガ	借	C
308/89	C	M	雑貨	平土間(貴族所有)	借	P	308/90	C	M	徴税請負・飲み物	レンガ	自	
308/91	C	M	雑貨	平土間(貴族所有)	借	P	308/92	C	M	時計	レンガ	借	AK
308/93	C	M	雑貨	平土間(貴族所有)	借	P	309/94	C	M	時計・雑貨	レンガ	借	O
309/95	C	M	雑貨	平土間(貴族所有)	借	P	309/96	C	M	中国ニエロ細工	平土間	借	O
309/97	C	M	雑貨	平土間(貴族所有)	借	P	309/98	C	M	中国ニエロ細工	レンガ	借	A
309/99	C	M	雑貨	平土間(貴族所有)	借	P	309/100	C	M	雑貨	レンガ(貴族所有)	借	P
309/101	C	M	雑貨	平土間(貴族所有)	借	P	309/102	C	M	雑貨	レンガ(貴族所有)	借	不明

巻末付表

付表 1-3　サンペン道路家屋配置

奇数家屋	民族	性	職業	家屋形態	所有	家主	偶数家屋	民族	性	職業	家屋形態	所有	家主
309/103	C	M	雑貨	平土間(貴族所有)	借	P	309/104	C	M	時計・雑貨	レンガ(貴族所有)	借	P
309/105	C	M	雑貨	平土間(貴族所有)	借	P	309/106	C	M	雑貨	レンガ(貴族所有)	借	P
309/107	C	M	雑貨	平土間(貴族所有)	借	O	309/108	C	M	商売	レンガ(貴族所有)	借	P
309/109	C	M	雑貨	平土間(貴族所有)	借	P	309/110	C	M	雑貨	平土間(貴族所有)	借	P
309/111	C	M	雑貨	平土間(貴族所有)	借	P	310/112	C	M	樽	レンガ(貴族所有)	借	P
310/113	C	M	雑貨	平土間(貴族所有)	借	P	310/114	C	M	王室技師	レンガ(貴族所有)	借	P
310/115	C	M	雑貨	平土間(貴族所有)	借	P	310/116	C	M	中国ニエロ細工	レンガ(貴族所有)	借	P
310/117	C	M	雑貨	平土間(貴族所有)	借	P	310/118	C	M	鉄器	レンガ(貴族所有)	借	P
310/119	C	M	雑貨	平土間(貴族所有)	借	P	310/120	C	M	真鍮器	平土間(貴族所有)	借	P
310/121	C	M	茶瓶	平土間(貴族所有)	借	P	310/122	C	M	真鍮器	レンガ(貴族所有)	借	P
310/123	C	M	使用人	レンガ(貴族所有)	借	P	310/124	C	M	鉄器	レンガ(貴族所有)	借	P
310/125	C	M	雑貨	平土間(貴族所有)	借	P	310/126	C	M	鋳掛職人	レンガ(貴族所有)	借	P
310/127	C	M	雑貨	平土間(貴族所有)	借	P	311/128	C	M	雑貨	レンガ	借	A
311/129	C	M	雑貨	平土間(貴族所有)	借	P	311/130	C	M	ランプ	レンガ	借	AK
311/131	C	M	雑貨	平土間(貴族所有)	借	P	311/132	C	M	雑貨	レンガ	借	AK
311/133	C	M	雑貨	平土間(貴族所有)	借	P	311/134	C	M	雑貨	レンガ	借	AK
311/135	C	M	雑貨	平土間(貴族所有)	借	P	311/136	C	M	盆皿	レンガ	借	A
311/137	C	M	雑貨	平土間(貴族所有)	借	P	311/138	C	M	質屋	レンガ	借	AK
311/139	C	M	雑貨	平土間(貴族所有)	借	P	311/140	C	M	樽・雑貨	レンガ	借	C
311/141	C	M	雑貨	平土間(貴族所有)	借	P	311/142	C	M	雑貨	レンガ	借	C
311/143	C	M	雑貨	平土間(貴族所有)	借	P	311/144	C	M	ランプ・雑貨	レンガ	借	AK
312/145	C	M	雑貨	平土間(貴族所有)	借	P	312/146	C	M	質屋	レンガ(貴族所有)	借	O
312/147	C	M	雑貨	平土間(貴族所有)	借	P	312/148	C	M	薬	レンガ	借	O
312/149	C	M	雑貨	平土間(貴族所有)	借	P	312/150	C	M	中国陶器	レンガ	自	
312/151	C	M	雑貨	平土間(貴族所有)	借	P	312/152	C	M	質屋	レンガ	借	AC
312/153	C	M	雑貨	平土間(貴族所有)	借	P	312/154	C	M	中国仏具	平土間(貴族所有)	借	O
312/155				平土間(貴族所有)	空き家		312/156	C	M	衣料	平土間(貴族所有)	借	O
312/157				平土間(貴族所有)	空き家		312/158	C	M	真鍮器	レンガ	借	O
312/159	C	M	雑貨	平土間(貴族所有)	借	P	312/160	C	M	中国陶器	レンガ	借	A
312/161	C	M	雑貨	平土間(貴族所有)	借	P	312/162	C	M	薬	レンガ	借	A
313/163	C	M	雑貨	平土間(貴族所有)	借	P	313/164	C	M	衣料	レンガ	借	A
313/165	C	M	雑貨	平土間(貴族所有)	借	P	313/166	C	M	皮革	レンガ	借	A
313/167	C	M	雑貨	平土間(貴族所有)	借	P	313/168	C	M	雑貨	レンガ	借	A
313/169	C	M	雑貨	平土間(貴族所有)	借	P	313/170	C	M	衣料(色布地)	レンガ	借	C
313/171	C	M	雑貨	平土間(貴族所有)	借	P	313/172	C	M	人夫頭	レンガ	借	C
313/173	C	M	茶瓶・雑貨	レンガ(貴族所有)	借	O	313/174	C	M	中国陶器	レンガ	借	C
313/175	C	M	籠	レンガ(貴族所有)	借	O	313/176	C	M	中国陶器	レンガ	借	O
313/177	C	M	籠	レンガ(貴族所有)	借	O	313/178	C	M	雑貨	レンガ	借	O
313/179	C	M	衣料・雑貨	レンガ(貴族所有)	借	O	313/180	C	M	タバコ	レンガ(貴族所有)	借	O
314/181	C	M	籠	レンガ(貴族所有)	借	O	314/182	C	M	薬	レンガ	借	A
314/183	記載なし						314/184				レンガ	空き家	A
314/185	C	M	雑貨	レンガ(貴族所有)	借	O	314/186	C	M	人夫頭	レンガ	借	O
314/187	C	M	鏡	レンガ	自		314/188	C	M	賭博場	レンガ(貴族所有)	借	C
314/189	C	M	中国壷	レンガ(貴族所有)	借	O	314/190	C	M	徭役従事者	レンガ(貴族所有)	借	C
314/191	C	M	鉄器	レンガ(貴族所有)	借	O	314/192	C	M	薬	レンガ	借	O
314/193	C	M	籠	平土間(貴族所有)	借	O	314/194	C	M	酒・薬	レンガ(貴族所有)	借	O
314/195	C	M	籠	レンガ(貴族所有)	借	O	314/196	C	M	皮革製造	レンガ(貴族所有)	借	O
314/197	C	M	質屋	レンガ	借	AK	314/198	C	M	質屋	レンガ	借	AK
314/199	C	M	酒	レンガ	借	AK	314/200	C	M	麺類	レンガ	借	A
315/201	C	M	質屋	レンガ	借	A	315/202	C	M	医師(漢方医)	レンガ	借	A
315/203	C	M	籠・雑貨	レンガ	借	A	315/204	C	M	雑貨	レンガ	借	A
315/205	C	M	中国壷	レンガ	借	A	315/206	C	M	衣料	レンガ	借	A
315/207	C	M	衣料	レンガ	借	A	315/208	C	M	アヘン	平土間	借	A
315/209	C	M	ニエロ細工	レンガ	自		315/210	C	M	箱類	レンガ	自	
315/211				平土間	空き家	C	315/212	C	M	紙類	レンガ	借	A

付表1-3　サンベン道路家屋配置

奇数家屋	民族	性	職業	家屋形態	所有	家主	偶数家屋	民族	性	職業	家屋形態	所有	家主
315/213	C	M	紙類	レンガ	借	A	315/214	C	M	紙類	レンガ	借	C
315/215	C	M	紙類	レンガ	借	A	315/216	C	M	楽器	レンガ	借	O
315/217	C	M	質屋	レンガ	借	A	315/218	C	M	質屋	レンガ	借	A
315/219	C	M	アヘン	レンガ	自		316/220	C	M	アヘン	レンガ	自	AC
316/221	C	M	秤	レンガ	借	O	316/222	C	M	秤	レンガ	借	O
316/223	C	M	中国食材	レンガ(貴族所有)	借	O	316/224	C	M	賭博場	レンガ(貴族所有)	借	O
316/225	C	M	賭博場	レンガ(貴族所有)	借	O	316/226	C	M	秤	レンガ(貴族所有)	借	O
316/227	C	M	パン・雑貨	レンガ	借	AK	316/228	C	M	飲食	レンガ	借	O
316/229	C	M	質屋	レンガ	自		316/230	C	M	衣料(色布地)	レンガ	借	O
316/231	C	M	酒	レンガ	借	AK	316/232	C	M	衣料(色布地)	レンガ	借	AK
316/233	C	M	衣料(絹布)	レンガ	借	A	316/234	C	M	薬	レンガ	借	O
316/235	C	M	衣料(色布地)	レンガ	借	C	316/236	C	M	枕・マット	レンガ	借	A
316/237	C	M	衣料(色布地)	レンガ	借	A	316/238	C	M	帽子	レンガ	借	A
316/239	C	M	染色	レンガ	自		316/240	C	M	雑貨	レンガ(貴族所有)	借	PK
317/241	C	M	染色	レンガ	借	C	317/242	C	M	煮物料理(カオラオ)	レンガ(貴族所有)	借	O
317/243	C	M	衣料	レンガ	借	O	317/244	C	M	衣料(色布地)	レンガ	借	O
317/245	C	M	衣料	レンガ	借	A	317/246	C	M	衣料	レンガ	借	A
317/247	C	M	衣料(絹腰布)	レンガ	借	不明	317/248	C	M	職人	レンガ	借	O
317/249	C	M	衣料(絹腰布)	レンガ	借	C	317/250	C	M	帽子	レンガ	借	O
317/251	C	M	質屋	レンガ	借	A	317/252	C	M	質屋	レンガ	借	O
317/253	C	M	衣料	レンガ	借	C	317/254	C	M	質屋	レンガ	借	C
317/255	C	M	衣料(綿布)	レンガ	借	C	317/256	C	M	漢字書物	レンガ	借	O
317/257	C	M	衣料(絹腰布)	レンガ	借	A	318/258	C	M	衣料(絹腰布)	レンガ	借	O
318/259	C	M	衣料	レンガ	借	AK	318/260	C	M	衣料(絹腰布)	レンガ	借	O
318/261	C	M	マット	レンガ	借	C	318/262	C	M	箱類	レンガ	借	O
318/263	C	M	衣料	レンガ	借	C	318/264	C	M	衣料(絹腰布)	レンガ	借	A
318/265	C	M	衣料・マット	レンガ	借	C	318/266	C	M	ランプ	レンガ	借	AK
318/267	C	M	衣料(綿布)	レンガ	借	C	318/268	C	M	衣料(絹腰布)	レンガ	借	AK
318/269	C	M	人形	レンガ	借	C	318/270	C	M	衣料	レンガ	借	AK
318/271	C	M	衣料	レンガ	借	C	318/272	C	M	衣料・マット	レンガ	借	AK
318/273	C	M	衣料	レンガ	借	C	318/274	C	M	衣料	レンガ	借	AK
318/275	C	M	衣料	レンガ	借	AC	318/276	C	M	時計	レンガ	借	AK
319/277	C	M	衣料	レンガ	借	AC	319/278	C	M	衣料	レンガ(貴族所有)	借	O
319/279	C	M	質屋	レンガ	借	O	319/280	C	M	質屋	レンガ(貴族所有)	借	O
319/281	C	M	アヘン	平土間	借	O	319/282	C	M	人夫頭	レンガ(貴族所有)	借	O
319/283	C	M	茶葉	レンガ(貴族所有)	借	O	319/284	C	M	中国食材	レンガ(貴族所有)	借	O
319/285	C	M	鍛冶師	レンガ(貴族所有)	借	O	319/286	C	M	衣料(絹腰布)	レンガ(貴族所有)	借	O
319/287	C	M	アヘン	レンガ(貴族所有)	借	O	319/288	C	M	マット	レンガ(貴族所有)	借	O
319/289	C	M	鉄器	レンガ	借	C	319/290	C	M	仕立て	レンガ	借	O
319/291	C	M	仕立て	レンガ(貴族所有)	借	PD	319/292	C	M	マット	レンガ	借	O
319/293	C	M	枕・布地	レンガ(貴族所有)	借	PD	319/294	C	M	鉄器	レンガ	借	O
320/295	C	M	衣料(絹腰布)	レンガ	借	AK	320/296	C	M	マット	レンガ	借	O
320/297	C	M	マット	レンガ	借	AK	320/298	C	M	鍛冶師	不明	不明	
320/299	C	F	錫器	レンガ	借	AC	320/300	C	M	衣料(絹腰布)	レンガ(貴族所有)	借	O
320/301	C	M	薬	レンガ	借	AC	320/302	C	M	衣料(絹腰布)	レンガ(貴族所有)	借	O
320/303	C	M	衣料(絹腰布)	レンガ	借	AC	320/304	C	M	衣料(絹腰布)	レンガ	借	O
320/305	C	M	衣料	レンガ	借	A	320/306	C	M	衣料	レンガ	借	C
320/307	C	M	衣料	レンガ	借	A	320/308	C	M	マット	レンガ	借	O
320/309	C	M	衣料	レンガ	借	C	320/310	C	M	鋳掛職人	レンガ	借	O
320/311	C	M	衣料	レンガ	借	A	320/312	C	M	薬	レンガ	借	O
320/313	C	M	麺類	レンガ	借	O	320/314	C	M	衣料	レンガ	借	O
320/315	C	M	麺類	レンガ	借	A	321/316	C	M	麺類	レンガ	借	A
321/317	C	M	紙類	レンガ	借	A	321/318	C	M	花・香料	レンガ	借	O
321/319	C	M	中国食材	レンガ	借	O	321/320	C	M	酒	レンガ	借	O
321/321	C	M	酒	レンガ	借	不明	321/322	C	M	中国食材	レンガ(貴族所有)	借	O

サンベン道路

付表1-3 サンペン道路家屋配置

奇数家屋	民族	性	職業	家屋形態	所有	家主	偶数家屋	民族	性	職業	家屋形態	所有	家主
321/323	C	M	常便サービス	レンガ (貴族所有)	借	PS	321/324	C	M	衣料	レンガ (貴族所有)	借	O
321/325	C	M	魚	レンガ (貴族所有)	借	P	321/326	C	M	衣料	レンガ (貴族所有)	借	O
321/327	C	M	常便サービス	レンガ	借	O	321/328	C	M	人夫頭	レンガ	借	A
321/329	C	M	麺類	レンガ	借	O	321/330	C	M	衣料	レンガ	借	A
321/331	C	M	麺類	レンガ (貴族所有)	借	O	321/332	C	M	茶葉	レンガ	借	A
322/333	C	M	衣料	レンガ	借	O	322/334	C	M	人夫頭	レンガ	借	A
332/335	C	M	麺類	レンガ	借	O	322/336	C	M	魚	レンガ	借	A
322/337	C	M	中国食材	レンガ (貴族所有)	借	O	322/338	C	M	常便サービス	レンガ	借	A
322/339	C	M	貴族 (Khun)	レンガ (貴族所有)	借		322/340	C	M	マット	レンガ	借	C
322/341	C	M	麺類	レンガ (貴族所有)	借	O	322/342	C	M	衣料	レンガ	借	C
322/343	C	M	紙類	レンガ	借	O	322/344	C	M	質屋	レンガ	借	C
322/345	C	M	常便サービス	レンガ	借	C	322/346	C	M	質屋	レンガ	借	C
322/347	C	M	時計	レンガ	借	O	322/348	C	M	質屋	レンガ	借	A
322/349	C	M	酒	レンガ (貴族所有)	借	O	322/350	C	M	飲食	レンガ	借	A
322/351	C	M	麺類	レンガ	借	C	322/352	C	M	飲食	レンガ	借	A
322/353	C	M	質屋	レンガ (貴族所有)	借	O	323/354	C	M	酒	レンガ	借	A
323/355	C	M	煮物料理 (カオラオ)	レンガ	借	A	323/356	C	M	家具	レンガ	自	
323/357	C	M	質屋	レンガ	借	O	323/358	C	M	茶葉	レンガ	自	
323/359	C	M	雑貨	レンガ	借	O	323/360	C	M	タバコ	レンガ	借	A
323/361	C	M	紙類	レンガ	借	O	323/362	C	M	質屋	レンガ	借	A
323/363	C	M	衣料	レンガ	借	O	323/364	C	M	煮物料理 (カオラオ)	レンガ	借	A
323/365	C	M	人夫頭	レンガ	借	O	323/366	C	M	茶葉	レンガ	借	A
323/367	C	M	人夫頭	レンガ	借	O	323/368	C	M	ランプ	レンガ	借	C
323/369	C	M	薬	レンガ	借	A	323/370	C	M	不明	レンガ	借	不明
324/371	C	M	薬	レンガ (貴族所有)	借	O	324/372	C	M	酒	レンガ	借	A
324/373	C	M	薬	レンガ	自		324/374	C	M	不明	レンガ	自	
324/375	C	M	薬	レンガ	自		324/376	C	M	薬	レンガ (貴族所有)	借	O
324/377	C	M	賭博場	レンガ	借	A	324/378	C	M	常便サービス	レンガ (貴族所有)	借	O
324/379	C	M	薬	レンガ (貴族所有)	借	O	324/380	C	M	賭博場	レンガ	借	O
324/381	C	M	賭博場	レンガ	借	A	324/382	C	M	賭博場	レンガ	借	O
324/383	C	M		レンガ	借	不明	324/384	T	M	賭博場	レンガ	借	O
324/385	C	M	帽子	レンガ	借	O	324/386	C	M	質屋	レンガ	自	
324/387	C	M	アヘン	レンガ	借	O	324/388	C	M	紙類	レンガ	借	AC
324/389	C	M	人夫頭	レンガ	借	AK	325/390	C	M	紙類	レンガ	借	O
325/391	C	M	皮革修理	レンガ	借	O	325/392	C	M	衣料	レンガ	借	O
325/393	C	M	酒	レンガ	借	AK	325/394	C	M	飲み物	レンガ	借	O
325/395	C	M	飲み物	レンガ	借	A	325/396	C	M	酒	レンガ	借	A
325/397	T	F	中国食材	レンガ	自		325/398	C	M	茶葉 (中国茶)	レンガ	借	A
325/399	C	M	キンマ・タバコ	レンガ	借	A	325/400	C	M	人夫頭	レンガ	借	A
325/401	C	M	中国燭炉	レンガ (貴族所有)	借	O	325/402	C	M	香料	レンガ	借	C
325/403	C	M	鉄器	レンガ	借	O	325/404	C	M	ランプ	レンガ	借	A
325/405	C	M	人形	レンガ	自		325/406	C	M	中国花	レンガ	借	A
325/407	C	M	帽子	レンガ	借	A	325/408	C	M	ビルマ布	レンガ	自	
326/409	C	M	衣料	レンガ	借	A	326/410	C	M	茶葉	レンガ (貴族所有)	借	O
326/411	C	M	質屋	レンガ	借	C	326/412	C	M	酒	レンガ (PPB)	借	王室
326/413	C	M	薬	レンガ (PPB)	借	王室	326/414	C	M	中国芝居道具	レンガ	借	O
326/415	C	M	甕類	レンガ	借	A	326/416	C	M	紙類	レンガ	借	A
326/417	C	M	薬	レンガ	借	A	326/418	C	M	酒	レンガ (貴族所有)	借	PD
326/419	C	M	陶磁器	レンガ	借	O	326/420	C	M	酒	レンガ	借	A
326/421	T	F	帽子	レンガ	借	A	326/422	C	M	衣料	レンガ	借	A
326/423	C	M	衣料	レンガ	借	O	326/424	C	M	茶葉 (中国茶)	レンガ	借	A
327/425	C	M	ランプ・時計	レンガ	借	A	327/426	C	M	衣料・花	レンガ (PPB)	借	王室
327/427	C	M	彫刻師	レンガ (PPB)	借	王室	327/428	C	M	衣料・花	レンガ (PPB)	借	王室
327/429	K	M	銃砲	レンガ	借	A	327/430	C	M	アヘン	レンガ (PPB)	借	王室
327/431	C	M	ランプ	レンガ	借	O	327/432	C	M	人夫頭	レンガ (貴族所有)	借	PD

サンペン道路

付表1-3 サンペン道路家屋配置

奇数家屋	民族	性	職業	家屋形態	所有	家主	偶数家屋	民族	性	職業	家屋形態	所有	家主
327/433	K	M	船員	レンガ	借	O	327/434	C	M	仕立て	レンガ (PPB)	借	王室
327/435	K	M	銃砲	レンガ	借	O	327/436	C	M	人夫頭	レンガ (PPB)	借	王室
327/437	C	M	薬	レンガ	借	O	327/438	C	M	茶葉	レンガ (PPB)	借	王室
327/439	K	M	不明	レンガ	借	O	327/440	C	M	雑貨	レンガ (PPB)	借	王室
328/441	K	M	パン	レンガ	借	O	328/442	K	M	香辛料	不明	不明	
328/443	K	M	牛	レンガ	借	O	328/444	C	M	帽子	レンガ (PPB)	借	王室
328/445	K	M	香料	レンガ (貴族所有)	借	O	328/446	C	M	仕立て	レンガ (PPB)	借	王室
328/447	K	M	菓子 (バター菓子)	レンガ (貴族所有)	借	O	328/448	C	M	熱湯	レンガ (PPB)	借	王室
328/449	C	M	不明	レンガ (PPB)	借	王室	328/450	C	M	人夫頭	レンガ (PPB)	借	王室
328/451	K	M	衣料	レンガ (貴族所有)	借	O	328/452	K	M	綱類	レンガ (PPB)	借	王室
328/453	K	M	ランプ	レンガ (PPB)	借	王室	328/454				レンガ (貴族所有)	空き家	PD
328/455	K	M	インド商品	レンガ	借	PD	328/456	K	M	衣料	レンガ (貴族所有)	借	PD
328/457	K	M	衣料	レンガ (貴族所有)	借	PD	328/458	K	M	綱類	レンガ (PPB)	借	PD
328/459	K	M	ランプ	レンガ (PPB)	借	王室	329/460	C	M	**アヘン**	レンガ (貴族所有)	借	PD
329/461	C	M	**アヘン**	レンガ (貴族所有)	借	PD	329/462	C	M	時計修理	レンガ (貴族所有)	借	PD
329/463	C	M	仕立て	レンガ (貴族所有)	借	PD	329/464	K	M	香料	レンガ (貴族所有)	借	PD
329/465	C	M	仕立て	レンガ (PPB)	借	王室	329/466	C	M	人夫頭	レンガ (PPB)	借	王室
329/467	C	M	箱類	レンガ (PPB)	借	王室	329/468	C	M	仕立て	レンガ (PPB)	借	王室
329/469	C	M	飲み物	レンガ (PPB)	借	王室	329/470	K	M	仕立て	レンガ (PPB)	借	王室
329/471	C	M	**酒**	レンガ	借	AC	329/472	K	M	香辛料	レンガ (PPB)	借	王室
329/473	K	M	香料	レンガ	借	AC	329/474	C	M	**酒**	レンガ (PPB)	借	王室
329/475	K	M	香料	レンガ	借	AC	329/476	C	M	仕立て	レンガ (貴族所有)	借	PD
330/477	C	M	銀器	レンガ	自		330/478	C	M	**アヘン**	レンガ (PPB)	借	王室
330/479	C	M	人夫頭	レンガ (PPB)	借	王室	330/480	C	M	仕立て	レンガ (PPB)	借	王室
330/481	C	M	彫刻師	レンガ (PPB)	借	王室	330/482	n.a		人夫	レンガ	自	
330/483	C	M	帽子・雑貨	レンガ	借	C	330/484	C	M	皮革修理	レンガ	借	C
330/485	C	M	彫刻師	レンガ	借	A	330/486	C	M	彫刻師	レンガ	借	A
330/487	T	M	薬	レンガ	自		330/488				レンガ	空き家	A
330/489	C	M	**酒**	レンガ	借	O	330/490	T	M	貴族 (Khun)	レンガ	借	O
330/491	C	M	大工	レンガ	借		330/492	C	M	樽	レンガ	借	AK
330/493	C	M	樽製造	レンガ	借	AK	330/494	C	M	大工	レンガ	借	AK
330/495	C	M	大工	レンガ	借	AK	331/496	C	M	箱類	レンガ	借	AK
331/497	C	M	鍛冶師	レンガ	借	O	331/498	C	M	絵師	レンガ	借	O
331/499	C	M	パン	レンガ	自		331/500	C	M	**富籤**	レンガ	借	C
331/501	C	M	大工	平土間	借	A	331/502	C	M	鋳掛職人	レンガ	借	C
331/503	C	M	大工	レンガ	借	O	331/504	C	M	**酒**	レンガ	借	A
331/505	C	M	大工	レンガ	借		331/506	C	M	鋳掛職人	レンガ (PPB)	借	王室
331/507	C	M	鍛冶師	レンガ	借	C	331/508	K	M	キンマ・タバコ	レンガ	自	
331/509				レンガ	空き家	C	331/510	C	M	**富籤**	レンガ	自	
331/511	C	M	**酒**	平土間	借	C	331/512	C	M	大工	平土間	借	C
331/513	C	M	鍛冶師	平土間	借	C	331/514	C	M	鍛冶師	平土間	借	C
331/515	C	M	**酒・炭**	レンガ	借	C	331/516	C	M	鍛冶師	平土間	借	C
332/517	C	M	樽	レンガ	借	C	332/518	C	M	鍛冶師	平土間	借	O
332/519	C	M	鍛冶師	平土間 (貴族所有)	借	C	332/520	C	M	鍛冶師	平土間	借	C
332/521	C	M	鍛冶師	平土間	借	C	332/522	C	M	鍛冶師	平土間	借	C
332/523	C	M	鍛冶師	平土間 (貴族所有)	借	C	332/524	C	M	**酒**	平土間	借	C
332/525	C	M	鍛冶師	平土間 (貴族所有)	借	C	332/526	C	M	**アヘン**	平土間	借	O
332/527	C	M	米	平土間	借	O	332/528	C	M	鍛冶師	平土間	借	O
332/529	C	M	鍛冶師	平土間	借	O	332/530	C	M	彫刻師	平土間	借	O

P : Phrayaa Phetdaa の所有する借家　　PK : Phra Oncaokrasee m son の所有する借家
PS : Phrayaa Chaisurin の所有する借家　PD : Phrayaa Choduk の所有する借家
AC : Amdɛɛŋ Can の所有する借家　　　AK : Amdɛɛŋ Kliip の所有する借家
A : 女性家主の所有する借家　　　　　C : 中国人家主の所有する借家
O : その他の家主が所有する借家

巻末付表

付表1-4　バムルンムアン道路家屋配置

奇数家屋	民族	性	職業	家屋形態	所有	偶数家屋	民族	性	職業	家屋形態	所有
136/1	W	M	雑貨	レンガ (PPB)	借	136/2	T	M	キンマ	レンガ (PPB)	借
137/3	C	M	大工	レンガ (PPB)	借	137/4	T	M	賭博場	レンガ (PPB)	借
137/5	C	M	仕立て	レンガ (PPB)	借	137/6	C	M	キンマ・タバコ	レンガ (PPB)	借
137/7	T	M	貴族 (Khun)	レンガ (PPB)	借	137/8	T	M	徭役従事者	アタップ (土間)	住
137/9	C	M	ランプ・帽子	レンガ (PPB)	借	137/10	C	M	中国陶磁器	レンガ (PPB)	借
137/11	C	M	中国陶磁器	レンガ (PPB)	借	137/12	C	M	質屋	レンガ (PPB)	借
137/13	C	M	アヘン	レンガ (PPB)	借	137/14	C	M	酒・麺類	レンガ (PPB)	借
137/15	記載なし					137/16	C	M	質屋	レンガ (PPB)	借
137/17	C	M	不明	レンガ (PPB)	借	137/18	C	M	質屋	レンガ (PPB)	借
138/19	C	M	質屋	レンガ (PPB)	借	138/20	C	M	質屋	レンガ (PPB)	借
138/21	C	M	質屋	レンガ (PPB)	借	138/22	C	M	飲食	不明	不明
138/23	C	M	酒	不明	借	138/24	C	M	酒	不明	借
138/25	C	M	賭博場	平土間	不明	138/26	K	M	香料	レンガ (PPB)	借
138/27	C	M	酒・衣料	レンガ (PPB)	借	138/28	T	F	タバコ	レンガ (PPB)	借
138/29	C	M	衣料 (絹腰布)	レンガ (PPB)	借	138/30	T	M	時計修理	レンガ (PPB)	借
138/31	C	M	衣料 (絹腰布)	レンガ (PPB)	借	138/32	C	M	雑貨	レンガ (PPB)	借
138/33	C	M	衣料 (絹腰布)	レンガ (PPB)	借	138/34	K	M	輸入業	レンガ (貴族所有)	借
138/35	K	M	衣料 (絹腰布)	レンガ (PPB)	借	138/36	K	M	衣料	レンガ (PPB)	借
139/37	C	M	衣料	レンガ (PPB)	借	139/38	K	M	陶器	レンガ (PPB)	借
139/39	C	M	日本製箱	レンガ (PPB)	借	139/40	C	M	香料	レンガ (PPB)	借
139/41	C	M	鉄器	レンガ (PPB)	借	139/42				レンガ (PPB)	空き家
139/43	C	M	衣料 (僧衣)	レンガ (PPB)	借	139/44	T	M	王族	レンガ (貴族所有)	自
139/45	C	M	衣料 (絹腰布)	レンガ (PPB)	借	139/46	K	M	香料・ランプ	レンガ (貴族所有)	借
139/47	C	M	衣料	レンガ (PPB)	借	139/48	K	M	ランプ	レンガ (貴族所有)	借
139/49	C	M	衣料 (絹腰布)	レンガ (PPB)	借	139/50	C	M	仕立て	レンガ (貴族所有)	借
139/51	C	M	衣料 (絹腰布)	レンガ (PPB)	借	139/52	C	M	薬	レンガ (貴族所有)	借
140/53	C	M	衣料 (絹布他)	レンガ (PPB)	借	140/54	C	M	衣料	レンガ (貴族所有)	借
140/55	T	M	衣料	レンガ (PPB)	借	140/56	C	M	衣料	レンガ (貴族所有)	借
140/57	C	M	衣料	レンガ (貴族所有)	借	140/58	T	F	衣料	レンガ (貴族所有)	借
140/59	C	M	衣料	レンガ (PPB)	借	140/60	C	M	仕立て	レンガ (貴族所有)	借
140/61	C	M	衣料 (絹布)	レンガ (PPB)	借	140/62	K	M	銀器・香料	レンガ (PPB)	借
140/63	C	M	衣料	レンガ (PPB)	借	140/64	K	M	香料	レンガ (PPB)	借
140/65	C	M	雑貨	レンガ (PPB)	借	140/66	C	M	中国陶磁器	レンガ (PPB)	借
141/67	T	M	本	レンガ (PPB)	借	141/68	C	M	衣料 (僧衣)	レンガ (貴族所有)	借
141/69	C	M	衣料	レンガ (PPB)	借	141/70	C	M	真鍮器	レンガ (PPB)	借
141/71	C	M	衣料 (絹布他)	レンガ (PPB)	借	141/72	C	M	中国陶磁器	レンガ (貴族所有)	借
141/73	C	M	衣料	レンガ (PPB)	借	141/74	C	M	薬	レンガ (PPB)	借
141/75	C	M	衣料	レンガ (PPB)	借	141/76	C	M	仕立て	レンガ (PPB)	借
141/77	C	M	衣料	レンガ (PPB)	借	141/78	C	M	ガラス	レンガ (PPB)	借
141/79	C	M	中国食材	レンガ (PPB)	借	141/80	C	F	ランプ	レンガ (PPB)	借
141/81	C	M	仕立て作業員	レンガ (PPB)	借	142/82	C	M	茶葉	レンガ (PPB)	借
142/83	C	M	仕立て作業員	レンガ (PPB)	借	142/84	C	M	質屋	レンガ (PPB)	借
142/85	C	M	茶葉・雑貨	レンガ (PPB)	借	142/86	C	M	銀器	レンガ (PPB)	借
142/87	C	M	衣料 (絹布他)	レンガ (PPB)	借	142/88	C	M	衣料 (絹布・綿布)	レンガ (PPB)	借
142/89	C	M	衣料 (綿布)	レンガ (PPB)	借	142/90	C	M	ニエロ	レンガ (PPB)	借
142/91	C	M	衣料 (絹布他)	レンガ (PPB)	借	142/92	C	M	衣料	レンガ (PPB)	借
142/93	C	M	衣料 (絹腰布)	レンガ (PPB)	借	142/94	T	F	衣料	レンガ (PPB)	借
142/95	C	M	衣料	レンガ (PPB)	借	142/96	C	M	鉄器	レンガ (PPB)	借
142/97				レンガ (PPB)	空き家	142/98	T	M	徭役従事者	不明	不明
142/99	C	M	茶葉・雑貨	レンガ (PPB)	借	142/100	C	M	仕立て	レンガ (PPB)	借

中央に「バムルンムアン道路」

付表 1-4　バムルンムアン道路家屋配置

奇数家屋	民族	性	職業	家屋形態	所有	偶数家屋	民族	性	職業	家屋形態	所有
143/101	T	F	キンマ・タバコ	レンガ (PPB)	借	143/102	T	M	徭役従事者	レンガ (PPB)	住
143/103	C	M	真鍮器	レンガ (PPB)	借	143/104	C	M	仕立て	レンガ (PPB)	借
143/105	C	M	糸	レンガ (PPB)	借	143/106	C	M	衣料	レンガ (PPB)	借
143/107	C	M	衣料 (僧衣)	レンガ (PPB)	借	143/108	C	M	衣料 (絹布)	レンガ (PPB)	借
143/109	C	M	衣料 (絹布他)	レンガ (PPB)	借	143/110	C	M	衣料 (絹布他)	レンガ (PPB)	借
143/111	T	F	真鍮器	レンガ (PPB)	借	143/112	C	M	衣料	レンガ (PPB)	借
143/113	C	M	糸	レンガ (PPB)	借	143/114	C	M	雑貨	レンガ (PPB)	借
143/115	C	M	衣料 (綿布)	レンガ (PPB)	借	143/116	C	M	衣料	レンガ (PPB)	借
144/117	T	M	真鍮器	レンガ (PPB)	借	144/118	C	M	仕立て	レンガ (PPB)	借
144/119	C	M	衣料 (絹布他)	レンガ (PPB)	借	144/120				レンガ (PPB)	空き家
144/121				レンガ (PPB)	空き家	144/122	T	F	衣料 (綿布他)	レンガ (PPB)	借
144/123	C	M	衣料 (絹布)	レンガ (PPB)	借	144/124	C	M	衣料	レンガ (PPB)	借
144/125	C	M	衣料	レンガ (PPB)	借	144/126	C	M	王室金細工師	レンガ (PPB)	借
144/127	C	M	衣料 (絹布他)	レンガ (PPB)	借	144/128	C	M	衣料 (僧衣)	レンガ (PPB)	借
144/129	C	M	衣料 (絹布他)	レンガ (PPB)	借	144/130	C	M	仕立て	レンガ (PPB)	借
144/131	C	M	糸	レンガ (PPB)	借	144/132	C	F	衣料 (綿布他)	レンガ (PPB)	借
144/133	C	M	椀類	レンガ (PPB)	借	144/134	C	M	仕立て	レンガ (PPB)	借
145/135	C	M	衣料 (絹布他)	レンガ (PPB)	借	145/136	C	M	衣料 (綿布他)	レンガ (PPB)	借
145/137	C	M	衣料 (絹布他)	レンガ (PPB)	借	145/138	C	M	衣料 (絹布他)	レンガ (PPB)	借
145/139	C	M	衣料 (絹布他)	レンガ (PPB)	借	145/140	C	M	衣料 (綿布他)	レンガ (PPB)	借
145/141	C	M	衣料 (綿布)	レンガ (PPB)	借	145/142	T	F	不明	レンガ (PPB)	借
145/143	C	M	衣料 (僧衣)	レンガ (PPB)	借	145/144	C	M	薬	レンガ (PPB)	借
145/145	C	M	真鍮器	レンガ (PPB)	借	145/146	C	M	水・雑貨	レンガ (PPB)	借
145/147	C	F	衣料 (僧衣)	レンガ (PPB)	借	145/148	T	F	不明	レンガ (PPB)	借
145/149	C	M	衣料	レンガ (PPB)	借	145/150	C	M	衣料 (絹布・綿布)	レンガ (PPB)	借
145/151	C	M	衣料 (絹布・綿布)	レンガ (PPB)	借	145/152	T	F	衣料 (絹腰布)	レンガ (PPB)	借
146/153	C	M	衣料	レンガ (PPB)	借	146/154	C	M	衣料 (僧衣)	レンガ (PPB)	借
146/155	C	M	衣料 (絹布他)	レンガ (PPB)	借	146/156	C	M	真鍮器	レンガ (PPB)	借
146/157	C	M	中国陶磁器	レンガ (PPB)	借	146/158	C	M	衣料	レンガ (PPB)	住
146/159	C	M	酒	レンガ (PPB)	借	146/160	C	M	質屋	レンガ (PPB)	借
146/161	C	M	賭博場	不明	不明	146/162				市場	
146/163			寺院 (Wat Suthud)			146/164	T	M	貸し車庫	不明	不明
146/165			Sala	Sala		146/166			Sala	Sala	
146/167	T	F	使用人	レンガ (PPB)	借	146/168	C	M	豚	レンガ (PPB)	借
147/169	T	M	キンマ・タバコ	レンガ (PPB)	借	147/170	T	F	不明	レンガ (PPB)	借
147/171	C	M	酒 (洋酒)	レンガ (PPB)	借	147/172	C	M	酒	レンガ (PPB)	借
147/173	T	M	宮内官	レンガ (PPB)	借	147/174	C	M	豚	レンガ (PPB)	借
147/175	C	M	宮内官	レンガ (PPB)	借	147/176	C	M	飲食	レンガ (PPB)	借
147/177	C	M	大工	レンガ (PPB)	借	147/178	C	M	理髪師	レンガ (PPB)	借
147/179	C	M	大工	レンガ (PPB)	借	147/180	C	M	理髪師	レンガ (PPB)	借
147/181	C	M	大工	レンガ (PPB)	借	147/182	C	M	大工	レンガ (PPB)	借
147/183	C	M	大工	レンガ (PPB)	借	147/184	K	M	香料	レンガ (PPB)	借
148/185	C	M	芝居役者	レンガ (PPB)	借	148/186	K	M	帽子	レンガ (PPB)	借
148/187	T	M	富籤	レンガ (PPB)	借	148/188	T	M	徭役従事者	レンガ (PPB)	借
148/189	C	M	絵師	レンガ (PPB)	借	148/190	T	M	宮内官	レンガ (PPB)	住
148/191	C	M	中国陶磁器	レンガ (PPB)	借	148/192	T	M	宮内官	レンガ (PPB)	住
148/193	C	M	不明	レンガ (PPB)	借	148/194	T	M	寺院会計	レンガ (PPB)	住
148/195	T	M	宮内官	レンガ (PPB)	借	148/196	T	M	看守	レンガ (PPB)	住
148/197	T	M	徭役従事者	レンガ (PPB)	借	148/198	T	M	不明	レンガ (PPB)	借
149/199	C	M	大工	レンガ (PPB)	借	149/200	T	F	鉄器	レンガ (PPB)	借
149/201	C	M	大工	レンガ (PPB)	借	149/202	T	M	理髪師	レンガ (PPB)	住
149/203	C	M	茶葉	レンガ (PPB)	借	149/204	T	M	貸し車庫	レンガ (PPB)	借
149/205	K	M	香料	レンガ (PPB)	借	149/206	T	F	タバコ	レンガ (PPB)	借
149/207	T	F	不明	レンガ (PPB)	借	149/208	T	F	使用人	レンガ (PPB)	借

巻末付表

付表1-4 バムルンムアン道路家屋配置　　　　　　　　　　　　　　　　　　　　　　　　　　　　　　　　　　　　3

奇数家屋	民族	性	職業	家屋形態	所有	偶数家屋	民族	性	職業	家屋形態	所有
149/209	C	M	銀器	レンガ (PPB)	借	149/210	T	F	衣料	レンガ (PPB)	借
149/211	C	M	衣料 (綿布他)	レンガ (PPB)	借	149/212	T	M	衣料	レンガ (PPB)	借
150/213	C	M	衣料	レンガ (PPB)	借	150/214	T	M	衣料	レンガ (PPB)	借
150/215	C	M	衣料 (絹布他)	レンガ (PPB)	借	150/216	T	M	衣料 (絹布他)	レンガ (PPB)	借
150/217	C	M	鉄器	レンガ (PPB)	借	150/218	T	F	子守	レンガ (PPB)	住
150/219	C	M	酒	レンガ (PPB)	借	150/220	T	F	外国綿	レンガ (PPB)	借
150/221	C	M	衣料	レンガ (PPB)	借	150/222	T	M	薬	レンガ (PPB)	借
150/223	C	M	衣料	レンガ (PPB)	借	150/224	T	F	菓子 (洋菓子)	レンガ (PPB)	借
150/225	T	M	法律業	レンガ (PPB)	借	150/226	T	F	不明	平土間	自
150/227	T	F	不明	レンガ (PPB)	借	150/228	T	M	教師	レンガ (PPB)	借
150/229	C	M	仕立て	レンガ (PPB)	借	151/230	C	M	酒	レンガ (PPB)	借
151/231	T	M	法律業	レンガ (PPB)	借	151/232	C	M	酒	レンガ (PPB)	借
151/233	C	M	衣料	レンガ (PPB)	借	151/234	C	M	アヘン	レンガ (PPB)	借
151/235	C	M	衣料	レンガ (PPB)	借	151/236	C	M	質屋	レンガ (PPB)	借
151/237	C	M	衣料	レンガ (PPB)	借	151/238	C	M	質屋	レンガ (PPB)	借
151/239	C	M	アヘン	レンガ (PPB)	借	151/240	C	M	質屋	レンガ (PPB)	借
151/241	C	M	色紙	レンガ (PPB)	借	151/242	C	M	質屋	レンガ (PPB)	借
151/243	C	M	衣料	レンガ (PPB)	借	151/244	C	M	質屋	レンガ (PPB)	借
152/245	C	M	酒	レンガ (PPB)	借	152/246	C	M	質屋	レンガ (PPB)	借
152/247	C	M	賭博場	レンガ (PPB)	借	152/248	C	M	中国食材	平土間	自
152/249	C	M	アヘン	平土間	借	152/250	C	M	アヘン	編み竹壁	自
152/251	C	M	酒	編み竹壁	自	152/252	T	M	宮内官	編み竹壁 (土間)	自
152/253				番兵小屋		152/254	C	M	酒	編み竹壁	自
152/255	C	M	酒	編み竹壁	自	152/256	C	M	酒	編み竹壁	自
152/257	C	M	酒	編み竹壁	自	152/258	C	M	酒	編み竹壁	自
152/259	C	M	酒	編み竹壁	自	153/260	C	M	酒	トタン	自
153/261				トタン (土間)	空き家	153/262	T	M	不明	トタン (土間)	自
153/263	T	M	不明	浮き家	空き家	153/264	T	F	酒	編み竹壁	自
153/265	C	F	酒	平土間	空き家	153/266	T	M	不詳	不明	借
153/267	C	M	酒	平土間	空き家	153/268	T	M	巡査	平土間	借
153/269	C	M	バナナ	平土間	空き家	153/270	T	F	キンマ・タバコ	平土間	自
153/271	T	M	不明	平土間	空き家	153/272				平土間	空き家
153/273	T	M	巡査	編み竹壁 (土間)	空き家	153/274	T	M	使用人	編み竹壁	住
153/275	T	F	使用人	編み竹壁	空き家	153/276	T	M	徭役従事者	編み竹壁	住
153/277	T	F	使用人	編み竹壁	空き家	154/278	T	M	徭役従事者	編み竹壁	住
154/279	T	M	徭役従事者	編み竹壁	空き家	154/280	T	F	使用人	編み竹壁	自
154/281	T	M	不明	切妻屋根	自	154/282	T	M	徭役従事者	編み竹壁	自
154/283	T	F	不明	レンガ (貴族所有)	住	154/284	T	M	官吏	平土間	借
154/285	T	F	不明	レンガ (貴族所有)	借	154/286	T	M	使用人	平土間	借
154/287	T	F	使用人	レンガ (貴族所有)	住	154/288	C	M	不明	平土間	借
154/289				レンガ (貴族所有)	空き家	154/290	T	M	タバコ	平土間	自
154/291	T	F	菓子	レンガ (貴族所有)	借	154/292	T	F	不明	平土間	借
154/293	T	M	官吏	レンガ (貴族所有)	借	155/294				レンガ (貴族所有)	空き家
155/295	T	F	使用人	レンガ (貴族所有)	住	155/296				不明	空き家
155/297	C	M	茶葉・雑貨	レンガ (貴族所有)	借	155/298				レンガ (貴族所有)	空き家
155/299				レンガ (貴族所有)	空き家	155/300				平土間	空き家
155/301	C	M		レンガ (貴族所有)	借	155/302				レンガ (貴族所有)	空き家
155/303	T	M	王族	レンガ (貴族所有)	住	155/304	T	M	不明	平土間	借
155/305				レンガ (貴族所有)	空き家	155/306	T	M	菓子	平土間	借
155/307	T	M	不明	平土間	借	155/308	T	M	警備	平土間	借
155/309	T	M	使用人	平土間	借	155/310	T	F	使用人	平土間	借
156/311	T	M	使用人	平土間	借	156/312	T	F	使用人	編み竹壁	自
156/313	C	M	賭博場	平土間	借	156/314	T	M	市場	編み竹壁 (土間)	自
156/315	T	M	官吏	平土間	借	156/316	C	M	酒	平土間	借

付表1-4　バムルンムアン道路家屋配置

奇数家屋	民族	性	職業	家屋形態	所有	偶数家屋	民族	性	職業	家屋形態	所有
156/317	T	M	不明	平土間	住	156/318	T	M	徭役従事者	アタップ	自
156/319	C	M	酒（洋酒）	平土間	自	156/320	T	M	巡査	不詳	自
156/321	T	F	花	平土間	借	156/322	T	F	使用人	編み竹壁	自
156/323	T	M	徭役従事者	木の葉壁	自	156/324	T	M	徭役従事者	編み竹壁	自
156/325	T	M	貴族 (Phraya)	屋敷	自	156/326	T	F	不明	平土間	借
156/327	T	M	官吏	平土間	借	157/328	T	M	官吏	平土間	自
157/329	T	F	不明	平土間	借	157/330	C	M	不明	平土間	自
157/331	T	M	徭役従事者	編み竹壁	不明	157/332				レンガ（貴族所有）	空き家
157/333	T	M	王室技師	アタップ	自	157/334	T	M	使用人	平土間	自
157/335				平土間交番		157/336	T	M	書記	レンガ（貴族所有）	自
157/337		F	キンマ・タバコ	平土間	借	157/338				平土間	空き家
157/339	K	M	不明	平土間	借	157/340				平土間	空き家
157/341				平土間	空き家	157/342				平土間	空き家
157/343				平土間	空き家	157/344				平土間	空き家
157/345				平土間	空き家	158/346				平土間	空き家
158/347	T	M	貴族 (Phra)	屋敷	自	158/348	T	M	王族	屋敷	自
158/349	T	M	貴族 (Phraya)	屋敷	自	158/350	T	M	使用人	平土間	不明
158/351	T	M	使用人	平土間	不明	158/352	T	F	菓子・タバコ	平土間	住
158/353				平土間	空き家	158/354	C	F	不明	平土間	自
158/355	C	M	賭博場	平土間	借	158/356	C	M	酒	平土間	借
158/357	C	M	酒・阿片	平土間	借	158/358				平土間	空き家
158/359	C	M	酒	平土間	借	158/360	C	M	アヘン	平土間	借
158/361	C	M	麺類・酒	平土間	借	158/362	C	M	酒	平土間	借
158/363	C	M	酒（フランス酒）	不明	不明	158/364	C	M	酒	平土間	借
159/365	T	M	青物	平土間	借	159/366				レンガ（貴族所有）	空き家
159/367	T	F	使用人・雑貨	平土間	住	159/368				レンガ（貴族所有）	空き家
159/369	T	F	バナナ	編み竹壁（土間）	不明	159/370	C	M	酒	レンガ（貴族所有）	借
159/371	T	M	不明	平土間（貴族所有）	住	159/372				レンガ（貴族所有）	空き家
159/373				平土間	空き家	159/374				レンガ（貴族所有）	空き家
159/375		M	徭役従事者	レンガ（貴族所有）		159/376				レンガ（貴族所有）	空き家
159/377				レンガ（貴族所有）	空き家	159/378				レンガ（貴族所有）	空き家
159/379				レンガ（貴族所有）	空き家	160/380	C	M	酒	レンガ（貴族所有）	借
160/381	T	M	不明	編み竹壁	住	160/382	T	M	不明	編み竹壁	自
160/383	T	F	不明	編み竹壁	住	160/384	T	M	不明	平土間	住
160/385	T	M	巡査	平土間	借	160/386	T	M	酒	平土間	借
160/387	T	M	徭役従事者	編み竹壁	住	160/388	T	M	徭役従事者	編み竹壁	自
160/389			寺院 (Wat Sarabua)			160/390	T	M	官吏	木の葉壁	不明
160/391	T	M	徭役従事者	平土間	自	160/392			寺院 (Wat Sarabua)		
160/393	C	M	菓子	平土間	借	160/394	C	M	酒	平土間	借
160/395	Lao	M	徭役従事者	編み竹壁	自	161/396			寺院 (Wat Bansaeng)		
161/397	K	M	徭役従事者	編み竹壁	自	161/398	K	M	不明	木の葉壁	自
161/399	W	M	技師	不明	不明	161/400			寺院 (Wat Sarapatum)		

（バムルンムアン道路）

巻末付表

付表 1-5　フアンナコン道路家屋配置

奇数番号	民族	性	職業	家屋形態	所有	偶数番号	民族	性	職業	家屋形態	所有
204/1	C	M	酒	平土間	借	204/2	C	M	酒	平土間	借
204/3	T	F	青物	平土間	借	204/4	C	M	アヘン	平土間	借
205/5	T	M	不明	レンガ	自	205/6				車庫	
205/7	C	M	理髪師	平土間	借	205/8	T	F	青物	木の葉壁	自
205/9	C	M	酒	平土間	借	205/10				門	
205/11	T	M	徭役従事者	平土間	借	205/12	T	F	不明	平土間	借
205/13	T	F	不明	板壁	自	205/14	T	F	豚	平土間	借
205/15	T	M	徭役従事者	編み竹壁	自	205/16	T	F	不明	編み竹壁	自
205/17	T	M	徭役従事者	編み竹壁	自	205/18	T	F	菓子	木の葉壁	自
205/19				レンガ造社屋		205/20				車庫	
205/21				車庫		205/22	T	F	商売	木の葉壁	
205/23	T	M	貴族 (Phra)	板壁	自	205/24	T	F	不詳	板壁	自
205/25	T	F	菓子	編み竹壁	居住	205/26	C	M	不明	木の葉壁	自
206/27	T	F	不明	板壁	自	206/28	T	M	貴族 (Khun)	板壁	自
206/29	T	F	不明	板壁	自	206/30	T	M	酒	平土間	借
206/31	T	F	不明	板壁	自	206/32	T	F	不明	アタップ	自
206/33	T	M	兵士 (近衛兵)	平土間	借	206/34	T	M	青物	編み竹壁	自
206/35				診療所		206/36	T	M	兵士 (近衛兵)	板壁	自
206/37	T	F	不明	木の葉壁	自	206/38	C	M	酒	レンガ	借
206/39	C	M	薬	不詳	自	206/40				レンガ	空き家
206/41	T	F	不明	レンガ	自	206/42	T	M	不明	板壁	借
206/43	C	M	車庫業	不明	不明	206/44	T	F	不明	板壁	自
207/45	C	M	不明	平土間	借	207/46	C	M	アヘン	平土間	借
207/47	C	M	賭博従事	不明	不明	207/48	C	M	アヘン	平土間	借
207/49	T	F	不明	レンガ (貴族所有)	借	207/50	C	M	質屋	レンガ (貴族所有)	借
207/51	T	F	不明	木の葉壁	自	207/52	C	M	質屋	レンガ (貴族所有)	借
207/53	C	M	酒	平土間	借	207/54	C	M	酒	平土間	借
207/55	C	M	酒	平土間 (貴族所有)	借	207/56	C	M	賭博従事	不明	不明
207/57	C	M	酒	平土間	借	207/58	C	M	飲食	平土間 (貴族所有)	借
207/59	C	M	飲食	平土間	借	207/60	C	M	質屋	平土間 (貴族所有)	借
207/61	T	M	貴族 (Luang)	編み竹壁	自	207/62	C	M	飲食	レンガ (貴族所有)	借
207/63	C	M	茶	レンガ (貴族所有)	借	207/64	C	M	石油	レンガ (貴族所有)	借
207/65	C	M	茶	平土間	借	208/66	C	M	菓子	平土間	借
208/67	C	M	酒	平土間	借	208/68	C	M	酒	レンガ (貴族所有)	借
208/69	C	M	石工	レンガ (貴族所有)	借	208/70	C	M	魚	レンガ (貴族所有)	借
208/71	C	M	石油	レンガ (貴族所有)	借	208/72	T	F	魚	レンガ (貴族所有)	借
208/73	T	F	青物	レンガ (貴族所有)	借	208/74	C	M	キンマ	レンガ (貴族所有)	借
208/75	C	M	不明	レンガ (貴族所有)	借	208/76				市場	
208/77	C	M	魚	レンガ (貴族所有)	借	208/78	C	M	魚	レンガ (貴族所有)	借
208/79	C	M	石工	レンガ (貴族所有)	借	208/80	C	M	市場売り子	レンガ (貴族所有)	借
208/81	C	M	魚	レンガ (貴族所有)	借	208/82	C	M	魚	レンガ (貴族所有)	借
209/83	C	M	魚	レンガ (貴族所有)	借	209/84	C	M	魚	レンガ (貴族所有)	借
209/85	T	F	雑貨	平土間	借	209/86	T	F	魚	レンガ (貴族所有)	借
209/87	T	M	青物	レンガ (貴族所有)	借	209/88	T	F	雑貨	平土間 (貴族所有)	借
209/89	C	M	キンマ	レンガ (貴族所有)	借	209/90	C	M	麺類	レンガ (貴族所有)	借
209/91	C	M	薬	レンガ (貴族所有)	借	209/92	C	M	医師	編み竹壁	自
209/93	C	M	薬	レンガ (貴族所有)	借	209/94	T	F	アヘン	レンガ	借
209/95	C	F	薬	レンガ (貴族所有)	借	209/96	T	F	酒	平土間 (貴族所有)	借
209/97	T	F	雑貨	レンガ (貴族所有)	借	209/98	T	M	役者	平土間 (貴族所有)	借
210/99	C	M	雑貨	レンガ (貴族所有)	借	210/100	C	M	青物	レンガ (貴族所有)	借

フアンナコン道路

付表 1-5 フアンナコン道路家屋配置

奇数番号	民族	性	職業	家屋形態	所有	偶数番号	民族	性	職業	家屋形態	所有
210/101	C	M	青物	レンガ (貴族所有)	借	210/102	T	F	青物	平土間	不明
210/103	T	F	キンマ	レンガ (貴族所有)	居住	210/104	T	F	不明	レンガ (貴族所有)	居住
210/105	T	F	酒	レンガ (貴族所有)	居住	210/106	T	M	青物	木の葉壁	不明
210/107	T	M	官吏	レンガ (貴族所有)	自	210/108	T	M	徭役従事者	レンガ (貴族所有)	居住
210/109				屋敷	空き家	210/110	T	M	酒	平土間	借
210/111	T	F	徭役従事者	レンガ (貴族所有)	居住	210/112	T	F	青物	平土間	借
210/113	T	F	酒	平土間	借	210/114	T	M	タバコ製造販売	レンガ	不明
210/115	C	M	菓子	レンガ	不明	210/116	T	M	貴族 (Phra)	板壁	不明
211/117	T	M	守衛	不明	不明	211/118	T	M	徭役従事者	板壁	自
211/119				レンガ造社屋		211/120				車庫	
211/121	C	M	質屋	レンガ	借	211/122	C	M	質屋	レンガ	借
211/123	C	M	酒	平土間 (貴族所有)	借	211/124	C	M	キンマ	平土間 (貴族所有)	借
211/125	T	M	徭役従事者	木の葉壁	不明	211/126	C	M	質屋	レンガ (PPB)	借
211/127	C	M	質屋	レンガ (PPB)	借	211/128	C	M	不明	レンガ (PPB)	借
211/129				レンガ (PPB)	空き家	211/130	C	M	酒	レンガ (PPB)	借
211/131	C	M	質屋	レンガ (PPB)	借	211/132	C	M	質屋	レンガ (PPB)	借
211/133	C	M	薬	レンガ (PPB)	借	211/134	C	M	酒	レンガ (PPB)	借
211/135	C	M	質屋	レンガ (PPB)	借	211/136	C	M	アヘン	レンガ (PPB)	借
211/137	C	M	質屋	レンガ (PPB)	借	212/138	C	M	麺類	レンガ	借
212/139	C	M	酒	レンガ	借	212/140	C	M	アヘン	レンガ	借
212/141	C	M	不明	平土間 (貴族所有)	借	212/142	C	M	酒	平土間	借
212/143				レンガ (貴族所有)	空き家	212/144	T	M	酒	レンガ	借
212/145	T	M	貴族 (Phraya)	屋敷	自	212/146	T	F	不明	屋敷	自
212/147	C	M	酒	レンガ (貴族所有)	自	212/148	C	M	アヘン	レンガ (貴族所有)	自
212/149	C	M	酒	レンガ (貴族所有)	借	212/150	C	M	飲食	レンガ (貴族所有)	自
212/151	C	M	酒	レンガ (貴族所有)	自	212/152	C	M	酒	レンガ (貴族所有)	借
212/153	C	M	修理屋	レンガ (貴族所有)	借	212/154			水路 (Khlong Ratborpit)		
212/155			寺院 (Wat Rathborpit)			212/156	T	M	貴族 (Khun)	レンガ (PPB)	借
212/157	T	F	不明	レンガ (PPB)	借	213/158	T	F	石油	レンガ (PPB)	借
213/159	T	F	不明	レンガ (PPB)	借	213/160	T	M	職人	レンガ (PPB)	借
213/161	T	F	タバコ製造	レンガ (PPB)	借	213/162	T	M	タバコ製造販売	レンガ (PPB)	借
213/163	T	M	タバコ製造販売	レンガ (PPB)	借	213/164	T	M	不明	レンガ (PPB)	借
213/165	T	F	不明	レンガ (PPB)	借	213/166	T	F	青物	レンガ (PPB)	借
213/167	T	F	不明	レンガ (PPB)	借	213/168	T	M	官吏	レンガ (PPB)	借
213/169	T	F	薬	レンガ (PPB)	借	213/170	T	M	書記	レンガ (PPB)	借
213/171	T	M	子守	レンガ (PPB)	借	213/172	T	M	洗濯作業	レンガ (PPB)	借
214/173	T	M	理髪師	レンガ (PPB)	借	214/174	C	M	アヘン	レンガ (PPB)	借
214/175	T	F	不明	レンガ (PPB)	借	214/176	C	M	大工	レンガ (PPB)	借
214/177	C	M	大工	レンガ (PPB)	借	214/178	C	M	青物	レンガ (PPB)	借
214/179	C	M	大工	レンガ (PPB)	借	214/180	K	M	巡査	レンガ (PPB)	借
214/181	C	M	金細工師	レンガ (PPB)	借	214/182	T	M	宮内官	レンガ (PPB)	借
214/183	C	M	大工	レンガ (PPB)	借	214/184	T	F	不明	レンガ (PPB)	借
214/185	C	M	大工	レンガ (PPB)	借	214/186	W	M	理髪師	レンガ (PPB)	借
214/187	T	M	貴族 (Khun)	レンガ (PPB)	借	214/188	T	M	鋳物職人	レンガ (PPB)	借
214/189	T	M	徭役従事者	レンガ (PPB)	借	214/190				レンガ (PPB)	空き家
214/191	T	F	不明	レンガ (PPB)	借	214/192	T	M	貴族 (Khun)	不明	不明
215/193	W	M	写真	レンガ (PPB)	借	215/194	C	M	仕立て	レンガ (貴族所有)	借
215/195	T		医師	レンガ (PPB)	借	215/196	C	M	石工	レンガ (貴族所有)	借
215/197	T		貴族 (Khun)	宮殿	自	215/198	C		富籤	レンガ (貴族所有)	借
215/199	T	F	不明	レンガ (PPB)	借	215/200	T	M	宮内官	レンガ (PPB)	借
215/201				レンガ (PPB)	空き家	215/202	C	M	不明	レンガ (貴族所有)	借
215/203	W	M	不明	レンガ (PPB)	借	215/204	C	M	大工	レンガ (貴族所有)	借
215/205	W	M	不明	レンガ (PPB)	借	215/206	C	M	大工	レンガ (貴族所有)	借
215/207	C	M	仕立て	レンガ (PPB)	借	215/208	C	M	大工	レンガ (貴族所有)	借

※ フアンナコン道路

付表1-5　フアンナコン道路家屋配置

奇数番号	民族	性	職業	家屋形態	所有	偶数番号	民族	性	職業	家屋形態	所有
215/209	T	M	理髪師	レンガ (PPB)	借	215/210	T	M	医師	レンガ (貴族所有)	借
216/211	C	M	酒	レンガ (PPB)	借	216/212	C	M	仕立て	レンガ (PPB)	借
216/213	T	F	青物	レンガ (PPB)	借	216/214	W	M	技師	レンガ (PPB)	借
216/215	C	M	アヘン	レンガ (PPB)	借	216/216	T	M	徭役従事者	レンガ (貴族所有)	借
216/217	C	M	アヘン	レンガ (PPB)	借	216/218	K	M	不明	レンガ (貴族所有)	借
216/219	C	M	アヘン	レンガ (PPB)	借	216/220	T	F	質屋	レンガ (貴族所有)	借
216/221	C	M	酒	レンガ (PPB)	借	216/222	C	M	酒	レンガ (PPB)	借
216/223	C	M	質屋	レンガ (PPB)	借	216/224	C	M	質屋	レンガ (PPB)	借
216/225	C	M	アヘン	レンガ (PPB)	借	216/226	C	M	飲食	レンガ (PPB)	借
216/227	C	M	アヘン	レンガ (PPB)	借	216/228	C	M	質屋	レンガ (PPB)	借
216/229	C	M	酒	レンガ (PPB)	借	216/230	T	F	飲食	レンガ (PPB)	借
216/231	T	F	飲食	レンガ (PPB)	借	216/232	T	F	飲食	レンガ (PPB)	借
216/233	C	M	質屋	レンガ (PPB)	借	216/234	C	M	仕立て	レンガ (PPB)	借
217/235	C	M	質屋	レンガ (PPB)	借	217/236	C	M	質屋	レンガ (PPB)	借
217/237	C	M	仕立て	レンガ (PPB)	借	217/238	C	M	青物	レンガ (PPB)	借
217/239	C	M	質屋	レンガ (PPB)	借	217/240	C	M	理髪師	レンガ (PPB)	借
217/241	C	M	質屋	レンガ (PPB)	借	217/242	C	M	理髪師	レンガ (PPB)	借
217/243	C	M	菓子	レンガ (PPB)	借	217/244	C	M	不明	レンガ (PPB)	借
217/245	C	M	質屋	レンガ (PPB)	借	217/246	C	M	洗濯作業	レンガ (PPB)	借
217/247	T	M	徭役従事者	アタップ	借	217/248	T	M	貸し車庫	平土間	借
218/249	C	M	精米所	平土間	借	218/250	T	M	理髪師	平土間	借
218/251	C	M	菓子	板壁	自	218/252	C	M	アヘン	平土間	借
218/253	C	M	酒	平土間	借	218/254	C	M	酒	平土間	借
218/255	C	F	菓子	平土間	借	218/256	C	M	飲食	平土間	借
218/257	C	M	酒	平土間	借	218/258	K	M	仕立て	平土間	借
218/259	T	M	貴族 (Khun)	板壁	自	218/260	T	F	不明	板壁	自
218/261	C	M	アヘン	平土間	借	218/262	C	M	酒	平土間	借
218/263	C	M	酒	平土間	借	219/264	C	M	貴族 (Khun)	板壁	自
219/265	T	M	貴族 (Khun)	板壁	自	219/266	T	M	貴族 (Phra)	板壁	自
219/267	T	F	不明	編み竹壁	借	219/268	T	M	王族	板壁	自
219/269	T	M	貴族 (Khun)	木の葉壁	自	219/270	T	F	菓子	板壁	自
219/271	T	F	菓子	木の葉壁	自	219/272	T	M	不明	木の葉壁	自
219/273	T	M	徭役従事者	アタップ	自	219/274	T	M	不明	板壁	自
219/275	T	M	官吏	平土間	自	219/276	C	M	酒	平土間	借
219/277	T	M	徭役従事者	板壁	自	220/278	T	M	宮内官	不詳	自
220/279	T	M	貴族 (Luang)	木の葉壁	自	220/280			寺院 (Wat Mahan)		
220/281	C	M	酒	平土間 (貴族所有)	借	220/282	T	F	青物	平土間 (貴族所有)	借
220/283	T	F	酒	平土間 (貴族所有)	借	220/284	C	M	不明	平土間 (貴族所有)	借
220/285	T	M	官吏	板壁	自	220/286	T	M	官吏	木の葉壁	自
220/287	T	M	宮内官	板壁	自	220/288	T	F	青物	木の葉壁	自
220/289	T	M	青物	編み竹壁	自	220/290			水路 (Khlong Lawd)		
220/291				大家船		220/292	T	M	官吏	レンガ	借
220/293	T	F	タバコ製造販売	レンガ	借	221/294	T	F	不明	レンガ	借
221/295	T	M	菓子	レンガ	借	221/296	C	M	不明	レンガ	借
221/297	T	M	不明	レンガ	借	221/298	T	M	不明	レンガ	借
221/299	T	M	宮内官	レンガ	借	221/300	T	M	菓子	レンガ	借
221/301	C	M	豚	レンガ	借	221/302	T	M	不明	レンガ	借
221/303	T	M	青物	レンガ	借	221/304	T	M	徭役従事者	レンガ	借
221/305	T	M	青物	レンガ	借	221/306	T	M	巡査	レンガ	借
221/307	T	M	官吏	レンガ	借	221/308	T	M	官吏	レンガ	借
221/309	T	M	官吏	レンガ	借	222/310	T	M	タバコ製造販売	レンガ	借
222/311	T	F	青物	レンガ	借	222/312	T	M	書記	レンガ	借
222/313	T	M	徭役従事者	レンガ	借	222/314	T	M	医師	レンガ	借
222/315	T	F	不明	レンガ	借	222/316	T	M	官吏	レンガ	借

※中央帯：フアンナコン道路

付表1-5　フアンナコン道路家屋配置

奇数番号	民族	性	職業	家屋形態	所有	偶数番号	民族	性	職業	家屋形態	所有
222/317	T	M	徭役従事者	レンガ	借	222/318	T	M	不明	レンガ	借
222/319	T	M	青物	レンガ	借	222/320	T	F	不明	レンガ	借
222/321	T	M	不明	レンガ	借	222/322	T	M	貴族 (Phraya)	レンガ	借
222/323	C	M	酒	レンガ	借	222/324	T	F	不明	レンガ	借
222/325				車庫		223/326	T	M	医師	診療所	自
223/327	C	M	アヘン	平土間(貴族所有)	借	223/328	C	M	アヘン・	平土間(貴族所有)	借
223/329	C	M	賭博場	平土間(貴族所有)	借	223/330	T	M	菓子	編み竹壁	自
223/331	C	M	酒	平土間(貴族所有)	借	223/332	T	M	徭役従事者	編み竹壁	借
223/333	T	M	奴隷	編み竹壁	自	223/334	T	M	不明	アタップ	自
223/335	T	M	徭役従事者	アタップ	自	223/336				平土間	空き家
223/337	T	M	不明	木の葉壁	自	223/338	T	M	不明	編み竹壁	自
223/339	T	F	不明	木の葉壁	自	223/340	T	F	アヘン	板壁	自
223/341	T	F	鏡	編み竹壁	自	223/342	T	M	徭役従事者	編み竹壁	自
223/343	T	M	貴族 (Luang)	板壁	自	223/344	T	M	徭役従事者	不詳	居住
223/345	T	F	不明	平土間	自	224/346	T	M	徭役従事者	木の葉壁	自
224/347	T	M	徭役従事者	木の葉壁	居住	224/348				交番	
224/349			寺院 (Wat Borwon)								

フアンナコン道路

192

付表1-6　内側周環道路家屋配置

家屋番号	民族	性	職業	家屋形態	所有
234/1	C	M	酒	レンガ	借
234/2	C	M	酒	レンガ	借
234/3	C	M	麺類	レンガ	借
234/4	C	M	徭役従事者	レンガ	借
234/5	T	M	貸し車庫	平土間	借
234/6	T	M	貴族(Khun)・貸し車庫	不明	不明
234/7	C	M	アヘン	レンガ	借
234/8	C	M	酒	レンガ	借
235/9	C	M	アヘン	レンガ	借
235/10	C	M	質屋	レンガ	借
235/11	C	M	酒	レンガ	借
235/12	C	M	香料	レンガ	借
235/13	C	M	賭博場	平土間	借
235/14	C	M	飲食	平土間	借
235/15	C	M	酒	平土間	借
235/16	C	M	酒	平土間	借
235/17	C	M	アヘン	平土間	借
235/18	C	M	酒	平土間	借
235/19	T	F	薬	編み竹壁	自
235/20	T	M	理髪師	平土間	借
235/21	T	M	貸し車庫	平土間	借
235/22	T	M	タバコ	不明	不明
235/23	T	F	蝋	平土間	自
235/24	T	F	不明	平土間	自
235/25	T	M	貴族(Khun)	レンガ	自
235/26	T	M	不明	レンガ	自
235/27	T	M	不明	平土間	自
235/28	T	M	貸し車庫	平土間	自
236/29	T	M	貴族(Phrayaa)	レンガ	自
236/30	T	M	大工	平土間	自
236/31	T	M	不明	平土間	自
236/32	T	M	警備	平土間	自
236/33	T	M	警備	不明	不明
236/34	T	M	警備	不明	不明
236/35	T	M	貸し車庫	不明	不明
236/36	T	M	不明	厩舎	不明
236/37	T	M	不明	レンガ	自
236/38	T	M	貴族(Phra)	板壁	自
236/39	T	M	王族	宮殿	自
236/40	C	M	大工	平土間	借
236/41	C	M	質屋	平土間	借
236/42	C	M	飲食	平土間	借
236/43	C	M	質・酒	平土間	借
236/44	C	M	質・酒	平土間	借
236/45	C	M	質・雑貨	平土間	借
236/46	C	M	不明	平土間	借
236/47	記載なし				
237/48	C	M	質・麺類	平土間	借
237/49	C	M	質・食品	平土間	借
237/50	C	M	質・阿片	不明	不明
237/51	C	M	質・阿片	平土間	借
237/52	C	M	酒	平土間	借
237/53	T	F	食品・酒	平土間	借
237/54	C	M	酒・麺類	不明	不明
237/55	T	M	兵士	平土間	住
237/56	T	M	貴族(Phraya)	レンガ	自
237/57	T	M	徭役従事者	木の葉壁	自
237/58	T	M	貴族(Khun)	平土間	自
237/59	T	F	王族	宮殿	自
237/60	W	M	貸し車庫	平土間	自
237/61	T	M	王族	宮殿	自
237/62	T	M	警備	平土間	住
237/63	T	M	官吏	不明	不明
237/64	T	M	兵士	平土間	住
238/65	T	M	徭役従事者	レンガ (PPB)	借
238/66	T	M	徭役従事者	レンガ (PPB)	借
238/67	T	M	官吏	不明	不明
238/68	T	M	官吏・キンマ	レンガ (PPB)	借
238/69	T	M	徭役従事者	レンガ (PPB)	借
238/70	T	M	徭役従事者	レンガ (PPB)	借
238/71	T	M	貴族(Khun)	不明	不明
238/72	T	M	米	不明	不明
238/73	T	M	徭役従事者	レンガ (PPB)	借
238/74	T	M	官吏	不明	不明
238/75	T	F	不明	レンガ (PPB)	借
238/76	T	M	徭役従事者	平土間	自
238/77	T	M	徭役従事者	レンガ (PPB)	借
238/78	T	M	貴族(Khun)	レンガ (PPB)	借
238/79	T	M	徭役従事者	レンガ (PPB)	借
238/80	T	M	官吏	切妻屋根	自
238/81	記載なし				
238/82	T	M	官吏	トタン	自
238/83	T	M	官吏	レンガ (PPB)	借
238/84	T	M	もち米	レンガ (PPB)	借
239/85	T	M	徭役従事者	レンガ (PPB)	借
239/86	T	M	宮内官	レンガ (PPB)	借
239/87	T	M	不明	不明	不明
239/88	T	M	貴族(Luang)	レンガ (PPB)	借
239/89	T	M	官吏	レンガ (PPB)	借
239/90	T	M	徭役従事者	レンガ (PPB)	借
239/91	T	M	不明	レンガ (PPB)	借
239/92	T	M	徭役従事者	レンガ (PPB)	借
239/93	T	M	徭役従事者	レンガ (PPB)	借
239/94	T	M	宮内官	レンガ (PPB)	借
239/95	T	M	徭役従事者	レンガ (PPB)	借
239/96	T	F	菓子	レンガ (PPB)	借
239/97	T	M	徭役従事者	レンガ (PPB)	借
239/98	T	M	不明	レンガ (PPB)	借
239/99	T	M	青物	レンガ (PPB)	借
239/100	C	M	不明	不明	不明

付表 1-6　内側周環道路家屋配置

家屋番号	民族	性	職業	家屋形態	所有
239/101			記載なし		
239/102			記載なし		
239/103	T	M	官吏	レンガ (PPB)	借
239/104	T	M	青物	レンガ (PPB)	借
240/105	T	M	官吏	レンガ (PPB)	借
240/106	T	M	徭役従事者	レンガ (PPB)	借
240/107	T	M	官吏	レンガ (PPB)	借
240/108	T	M	貴族 (Khun)	レンガ (PPB)	借
240/109	T	M	徭役従事者	レンガ (PPB)	借
240/110	T	M	官吏	レンガ (PPB)	借
240/111	T	M	警備	レンガ (PPB)	借
240/112	T	F	不明	レンガ (PPB)	借
240/113	T	M	王宮巡査	レンガ (PPB)	借
240/114	T	M	王宮巡査	レンガ (PPB)	借
240/115	T	M	王宮巡査	レンガ (PPB)	借
240/116	T	M	徭役従事者	レンガ (PPB)	借
240/117	T	M	徭役従事者	レンガ (PPB)	借
240/118	T	M	兵士	レンガ (PPB)	借
240/119	T	M	徭役従事者	レンガ (PPB)	借
240/120	T	M	徭役従事者	レンガ (PPB)	借
240/121	T	M	警察役職者	レンガ (PPB)	借
240/122	T	M	巡査	レンガ (PPB)	借
240/123			記載なし	レンガ	空き家
240/124	T	M	官吏	レンガ (PPB)	借
241/125	T	M	巡査	屋敷	借
241/126	T	M	タバコ	レンガ (PPB)	借
241/127	T	M	官吏	平土間	借
241/128	T	F	不明	不明	不明
241/129	T	M	宮内官	レンガ (PPB)	借
241/130	T	M	徭役従事者	レンガ (PPB)	借
241/131	T	M	徭役従事者	レンガ (PPB)	借
241/132	T	M	宮内官	レンガ (PPB)	借
241/133	T	M	警備	レンガ (PPB)	借
241/134	T	M	徭役従事者	レンガ (PPB)	借
241/135	T	M	徭役従事者	レンガ (PPB)	借
241/136	T	M	兵士	レンガ (PPB)	借
241/137	T	M	徭役従事者	レンガ (PPB)	借
241/138	T	M	徭役従事者	レンガ (PPB)	借
241/139	T	M	徭役従事者	レンガ (PPB)	借
241/140	T	M	官吏	レンガ (PPB)	借
241/141	T	M	官吏	レンガ (PPB)	借
241/142	T	M	巡査	レンガ (PPB)	借
241/143	T	M	徭役従事者	レンガ (PPB)	借
241/144	T	M	兵士	レンガ (PPB)	借
242/145	T	M	官吏	レンガ (PPB)	借
242/146	T	M	徭役従事者	レンガ (PPB)	借
242/147	T	M	タバコ・キンマ	レンガ (PPB)	借
242/148	T	M	兵士	レンガ (PPB)	借
242/149	T	M	タバコ・キンマ	レンガ (PPB)	借
242/150	T	M	キンマ	レンガ (PPB)	借
242/151	T	M	兵士	レンガ (PPB)	借
242/152	T	F	不明	レンガ (PPB)	借
242/153	T	M	徭役従事者	不明	不明
242/154	T	M	貴族 (Khun)	不明	不明
242/155	T	F	慈善係	不明	不明
242/156	T	F	慈善係	レンガ (PPB)	借
242/157	T	M	徭役従事者	レンガ (PPB)	借
242/158	T	M	貴族 (Luang)	レンガ	不明
242/159	T	M	徭役従事者	レンガ (PPB)	借
242/160	T	M	徭役従事者	平土間	自
242/161	T	M	徭役従事者	レンガ (PPB)	借
242/162	T	M	官吏	レンガ (PPB)	借
242/163	T	M	官吏	レンガ	住
242/164	T	M	官吏	レンガ	住
242/165	T	M	官吏	レンガ (PPB)	借
242/166	T	M	宮内官	レンガ (PPB)	借
242/167	T	M	徭役従事者	レンガ (PPB)	借
242/168	T	M	宮内官	レンガ (PPB)	借
242/169	T	M	宮内官	レンガ (PPB)	借
242/170	T	F	不明	レンガ (PPB)	借
243/171	T	M	タバコ	レンガ (PPB)	借
243/172	T	M	徭役従事者	レンガ (PPB)	借
243/173	T	M	徭役従事者	レンガ (PPB)	借
243/174	T	M	徭役従事者	レンガ (PPB)	借
243/175	T	F	巡査・真鍮具	レンガ (PPB)	借
243/176	T	M	巡査	レンガ (PPB)	借
243/177	T	M	徭役従事者	レンガ (PPB)	借
243/178	T	M	官吏	レンガ (PPB)	借
243/179	T	M	徭役従事者	レンガ (PPB)	借
243/180	T	M	タバコ・本	不明	不明
243/181	T	M	会計主任	不明	不明
243/182	T	M	巡査・菓子	不明	不明
243/183	T	M	貴族 (Luang)	レンガ (PPB)	借
243/184	T	M	甕類	レンガ (PPB)	借
243/185	T	M	警備	平土間	借
244/186	T	F	不明	切妻屋根	自
244/187	T	M	兵士	レンガ (PPB)	借
244/188	T	M	兵士	平土間	自
244/189	T	M	菓子	平土間	借
244/190	T	M	不明	平土間	借
244/191	T	M	不明	平土間	自
244/192	C	M	飲食	平土間	借
244/193	C	M	酒・食品	平土間	借
244/194	C	M	菓子 (中国菓子)	平土間	借
244/195	C	M	茶葉・香料	平土間	借
244/196	C	M	アヘン	平土間	借
244/197	C	C	衣料	平土間	借
244/198	C	M	酒	平土間	借
244/199	C	M	酒	平土間	借
244/200	C	M	不明	不明	不明
244/201	C	M	酒	平土間	借
244/202	T	M	不明	不明	不明
244/203	T	M	理髪師	平土間	自
244/204	T	M	キンマ・タバコ	平土間	自
244/205	C	M	酒	平土間	自
244/206	C	M	酒	平土間	借
244/207	C	M	酒	平土間	借
245/208			記載なし		

付表 1-6　内側周環道路家屋配置

家屋番号	民族	性	職業	家屋形態	所有
245/209	C	M	酒	平土間	借
245/210	T	M	貴族 (Khun)	平土間	借
245/211	C	M	酒・富籤	平土間	借
245/212	C	M	不明	板壁	自
245/213	T	M	タバコ	平土間	借
245/214	T	M	バナナ・役人	平土間	自
245/215	T	M	巡査	平土間	自
245/216	C	M	アヘン	平土間	自
245/217	T	M	官吏	板壁	自
245/218	T	F	不明	編み竹壁	自
245/219	T	M	キンマ・にんにく	不明	不明
245/220	T	M	キンマ・にんにく	編み竹壁	自
245/221	T	F	不明	平土間	自
245/222	T	M	不明	編み竹壁	自
246/223	T	M	徭役従事者	平土間	自
246/224	T	F	不明	平土間	自
246/225	記載なし				
246/226	C	M	賭博場	不明	不明
246/227	T	M	官吏	平土間	自
246/228	記載なし			不明	不明
246/229	T	M	貴族 (Khun)	編み竹壁	自
246/230	T	M	兵士	平土間	自
246/231	T	M	不明	不明	不明
246/232	T	F	不明	編み竹壁	自
246/233	T	F	巡査	編み竹壁	自
246/234	C	M	酒	編み竹壁	自
246/235	T	M	家具	木の葉壁	自
246/236	T	M	不明	不明	不明
246/237	T	M	兵士 (尉官)	平土間	自
246/238	T	F	不明	平土間	借
246/239	T	F	不明	板壁	自
246/240	T	M	徭役従事者	木の葉壁	自
246/241	T	M	貴族 (Khun)	編み竹壁	自
246/242	T	F	雑貨	編み竹壁	自
247/243	T	M	不明	編み竹壁	自
247/244	T	M	貴族 (Khun)	編み竹壁	自
247/245	T	M	官吏・青物	板壁	自
247/246	T	M	守衛	編み竹壁	自
247/247	T	M	菓子	編み竹壁	自
247/248	T	M	兵士 (近衛兵)	板壁	自
247/249	T	F	乳母	編み竹壁	自
247/250	記載なし				
247/251				屋敷	空き家
247/252	T	M	徭役従事者	木の葉壁	自
247/253				形態不明	借
247/254	T	M	絵師	編み竹壁	自
247/255	T	M	貴族 (Luang)	板壁	自
247/256	T	M	徭役従事者	編み竹壁	自
247/257	T	M	官吏	板壁	自
247/258	T	M	徭役従事者	木の葉壁	自
247/259	T	F	巡査	編み竹壁	自
247/260	T	M	徭役従事者	木の葉壁	自
247/261	T	M	徭役従事者	木の葉壁	自
247/262	T	M	徭役従事者	木の葉壁	自
248/263	T	M	官吏	編み竹壁	自
248/264	T	M	貴族 (Khun)	編み竹壁	自
248/265	T	M	王宮作業員	編み竹壁	自
248/266	T	M	徭役従事者	不明	不明
248/267	T	M	貴族 (Luang)	板壁	自
248/268	T	M	徭役従事者	板壁	自
248/269	T	M	徭役従事者	編み竹壁	自
248/270	T	M	宮内官	編み竹壁	自
248/271	T	M	貴族 (Luang)	編み竹壁	自
248/272	T	M	徭役従事者	編み竹壁	自
248/273	T	M	兵士	平土間 (PPB)	借
248/274	T	M	宮内官	編み竹壁	自
248/275	記載なし				
248/276	T	M	貴族 (Khun)	編み竹壁	自
248/277	T	M	文書取扱い	編み竹壁	自
248/278	T	F	乳母		
248/279	T	M	貴族 (Khun)	編み竹壁	自
248/280	T	M	巡査	編み竹壁	自
248/281	T	M	官吏	編み竹壁	自
248/282	T	M	仕立て	編み竹壁	自
249/283	T	M	兵士	編み竹壁	自
249/284	T	M	徭役従事者	編み竹壁	自
249/285	記載なし				
249/286	記載なし				
249/287	T	M	宮内官	板壁	自
249/288	T	M	徭役従事者	レンガ (PPB)	住
249/289	T	M	徭役従事者	平土間	住
249/290	T	M	会計主任・船員	板壁	自
249/291	T	M	徭役従事者	板壁	自
249/292	T	M	官吏	レンガ (PPB)	借
249/293	T	M	官吏	レンガ (PPB)	借
249/294	T	F	不明	板壁	自
249/295	T	M	官吏	レンガ (PPB)	借
249/296	T	M	徭役従事者	板壁	自
249/297	T	M	官吏	レンガ (PPB)	借
249/298	T	M	官吏	編み竹壁	自
249/299	T	M	貴族 (Khun)	編み竹壁	自
249/300	T	M	貴族 (Khun)	編み竹壁	自
250/301	T	M	貴族 (Khun)	編み竹壁	自
250/302	T	M	徭役従事者	板壁	自
250/303	T	M	徭役従事者	編み竹壁	自
250/304	T	M	徭役従事者	編み竹壁	自
250/305	T	M	不明	不明	不明
250/306	記載なし				
250/307	T	F	不明	不明	不明
250/308	T	M		不明	不明
250/309	T	M	徭役従事者	編み竹壁	自
250/310	T	F	不明	不明	不明
250/311	T	M	兵士	編み竹壁	自
250/312	T	M	バナナ	板壁	自
250/313	記載なし				
250/314	T	M	官吏	板壁	自
250/315	T	F	仕立て	板壁	自
250/316	T	M	徭役従事者	板壁	自

付表1-6　内側周環道路家屋配置

家屋番号	民族	性	職業	家屋形態	所有
250/317	T	M	貴族（Khun）	板壁	自
250/318	T	M	不明	不明	不明
250/319	T	M	徭役従事者	板壁	自
250/320	T	M	徭役従事者	板壁	自
250/321	記載なし				
250/322	T	M	徭役従事者	編み竹壁	自
250/323	T	M	貴族（Khun）	板壁	自
250/324	T	M	官吏	編み竹壁	自
251/325	T	M	貴族（Khun）	編み竹壁	自
251/326	T	M	貴族（Khun）	編み竹壁	自
251/327	T	M	貴族（Khun）	編み竹壁	自
251/328	T	M	菓子	編み竹壁	自
251/329	T	F	王宮作業員	編み竹壁	自
251/330	T	F	不明	編み竹壁	自
251/331	記載なし				
251/332	T	M	宮内官	編み竹壁	自
251/333	T	M	徭役従事者	編み竹壁	自
251/334	T	F	飲食	平土間	借
251/335	C	M	酒・富籤	平土間	借
251/336	C	M	酒	平土間	借
251/337	C	M	質屋	平土間	借
251/338	C	M	質屋	平土間	借
251/339	T	M	徭役従事者	レンガ（PPB）	借
251/340	C	M	アヘン	レンガ	借
251/341	C	M	質屋	レンガ	借
252/342	T	M	キンマ・バナナ	レンガ	借
252/343	C	M	徭役従事者	レンガ	借
252/344	T	M	不明	不明	不明
252/345	C	M	アヘン	レンガ	借
252/346	記載なし				
252/347	T	M	乳母	レンガ	借
252/348				屋敷	空き家
252/349	T	M	徭役従事者	レンガ	借
252/350	T	M	貴族（Luang）	レンガ	自
252/351	C	M	不明	不明	不明
252/352	C	M	質屋	レンガ	借
252/353	C	M	仕立て	平土間	自
252/354	T	M	官吏	宮殿	自
252/355	C	M	警備	平土間	自
252/356	記載なし				
252/357	T	M	徭役従事者	板壁	自
252/358	記載なし				
252/359	T	M	徭役従事者	木の葉壁	自
252/360	C	M	酒・富籤	平土間	借
252/361	記載なし				
253/362	C	M	アヘン	平土間	借
253/363	T	M	会計主任	板壁	自
253/364	T	F	雑貨	編み竹壁	自
253/365	T	M	仕立て	編み竹壁	自
253/366	T	M	仕立て	編み竹壁	自
253/367	C	F	雑貨	板壁	自
253/368	T	M	酒	木の葉壁（土間）	自
253/369	T	F	王族	宮殿	自
253/370	T	M	会計主任	編み竹壁	自

家屋番号	民族	性	職業	家屋形態	所有
253/371	T	F	塩	板壁	自
253/372	T	F	青物	木の葉壁	自
253/373	T	M	不明	不明	不明
253/374	T	M	官吏	木の葉壁	自
253/375	T	F	豚	平土間	自
253/376	C	M	酒	平土間	借
253/377	T	F	青物	編み竹壁	自
253/378	T	M	菓子	木の葉壁	自
253/379	T	M	貴族（Luang）	宮殿	自
253/380	No Record				
254/381	T	M	貴族（Luang）	板壁	自
254/382	T	M	会計主任	木の葉壁	自
254/383	T	M	徭役従事者	木の葉壁	自
254/384	T	M	金細工師	木の葉壁	自
254/385	T	M	金細工・宮内官	板壁	自
254/386	T	M	徭役従事者	切妻屋根	自
254/387	T	M	貴族（Luang）	板壁	自
254/388	T	F	雑貨	編み竹壁	自
254/389	C	M	酒	平土間	借
254/390				平土間	空き家
254/391	C	M	アヘン	編み竹壁	借
254/392	C	M	酒	レンガ	借
254/393	C	M	衣料	レンガ	借
254/394	C	M	衣料	レンガ	借
254/395	C	M	質・富籤	レンガ	借
254/396	C	M	アヘン	レンガ	借
254/397	C	M	賭博場	平土間	借
254/398	C	M	質屋	レンガ	借
254/399	C	M	酒	レンガ	借
254/400	C	M	アヘン	レンガ	借
254/401	C	M	麺類	レンガ	借
254/402	記載なし				
254/403	C	M	パン・富籤	平土間	借
254/404	C	M	徴税請負	平土間	借
254/405	C	M	麺類	平土間	借
255/406	C	M	酒	平土間	借
255/407	T	M	豚・兵士	平土間	自
255/408	C	M	魚	平土間	借
255/409	C	M	魚	平土間	借
255/410	C	M	魚	平土間	借
255/411	T	M	徭役従事者	木の葉壁	自
255/412	C	M	酒	平土間	借
255/413				平土間	空き家
255/414	T	M	不明	不明	不明
255/415	C	M	酒・麺類	不明	不明
255/416	T	F	不明	平土間	借
255/417	T	M	キンマ・にんにく	平土間	自
255/418	T	M	バナナ	木の葉壁	自
255/419	T	M	バナナ・青物	レンガ（PPB）	借
256/420	T	M	タバコ・青物	レンガ（PPB）	借
256/421	T	M	使用人	レンガ（PPB）	住
256/422	T	M	使用人	レンガ（PPB）	住
256/423	T	M	徭役従事者	レンガ（PPB）	借
256/424	T	F	不明	レンガ（PPB）	借

付表 1-6　内側周環道路家屋配置

家屋番号	民族	性	職業	家屋形態	所有
256/425	T	F	使用人	レンガ (PPB)	借
256/426	T	M	官吏	編み竹壁	自
256/427	C	M	酒	平土間	借
256/428	T	F	不明	板壁	自
256/429	T	M	奴隷	板壁	住
256/430				賭博場	
256/431	C	M	酒	平土間	借
256/432	T	M	貴族 (Khun)	板壁	自
256/433	T	M	奴隷	編み竹壁	自
256/434	T	M	徭役従事者	板壁	自
256/435	T	M	退職巡査	不明	不明
256/436	C	M	酒	平土間	借
256/437	T	M	奴隷	編み竹壁	自
257/438	T	M	薪	編み竹壁	自
257/439	T	M	官吏	木の葉壁	自
257/440	T	M	貴族 (Khun)	木の葉壁	自
257/441	C	M	酒	平土間	借
257/442	T	M	徭役従事者	切妻屋根	自
257/443	T	M	徭役従事者	編み竹壁	自
257/444	T	M	兵士	平土間	自
257/445	記載なし				
257/446				屋敷	空き家
257/447	T	M	貴族 (Luang)	木の葉壁	自
257/448	T	F	バナナ・青物	編み竹壁	自
257/449	T	M	貴族 (Khun)	切妻屋根	自
257/450	T	M	貴族 (Phra)	レンガ	自
257/451	T	M	貴族 (Luang)	切妻屋根	自
257/452	T	M	米	板壁	自
257/453	C	M	麺類	平土間	借
257/454	T	M	宮内官	板壁	自
257/455	T	F	奴隷	板壁	自
257/456	T	M	香料・ろうそく	レンガ	借
258/457	C	M	質屋	レンガ	借
258/458	C	M	酒	レンガ	借
258/459	C	M	官吏	平土間	借
258/460	C	M	質・酒	平土間	借
258/461	C	M	富簽	板壁	自
258/462	T	M	宮内官	編み竹壁	自
258/463	T	M	徭役従事者	木の葉壁	自
258/464	C	M	賭博場	平土間	自
258/465	T	M	王族	宮殿	自
258/466	C	M	酒	平土間	借
258/467	T	M	巡査	平土間	借
258/468	T	M	巡査	平土間	借
258/469	T	M	不明	平土間	不明
258/470	T	M	兵士	平土間	住
258/471	T	M	徭役従事者	平土間	住
258/472	C	M	香料	平土間	借
258/473	C	M	茶葉	平土間	借
258/474	C	M	香料・青物	平土間	借
258/475	C	M	香辛料	平土間	借
258/476	T	M	砂糖	レンガ	借
259/477	T	M	官吏	レンガ (PPB)	借
259/478	T	M	宮内官	レンガ (PPB)	借
259/479	T	M	蠟・キンマ	レンガ (貴族所有)	借
259/480	C	M	質屋	レンガ (貴族所有)	借
259/481	C	M	香辛料・香料	レンガ (貴族所有)	借
259/482	C	M	香辛料	レンガ (貴族所有)	借
259/483	C	M	砂糖・青物	レンガ (貴族所有)	借
259/484	C	M	酒	レンガ (貴族所有)	借
259/485	K	M	徭役従事者	平土間	住
259/486	C	M	酒・麺類	レンガ (貴族所有)	借
259/487	C	M	飲食	レンガ (貴族所有)	借
259/488	C	M	飲食	レンガ (貴族所有)	借
259/489	C	M	酒	レンガ (貴族所有)	借
259/490	C	M	アヘン	レンガ (貴族所有)	借
259/491	C	M	タバコ	平土間 (貴族所有)	借
259/492	T	M	徭役従事者	板壁	自
259/493	記載なし				
259/494	T	F	不明	板壁	自
259/495	T	M	宮内官	板壁	自
259/496	C	M	不明	平土間 (貴族所有)	借
260/497	T	M	官吏	板壁	自
260/498	T	M	王族	宮殿	自
260/499	T	M	徭役従事者	編み竹壁	自
260/500	T	M	貴族 (Khun)	板壁	自
260/501	C	M	不明	不明	不明
260/502	T	M	王族	宮殿	palace
260/503	C	M	不明	平土間 (貴族所有)	借
260/504	C	M	不明	平土間 (貴族所有)	借
260/505	T	M	王族	宮殿	自
260/506	T	M	理髪師	sala	住
260/507	T	M	理髪師	編み竹壁	自
260/508	T	F	菓子	編み竹壁	自
260/509	T	M	徭役従事者	切妻屋根	自
260/510	T	M	菓子・キンマ	平土間	自
260/511	T	M	徭役従事者	レンガ (PPB)	借
260/512	記載なし				
260/513	C	M	染色	平土間	自
260/514	記載なし				
260/515	C	M	貴族 (Khun)	不明	不明
260/516	C	M	酒	平土間 (貴族所有)	借
261/517	K	M	兵士	平土間	住
261/518	T	M	徭役従事者	平土間	借
261/519	T	M	タバコ・バナナ	平土間	自
261/520	T	M	ロープ・宮内官	板壁	自
261/521	T	F	徭役従事者	レンガ (PPB)	借
261/522	T	M	宮内官	レンガ (PPB)	借
261/523	T	F	不明	レンガ (PPB)	借
261/524	T	M	宮内官	レンガ (PPB)	借
261/525	T	F	奴隷	レンガ (PPB)	借
261/526	T	M	役者	レンガ (PPB)	借
261/527	T	M	不明	レンガ (PPB)	借
261/528	T	M	王族	宮殿	自
261/529	T	F	会計主任	レンガ (PPB)	借
261/530	T	M	タバコ	レンガ (PPB)	借
261/531	記載なし				
261/532	T	M	官吏	板壁	自
261/533	T	F	菓子	不明	不明
261/534	T	M	王族	宮殿	自

付表 1-7　外側周環道路家屋配置

家屋番号	民族	性	職業	家屋形態	所有
262/1	T	M	貴族 (Chaophraya)	屋敷	自
262/2	T	M	徭役従事者	編み竹壁	自
262/3	T	M	貴族 (Khun)	編み竹壁	自
262/4	T	M	宮内官	不明	不明
262/5	T	M	徭役従事者	平土間	自
262/6	T	M	官吏	不明	不明
262/7	T	M	宮内官	不明	不明
262/8	T	M	兵士	不明	不明
262/9	T	M	徭役従事者	不明	不明
262/10	T	M	徭役従事者	不明	不明
262/11	T	M	徭役従事者	平土間	自
262/12	C	M	アヘン	平土間	自
263/13	C	M	人夫	平土間	自
263/14	T	M	宮内官	不明	不明
263/15	T	F	不明	編み竹壁	自
263/16	T	M	官吏	不明	不明
263/17	T	M	不明	編み竹壁	自
263/18	T	M	徭役従事者	編み竹壁	自
263/19	C	M	薬	板壁	自
263/20	T	M	飲食	平土間 (PPB)	借
263/21	C	M	アヘン	平土間 (貴族所有)	借
263/22	C	M	酒	平土間	借
263/23	C	M	人夫	平土間	自
263/24	C	M	人夫	平土間	借
263/25	C	M	人夫	平土間	借
263/26	C	M	人夫	平土間	借
263/27	C	M	不明	平土間	自
263/28	C	M	人夫	平土間	借
263/29	C	M	徭役従事者	不明	不明
263/30	T	M	飲食	平土間	借
263/31	C	M	飲食	平土間	借
263/32	C	M	人夫	不明	不明
264/33	T	F	不明	平土間	借
264/34	T	M	人夫	平土間	借
264/35	T	M	タバコ	平土間	借
264/36	T	F	タバコ	平土間	借
264/37	C	M	徴税請負	不明	不明
264/38	T	M	宮内官	不明	不明
264/39	T	F	徭役従事者	不明	不明
264/40	T	M	兵士	平土間	住
264/41				裁判所	
264/42	T	M	徭役従事者	編み竹壁	自
264/43	T	M	徭役従事者	レンガ (PPB)	借
264/44	T	M	官吏	不明	不明
264/45	T	M	徭役従事者	木の葉壁	自
264/46	T	M	指輪・絹	板壁	自
264/47	T	M	徭役従事者	編み竹壁	自
264/48	T	M	徭役従事者	編み竹壁	自
264/49	T	M	徭役従事者	平土間	住
264/50	T	M	宮内官	不明	不明

家屋番号	民族	性	職業	家屋形態	所有
265/51	C	M	酒	平土間	自
265/52	T	F	徭役従事者	板壁	自
265/53	T	M	徭役従事者	板壁	自
265/54	T	M	徭役従事者	板壁	自
265/55	T	M	徭役従事者	不明	不明
265/56	C	M	人夫	不明	不明
265/57	T	M	巡査	平土間	自
265/58	T	M	兵士	不明	不明
265/59	T	M	兵士	不明	不明
265/60	C	M	人夫・富籤	不明	不明
265/61	T	M	タバコ	不明	不明
265/62	T	M	徭役従事者	平土間	自
265/63	T	F	徭役従事者	編み竹壁	自
265/64	C	M	人夫	平土間	借
265/65	T	M	人夫・麺類	平土間	借
265/66	T	M	官吏	不明	不明
265/67	T	M	不明	レンガ	自
265/68	T	M	徭役従事者	レンガ (PPB)	借
266/69	T	M	薬	不明	不明
266/70	T	F	青物	レンガ (PPB)	借
266/71	T	F	不明	板壁	自
266/72	T	M	貴族 (Khun)	平土間 (PPB)	自
266/73	T	M	書記	編み竹壁	自
266/74	C	M	人夫・富籤	平土間	自
266/75	T	M	不明	平土間	自
266/76	T	M	警備	不明	不明
266/77	T	M	宮内官	不明	不明
266/78	T	M	大工	平土間 (PPB)	借
266/79	T	F	不明	平土間 (PPB)	借
266/80	C	M	人夫・富籤	平土間	自
266/81	T	M	兵士	平土間	自
266/82	T	M	巡査	平土間 (PPB)	借
266/83	T	M	王室大工	平土間 (PPB)	借
266/84	C	M	人夫・酒	平土間	自
267/85	C	M	石工	平土間 (PPB)	借
267/86	C	M	商売	平土間	自
267/87	T	M	巡査	編み竹壁	自
267/88	K	M	巡査	平土間 (PPB)	借
267/89	C	M	人夫・酒	平土間	自
267/90	T	M	人夫	平土間	自
267/91	C	M	人夫・石工	平土間	自
267/92	T	M	料理人	平土間	自
267/93	T	M	貴族 (Khun)	平土間	自
267/94	T	M	貴族 (Khun)	平土間 (PPB)	借
267/95	T	M	看守	平土間 (PPB)	借
267/96	T	M	タバコ	平土間 (PPB)	借
267/97	T	M	兵士	不明	不明
267/98	C	M	酒	平土間	自
267/99	T	F	不明	平土間	自
267/100	C	M	人夫・酒	平土間	自

付表 1-7 外側周環道路家屋配置

家屋番号	民族	性	職業	家屋形態	所有
267/101	C	M	人夫・酒	平土間	自
267/102	T	M	徭役従事者	平土間	自
267/103	C	M	酒	平土間	借
267/104	C	M	酒	平土間	借
268/105	C	M	不明	平土間	借
268/106	T	M	貴族(Khun)	平土間	借
268/107	C	M	不明	平土間 (PPB)	借
268/108	C	M	タバコ	平土間	借
268/109	C	M	質屋	平土間	借
268/110	C	M	酒	平土間	借
268/111	C	M	質屋	平土間	借
268/112	C	M	火薬	平土間	借
268/113	C	M	賭博場	平土間	借
268/114	C	M	官吏	平土間	自
268/115	T	M	徭役従事者	編み竹壁	自
268/116	T	M	徭役従事者	平土間	自
268/117	C	M	不明	不明	不明
268/118	T	M	徭役従事者	編み竹壁	自
268/119	T	F	不明	不明	不明
268/120	T	F	不明	不明	不明
268/121	T	M	徭役従事者	編み竹壁	自
268/122	T	M	徭役従事者	平土間	住
268/123	T	M	徭役従事者	平土間	住
268/124	T	M	徭役従事者	編み竹壁	自
268/125	T	M	徭役従事者	編み竹壁	自
269/126	T	F	不明	編み竹壁	自
269/127	T	M	徭役従事者	不明	不明
269/128	T	M	徭役従事者	編み竹壁	自
269/129	T	M	徭役従事者	編み竹壁	自
269/130	T	M	徭役従事者	編み竹壁	自
269/131	T	M	徭役従事者	平土間	自
269/132	T	M	王族	宮殿	自
269/133	T	M	管理人	編み竹壁	自
269/134	T	F	不明	編み竹壁	自
269/135				精米所	
269/136		M	徭役従事者	精米所	住
269/137	T	M	徭役従事者	精米所	住
269/138	T	M	徭役従事者	精米所	住
269/139	T	M	徭役従事者	精米所	住
269/140	T	M	徭役従事者	精米所	住
269/141	T	M	貴族(Khun)	板壁	自
269/142	記載なし				
269/143	T	M	徭役従事者	編み竹壁	自
270/144	T	M	貴族(Khun)	編み竹壁	自
270/145	T	M	大工	編み竹壁	自
270/146	T	F	不明	編み竹壁	自
270/147	T	M	警察役職者	板壁	自
270/148	T	M	徭役従事者	板壁	自
270/149	T	F	不明	編み竹壁	自
270/150	T	F	不明	編み竹壁	自
270/151	T	M	不明	不明	不明
270/152	T	F	不明	編み竹壁	自
270/153	T	F	不明	編み竹壁	自
270/154	T	F	不明	編み竹壁	自

家屋番号	民族	性	職業	家屋形態	所有
270/155	T	F	不明	編み竹壁	自
270/156	T	M	徭役従事者	板壁	自
270/157	T	M	徭役従事者	編み竹壁	自
270/158	T	M	徭役従事者	編み竹壁	自
270/159	T	M	徭役従事者	編み竹壁	自
270/160	T	F	不明	編み竹壁	自
270/161	T	M	徭役従事者	平土間	自
270/162	T	M	徭役従事者	平土間	自
270/163	T	F	不明	平土間	自
270/164	T	F	不明	平土間	自
270/165	T	F	不明	平土間	自
270/166	T	F	不明	平土間	自
270/167	T	F	不明	平土間	自
271/168	T	F	不明	平土間	自
271/169	T	F	不明	平土間	自
271/170	T	F	不明	平土間	自
271/171	T	M	石工	平土間	自
271/172	T	M	徭役従事者	平土間	自
271/173	T	M	徭役従事者	板壁	自
271/174	T	M	官吏	板壁	自
271/175	T	M	徭役従事者	不明	不明
271/176	T	M	徭役従事者	平土間	自
271/177	T	M	徭役従事者	板壁	自
271/178	T	M	徭役従事者	板壁	自
271/179	T	F	不明	木の葉壁	自
271/180	T	M	徭役従事者	板壁	自
271/181	T	M	徭役従事者	板壁	自
271/182	C	M	不明	平土間	自
271/183	T	M	徭役従事者	木の葉壁	自
271/184	T	M	徭役従事者	編み竹壁	自
271/185	T	M	巡査	編み竹壁	自
271/186	T	M	徭役従事者	平土間	自
271/187	C	M	不明	平土間	借
271/188	記載なし				
271/189	記載なし				
271/190	記載なし				
271/191	記載なし				
271/192	記載なし				
271/193	記載なし				
271/194	記載なし				
271/195	記載なし				
271/196	記載なし				
271/197	記載なし				
271/198	記載なし				
272/199	T	M	タバコ	編み竹壁	自
272/200	記載なし				
272/201	記載なし				
272/202	記載なし				
272/203	記載なし				
272/204	記載なし				
272/205	T	M	大工	不明	不明
272/206	T	M	徭役従事者	編み竹壁	自
272/207	T	M	徭役従事者	編み竹壁	自
272/208	T	M	徭役従事者	不明	不明

付表1-7　外側周環道路家屋配置

家屋番号	民族	性	職業	家屋形態	所有
272/209	T	F	不明	編み竹壁	自
272/210	T	F	不明	編み竹壁	自
272/211	T	F	徭役従事者	編み竹壁	自
272/212	T	F	不明	編み竹壁	自
272/213	T	F	不明	編み竹壁	自
272/214	T	M	徭役従事者	編み竹壁	自
272/215	T	F	不明	編み竹壁	自
272/216	T	F	不明	編み竹壁	自
272/217	T	F	不明	編み竹壁	自
272/218	T	M	徭役従事者	編み竹壁	自
272/219	C	M	不明	木の葉壁	自
272/220	T	F	魚（揚げ魚）	編み竹壁	自
272/221	T	F	魚（揚げ魚）	編み竹壁	自
272/222	T	F	不明	編み竹壁	自
272/223	T	M	魚（揚げ魚）	平土間	自
273/224	T	F	不明	編み竹壁	自
273/225	T	F	不明	木の葉壁	自
272/226	T	M	徭役従事者	編み竹壁	自
273/227	T	M	宮内官	不明	不明
273/228	T	M	徭役従事者	平土間	自
273/229	T	M	金細工・宮内官	編み竹壁	自
273/230	T	F	不明	編み竹壁	自
273/231	T	M	徭役従事者	編み竹壁	自
273/232	T	M	徭役従事者	不明	不明
273/233	T	F	金細工師	編み竹壁	自
273/234	T	F	不明	平土間	自
273/235	T	M	徭役従事者	不明	不明
273/236	T	M	知事	編み竹壁	自
273/237	T	F	不明	編み竹壁	自
273/238	T	F	不明	編み竹壁	自
273/239	T	M	酒	不明	不明
273/240	T	F	タバコ	平土間	自
273/241	T	M	徭役従事者	平土間	住
273/242	T	M	官吏	板壁	自
274/243	T	M	徭役従事者	平土間	自
274/244	T	M	徭役従事者	不明	不明
274/245	T	F	不明	編み竹壁	自
274/246	T	M	徭役従事者	編み竹壁	自
274/247	T	M	徭役従事者	編み竹壁	自
274/248	T	M	不明	不明	不明
274/249	T	M	貴族（Luang）	編み竹壁	自
274/250	T	M	徭役従事者	編み竹壁	自
274/251	T	M	徭役従事者	平土間	自
274/252	T	M	徭役従事者	平土間	住
274/253	T	M	貴族（Phra）	不明	不明
274/254	T	M	不明	平土間	自
274/255	T	M	徭役従事者	平土間	自
274/256	T	F	徭役従事者	平土間	自
274/257	T	M	不明	平土間	自
275/258	T	F	不明	平土間	自
275/259	T	M	マリファナ・会計主任	平土間	自
275/260	T	M	徭役従事者	平土間	自
275/261	T	M	徭役従事者	不明	不明
275/262	C	M	大工	レンガ（PPB）	借
275/263	T	M	徭役従事者	不明	不明
275/264	T	M	貴族（Khun）	不明	不明
275/265	T	M	宮内官	不明	不明
275/266	T	F	不明	平土間	自
275/267	T	M	貴族（Phra）	板壁	自
275/268	T	F	不明	編み竹壁	自
275/269	T	M	徭役従事者	編み竹壁	自
275/270	T	M	王族	宮殿	自
275/271	T	M	管理人	宮殿	住
275/272	T	M	貴族（Luang）	宮殿	住
275/273	T	M	貴族（Khun）	宮殿	自
275/274	T	M	貴族（Luang）	板壁	自
275/275	T	M	酒	平土間	借
276/276	C	M	アヘン	平土間	借
276/277	T	M	徭役従事者	板壁	自
276/278	T	F	不明	編み竹壁	自
276/279	T	M	不明	不明	不明

巻末付表

付表2-1　バンコクノーイ水路家屋配置

偶数家屋	民族	性	職業	家屋形態	所有	水路名	奇数家屋	民族	性	職業	家屋形態	所有	水路名
200/28	T	M	貴族(Khun)・衣料	浮き家	自	KBN	200/29	T	F	金製品	浮き家	自	KBN
200/30	T	F	雑貨	一軒家	自	KBN	200/31	T	F	真鍮器	不明	不明	KBN
200/32	C	M	鉄器	浮き家	自	KBN	200/33	T	F	真鍮器	浮き家	自	KBN
200/34	T	F	衣料	浮き家	自	KBN	200/35	C	M	雑貨	浮き家	自	KBN
200/36	C	M	鉄器	浮き家	自	KBN	200/37	T	M	ガラス製品	浮き家	自	KBN
200/38	C	M	真鍮器	浮き家	自	KBN	200/39	T	F	鉄器	浮き家	自	KBN
200/40	T	F	ガラス製品	浮き家	自	KBN	200/41	T	M	貴族(Khun)	浮き家	自	KBN
200/42	C	M	陶器	浮き家	自	KBN	200/43	T	F	衣料	浮き家	自	KBN
200/44	K	M	衣料	浮き家	自	KBN	200/45	T	F	衣料	浮き家	自	KBN
200/46	T	F	衣料	浮き家	自	KBN	200/47	T	F	衣料	浮き家	自	KBN
201/48	C	M	雑貨	浮き家	自	KBN	201/49	T	M	官吏	浮き家	自	KBN
201/50	T	F	衣料	浮き家	自	KBN	201/51	K	M	衣料	浮き家	自	KBN
201/52	C	M	雑貨	浮き家	自	KBN	201/53	T	F	鉄器	浮き家	自	KBN
201/54	T	F	雑貨	浮き家	自	KBN	201/55	T	F	ガラス製品	浮き家	自	KBN
201/56	T	F	真鍮器	浮き家	自	KBN	201/57	T	F	寝具	浮き家	自	KBN
201/58	C	M	真鍮器	浮き家	自	KBN	201/59	K	M	雑貨	浮き家	自	KBN
201/60	K	F	雑貨	浮き家	自	KBN	201/61	T	M	寝具	浮き家	自	KBN
201/62	K	M	衣料	浮き家	自	KBN	201/63	K	M	衣料	浮き家	自	KBN
202/64	K	M	雑貨	浮き家	自	KBN	202/65	T	F	薬	浮き家	自	KBN
202/66	T	M	衣料	浮き家	自	KBN	202/67	T	F	真鍮器	浮き家	自	KBN
202/68	K	M	衣料	浮き家	自	KBN	202/69	T	F	真鍮器	浮き家	自	KBN
202/70	C	M	真鍮器	浮き家	自	KBN	202/71	C	M	鉄器	浮き家	自	KBN
202/72	K	M	衣料	浮き家	自	KBN	202/73	T	F	衣料	浮き家	自	KBN
202/74	K	M	衣料	浮き家	自	KBN	202/75	K	M	衣料	浮き家	自	KBN
202/76	T	F	薬	浮き家	自	KBN	202/77	T	F	衣料	浮き家	自	KBN
202/78	C	M	鉄器	浮き家	自	KBN	202/79	C	M	薬	浮き家	自	KBN
202/80	C	M	薬	浮き家	自	KBN	202/81	C	M	雑貨	浮き家	自	KBN
203/82	T	F	雑貨	浮き家	自	KBN	203/83	T	F	薬	浮き家	自	KBN
203/84	C	M	雑貨	浮き家	自	KBN	203/85	T	F	真鍮器	浮き家	自	KBN
203/86	T	F	衣料	浮き家	自	KBN	203/87	T	F	樹脂	浮き家	自	KBN
203/88	T	F	不明	板壁	自	KBN	203/89	T	F	不明	板壁	自	KBN
203/90	T	M	貴族(Luang)	レンガ	自	KBN	203/91	T	F	雑貨	浮き家	自	KBN
203/92	T	M	衣料	浮き家	自	KBN	203/93	T	F	衣料	浮き家	自	KBN
203/94	T	M	雑貨	浮き家	自	KBN	203/95	T	F	衣料	浮き家	自	KBN
203/96	T	F	衣料	浮き家	自	KBN	203/97	T	F	衣料	浮き家	自	KBN
203/98	T	F	椀類	浮き家	自	KBN	203/99	T	M	徭役従事者	浮き家	自	KBN
204/100	T	F	衣料	浮き家	自	KBN	204/101	T	M	貴族(Khun)	浮き家	自	KBN
204/102	T	M	劇団主	板壁	自	KBN	204/103	C	M	香辛料	家船	自	KBN
204/104	T	F	雑貨	家船	自	KBN	204/105	T	F	雑貨	浮き家	自	KBN
204/106	T	M	官吏	板壁	自	KBN	204/107	C	M	酒	浮き家	自	KBN
204/108	T	M	貴族(Luang)	浮き家	自	KBN	204/109	T	F	香辛料	浮き家	自	KBN
204/110	C	M	雑貨	家船	自	KBN	204/111	C	M	椀類	浮き家	自	KBN
204/112	T	F	アヘン	浮き家	自	KBN	204/113	T	M	雑貨	浮き家	自	KBN
204/114	T	M	雑貨	浮き家	自	KBN	204/115	T	M	徭役従事者	浮き家	自	KBN
205/116	T	M	不詳	板壁	自	KBN	205/117	T	M	徭役従事者	板壁	自	KBN
205/118	C	M	不明	板壁	自	KBN	205/119	T	M	徭役従事者	編み竹壁	自	KBN
205/120	C	M	教師	一軒家	自	KBN	205/121	T	F	不明	板壁	自	KBN
205/122	T	M	雑貨	木の葉壁	自	KBN	205/123	T	M	徭役従事者	編み竹壁	自	KBN
205/124	T	M	徭役従事者	編み竹壁	自	KBN	205/125	C	M	商売	家船	自	KBN
205/126	T	F	魚(焼き魚)	浮き家	自	KBN	205/127	T	M	魚(焼き魚)	浮き家	自	KBN

バンコクノーイ水路

付表2-1　バンコクノーイ水路家屋配置

偶数家屋	民族	性	職業	家屋形態	所有	水路名	奇数家屋	民族	性	職業	家屋形態	所有	水路名
205/128	T	F	魚(焼き魚)	浮き家	自	KBN	205/129	T	F	商売	浮き家	自	KBN
205/130	T	F	魚(焼き魚)	浮き家	自	KBN	205/131	T	M	魚(鮮魚)	浮き家	自	KBN
205/132	T	F	魚(焼き魚)	浮き家	自	KBN	205/133	T	M	魚(焼き魚)	浮き家	自	KBN
205/134	T	F	雑貨	家船	自	KBN	205/135	T	M	徭役従事者	浮き家	自	KBN
206/136	T	F	雑貨	家船	自	KBN	206/137	C	M	雑貨	家船	自	KBN
206/138	C	M	雑貨	家船	自	KBN	206/139	T	F	雑貨	浮き家	自	KBN
206/140	T	M	雑貨	浮き家	自	KBN	206/141	T	F	不明	編み竹壁	自	KBN
206/142	T	F	不明	編み竹壁	自	KBN	206/143	C	M	魚(鮮魚)	浮き家	自	KBN
206/144	C	M	香辛料	家船	自	KBN	206/145	C	M	香辛料	家船	自	KBN
206/146	C	M	香辛料	家船	自	KBN	206/147	C	M	香辛料	家船	自	KBN
206/148	C	M	香辛料	家船	自	KBN	206/149	C	M	香辛料	家船	自	KBN
206/150	T	F	不明	編み竹壁	自	KBN	206/151	T	F	不明	浮き家	自	KBN
206/152	T	F	薬	浮き家	自	KBN	206/153	T	F	雑貨	浮き家	自	KBN
207/154	C	M	不明	家船	自	KBN	207/155	C	M	医師	不明	不明	KBN
207/156	C	M	香辛料	家船	自	KBN	207/157	C	M	香辛料	家船	自	KBN
207/158	C	M	不明	浮き家	自	KBN	207/159	T	F	香辛料	家船	自	KBN
207/160	T	M	徭役従事者	浮き家	自	KBN	207/161	T	M	徭役従事者	家船	自	KBN
207/162	T	M	徭役従事者	木の葉壁	自	KBN	207/163	T	F	水柄杓	板壁	自	KBN
207/164	T	M	水柄杓	板壁	自	KBN	207/165	T	M	水柄杓	板壁	自	KBN
207/166	T	F	水柄杓	板壁	自	KBN	207/167	T	M	水柄杓	木の葉壁	自	KBN
207/168	T	F	王族	木の葉壁	自	KBN	207/169	T	F	不明	木の葉壁	自	KBN
207/170	T	M	水柄杓	板壁	自	KBN	207/171	T	M	水柄杓	木の葉壁	自	KBN
208/172	T	M	不明	木の葉壁	自	KBN	208/173	C	M	酒	不明	自	KBN
208/174	C	M	酒(洋酒)	浮き家	自	KBN	208/175	T	F	不明	木の葉壁	自	KBN
230/176	T	F	衣料	浮き家	自	KBN	208/177	T	F	水柄杓	板壁	自	KBN
230/178	C	M	富籤	浮き家	自	KBN	208/179	T	M	水柄杓	板壁	自	KBN
230/180	T	F	寝具	浮き家	自	KBN	208/181	T	M	徭役従事者	木の葉壁	自	KBN
230/182	T	F	タバコ	浮き家	自	KBN	208/183	T	M	水柄杓	板壁	自	KBN
230/184	T	F	衣料	浮き家	自	KBN	208/185	T	M	貴族(Khun)	木の葉壁	自	KBN
230/186	T	M	徭役従事者	浮き家	自	KBN	208/187	T	M	水柄杓	板壁	自	KBN
230/188	T	F	椀類	浮き家	自	KBN	208/189	T	F	水柄杓	不明	自	KBN
230/190	T	M	火薬	浮き家	自	KBN	208/191	T	F	不明	木の葉壁	自	KBN
230/192	T	F	薬草	浮き家	自	KBN	208/193	T	F	水柄杓	板壁	自	KBN
230/194	K	M	衣料	浮き家	自	KBN	208/195	T	M	水柄杓	板壁	自	KBN
230/196	C	M	不明	浮き家	自	KBN	208/197	T	F	水柄杓	板壁	自	KBN
230/198	T	F	不明	浮き家	自	KBN	208/199	T	F	水柄杓	木の葉壁	自	KBN
231/200	T	F	衣料・銃	浮き家	自	KBN	208/201	T	F	水柄杓	編み竹壁	自	KBN
231/202	K	M	衣料	浮き家	自	KBN	208/203	T	M	水柄杓	板壁	自	KBN
231/204	T	F	衣料	浮き家	自	KBN	209/205	T	M	水柄杓	不明	自	KBN
231/206	K	M	衣料	浮き家	自	KBN	209/207	C	M	水柄杓	板壁	自	KBN
231/208	T	F	卵・香辛料	家船	自	KBN	209/209	T	F	不明	木の葉壁	自	KBN
231/210	C	M	箱類	浮き家	自	KBN	209/211	T	M	水柄杓	編み竹壁	自	KBN
231/212	C	M	富籤	浮き家	自	KBN	209/213	T	F	不明	板壁	自	KBN
231/214	C	M	香辛料	家船	自	KBN	209/215	T	F	賭博場	平土間	自	KBN
231/216	T	F	油・蜜蝋	浮き家	自	KBN	209/217	T	F	不明	木の葉壁	自	KBN
231/218	T	M	徭役従事者	浮き家	自	KBN	209/219	C	M	阿片	平土間	自	KBN
231/220	T	F	不明	浮き家	自	KBN	209/221	C	M	阿片	平土間	借	KBN
231/222	T	M	貴族(Luang)	浮き家	自	KBN	209/223	T	M	雑貨	平土間	借	KBN
231/224	T	F	不明	浮き家	自	KBN	209/225	T	M	徭役従事者	不明	借	KBN
231/226	T	F	衣料	浮き家	自	KBN	209/227	T	F	雑貨	平土間	借	KBN
231/228	K	M	椀類	浮き家	自	KBN	209/229	T	F	水柄杓	編み竹壁	自	KBN
231/230	T	F	不明	浮き家	自	KBN	209/231	T	M	徭役従事者	木の葉壁	自	KBN
231/232	K	M	不明	浮き家	自	KBN	209/233	T	F	不明	木の葉壁	自	KBN
231/234	T	M	徭役従事者	浮き家	自	KBN	209/235	T	F	不明	編み竹壁	自	KBN

バンコクノーイ水路

付表 2-1 バンコクノーイ水路家屋配置

偶数家屋	民族	性	職業	家屋形態	所有	水路名	奇数家屋	民族	性	職業	家屋形態	所有	水路名
231/236	T	M	徭役従事者	浮き家	自	KBN	209/237	C	M	不明	浮き家	自	KBN
231/238	K	M	徭役従事者	編み竹壁	自	KBN	209/239	T	M	徭役従事者	板壁	自	KBN
232/240	T	F	不明	編み竹壁	自	KBN	210/241	T	F	不明	木の葉壁	自	KBN
232/242	T	M	不明	木の葉壁	自	KBN	210/243	T	F	不明	板壁	自	KBN
232/244	T	M	徭役従事者	編み竹壁	自	KBN	210/245	T	F	水柄杓	板壁	自	KBN
232/246	T	M	徭役従事者	浮き家	自	KBN	210/247	T	F	水柄杓	板壁	自	KBN
232/248	T	F	不明	浮き家	自	KBN	210/249	T	F	水柄杓	板壁	自	KBN
232/250	T	F	米	浮き家	自	KBN	210/251	T	F	水柄杓	板壁	自	KBN
232/252	T	F	不明	浮き家	自	KBN	210/253	T	M	徭役従事者	編み竹壁	自	KBN
232/254	T	M	徭役従事者	編み竹壁	自	KBN	210/255	T	F	徭役従事者	編み竹壁	自	KBN
232/256	T	M	徭役従事者	板壁	自	KBN	210/257	T	F	商売	板壁	自	KBN
232/258	T	M	徭役従事者	板壁	自	KBN	210/259	T	M	水柄杓	木の葉壁	自	KBN
232/260	T	F	王族	切妻屋根	自	KBN	210/261	T	M	水柄杓	木の葉壁	自	KBN
232/262	T	M	貴族（Luang）	板壁	自	KBN	210/263	T	M	王族	板壁	自	KBN
232/264	T	F	不明	浮き家	自	KBN	210/265	T	M	徭役従事者	板壁	自	KBN
232/266	T	F	青物	浮き家	自	KBN	210/267	T	M	水柄杓	板壁	自	KBN
232/268	T	F	火薬	板壁	自	KBN	210/269	T	F	水柄杓	板壁	自	KBN
232/270	T	M	貴族（Khun）	板壁	自	KBN	210/271	T	M	水柄杓	不明	自	KBN
232/272	T	F	不明	板壁	自	KBN	211/273	T	F	水柄杓	浮き家	自	KBN
232/274	T	M	徭役従事者	不明	自	KBN	211/275	T	F	不明	板壁	自	KBN
233/276	T	M	徭役従事者	木の葉壁	自	KBN	211/277	T	F	衣料	木の葉壁	自	KBN
233/278	T	F	不明	板壁	自	KBN	211/279	T	F	不明	板壁	自	KBN
233/280	T	F	不明	編み竹壁	自	KBN	211/281	T	M	徭役従事者	編み竹壁	自	KBN
233/282	T	F	不明	板壁	自	KBN	211/283	T	F	不明	板壁	自	KBN
233/284	T	F	不明	浮き家	自	KBN	211/285	T	F	不明	編み竹壁	自	KBN
233/286	T	M	貴族（Luang）	レンガ	自	KBN	211/287	T	F	不明	板壁	自	KBN
233/288	C	M	香辛料	家船	自	KBN	211/289	T	M	官吏	レンガ	自	KBN
233/290	C	M	麺類	浮き家	自	KBN	211/291	T	F	アタップ作り	木の葉壁	自	KBN
233/292	T	F	砂糖	浮き家	自	KBN	211/293	T	F	不明	木の葉壁	自	KBN
233/294	C	M	香辛料	家船	自	KBN	211/295	T	F	鉄器	浮き家	自	KBN
233/296	T	F	タバコ	浮き家	自	KBN	211/297	T	M	貴族（Phra）	板壁	自	KBN
233/298	C	M	タバコ	浮き家	自	KBN	211/299	C	M	衣料	浮き家	自	KBN
233/300	C	M	タバコ	浮き家	自	KBN	211/301	T	F	不明	浮き家	自	KBN
233/302	C	M	タバコ	浮き家	自	KBN	211/303	T	M	徭役従事者	板壁	自	KBN
233/304	C	M	タバコ	浮き家	自	KBN	211/305	T	F	不明	平土間	自	KBN
233/306	C	M	薬	浮き家	自	KBN	211/307	T	F	不明	板壁	自	KBN
233/308	C	M	不明	浮き家	自	KBN	212/309	T	F	阿片	浮き家	自	KBN
233/310	C	M	薬	浮き家	自	KBN	212/311	T	F	不明	浮き家	自	KBN
234/312	T	F	タバコ	浮き家	自	KBN	212/313	C	M	不明	浮き家	自	KBN
234/314	T	F	タバコ	浮き家	自	KBN	212/315	T	F	養豚作業員	平土間	自	KBN
234/316	T	F	不明	浮き家	自	KBN	212/317	C	M	養豚	平土間	自	KBN
234/318	T	F	タバコ	浮き家	自	KBN	212/319	C	M	豚屠殺	平土間	自	KBN
234/320	C	M	茶	浮き家	自	KBN	212/321	C	M	豚屠殺	平土間	自	KBN
234/322	C	M	鉄器・タバコ	浮き家	自	KBN	212/323	T	F	不明	板壁	自	KBN
234/324	C	M	箱類	浮き家	自	KBN	212/325	C	M	養豚作業員	平土間	借	KBN
234/326	T	F	貝葉	浮き家	自	KBN	212/327	T	F	不明	木の葉壁	自	KBN
234/328	C	M	衣料	浮き家	自	KBN	212/329	T	M	宮内官	木の葉壁	自	KWN
234/330	C	M	衣料	浮き家	自	KBN	212/331	T	M	徭役従事者	浮き家	自	KWN
234/332	T	M	樹脂	浮き家	自	KBN	212/333	T	F	不明	木の葉壁	自	KWN
234/334	T	F	寝具	浮き家	自	KBN	212/335	T	F	不明	浮き家	自	KWN
234/336	T	F	衣料	浮き家	自	KBN	212/337	T	M	貴族（Khun）・蜜蝋	木の葉壁	自	KWN
234/338	C	M	衣料	浮き家	自	KBN	212/339	T	F	不明	木の葉壁	自	KWN
234/340	T	F	衣料	浮き家	自	KBN	212/341	T	F	不明	木の葉壁	自	KWN
220/342	C	M	薬	浮き家	自	KLB	212/343	T	F	不明	木の葉壁	自	KWN

付表2-1　バンコクノーイ水路家屋配置

偶数家屋	民族	性	職業	家屋形態	所有	水路名	奇数家屋	民族	性	職業	家屋形態	所有	水路名
220/344	C	M	不明	浮き家	自	KLB	212/345	T	M	徭役従事者	木の葉壁	自	KWN
220/346	C	M	不明	浮き家	自	KLB	212/347	T	M	徭役従事者	切妻屋根	自	KWN
220/348	T	F	衣料・真鍮器	浮き家	自	KLB	213/349	T	M	薬	浮き家	自	KWN
221/350	T	F	衣料・真鍮器	浮き家	自	KLB	213/351	T	M	薬	編み竹壁	自	KWN
221/352	C	M	菓子(中国菓子)	浮き家	自	KLB	213/353	T	F	不明	浮き家	自	KWN
221/354	C	M	衣料・真鍮器	浮き家	自	KLB	213/355	T	M	徭役従事者	板壁	自	KWN
221/356	T	M	鉄器	浮き家	自	KLB	213/357	T	M	徭役従事者	浮き家	自	KWN
221/358	C	M	衣料	浮き家	自	KLB	213/359	T	M	王族	板壁	自	KWN
221/360	C	M	酒・麺類	浮き家	自	KLB	213/361	T	F	不明	浮き家	自	KWN
221/362	C	M	衣料	浮き家	自	KLB	213/363	T	F	劇団主	浮き家	自	KWN
221/364	T	F	キンマ	浮き家	自	KLB	213/365	T	F	不明	木の葉壁	自	KLB
221/366	T	F	酒(洋酒)	浮き家	自	KLB	213/367	T	F	不明	板壁	自	KLB
221/368	C	M	衣料	浮き家	自	KLB	213/369	T	F	酒	板壁	自	KLB
221/370	C	M	香辛料	家船	自	KLB	213/371	T	F	魚(焼き魚)	不明	不明	KLB
221/372	T	F	香辛料	家船	自	KLB	213/373	T	F	不明	板壁	自	KLB
221/374	T	F	不明	浮き家	自	KLB	213/375	C	M	不明	一軒家	自	KLB
221/376	C	M	香辛料	家船	自	KLB	213/377	C	M	酒	浮き家	自	KLB
221/378	C	M	香辛料	家船	自	KLB	213/379	C	M	賭博場	浮き家	自	KLB
221/380	C	M	香辛料	家船	自	KLB	213/381	T	M	酒	浮き家	自	KLB
221/382	T	F	蜜蝋・薬	浮き家	自	KLB	213/383	T	F	不明	浮き家	自	KLB
221/384	T	F	不明	浮き家	自	KLB	213/385	C	M	阿片	浮き家	自	KLB
222/386	C	M	不明	浮き家	居住	KLB	213/387	T	F	不明	編み竹壁	自	KLB
222/388	T	F	不明	浮き家	自	KLB	214/389	T	F	不明	浮き家	自	KLB
222/390	T	F	香辛料	家船	自	KLB	214/391	C	M	麺類・酒	浮き家	自	KLB
222/392	C	M	香辛料	家船	自	KLB	214/393	T	M	貴族(Phraya)	レンガ(貴族所有)	自	KLB
222/394	T	F	菓子	浮き家	自	KLB	214/395	T	M	官吏	板壁	自	KLB
222/396	T	F	魚(焼き魚)	浮き家	自	KLB	214/397	C	M	徭役従事者	板壁	自	KLB
222/398	T	F	魚(焼き魚)	浮き家	自	KLB	214/399	T	F	不明	アタップ	自	KLB
222/400	C	M	香辛料	家船	自	KLB	214/401	T	M	徭役従事者	アタップ	自	KLB
222/402	C	M	アヘン	浮き家	自	KLB	214/403	T	M	貴族(Khun)	板壁	自	KLB
222/404	T	M	酒(洋酒)	浮き家	自	KLB	214/405	T	M	徭役従事者	板壁	自	KLB
222/406	T	F	香辛料	家船	自	KLB	214/407	C	M	徭役従事者	浮き家	自	KLB
222/408	T	M	貴族(Luang)	板壁	自	KLB	214/409	T	F	不明	板壁	自	KLB
222/410	T	M	貴族(Khun)	板壁	自	KLB	214/411	T	M	王族	板壁	自	KLB
222/412	C	M	徭役従事者	板壁	自	KLB	214/413	T	F	不明	板壁	自	KLB
222/414	T	F	不明	不明	自	KLB	214/415	T	M	不明	板壁	自	KLB
222/416	T	M	乳母	編み竹壁	自	KLB	214/417	T	M	不明	板壁	自	KLB
222/418	T	M	官吏	板壁	自	KLB	214/419	T	F	不明	浮き家	自	KLB
222/420	T	F	不明	浮き家	自	KLB	214/421	C	M	官吏	アタップ	自	KLB
222/422	T	F	不明	編み竹壁	自	KLB	214/423	T	F	不明	板壁	自	KLB
222/424	T	M	貴族(Luang)	板壁	自	KLB	215/425	T	F	茶	浮き家	自	KLB
223/426	T	M	貴族(Luang)	レンガ(貴族所有)	自	KLB	215/427	C	M	茶	浮き家	自	KLB
223/428	T	M	事務員	板壁	自	KLB	215/429	T	F	不明	編み竹壁	自	KLB
223/430	C	M	不明	浮き家	自	KLB	215/431	T	M	徭役従事者	浮き家	自	KLB
223/432	C	M	不明	浮き家	自	KLB	215/433	T	M	徭役従事者	アタップ	自	KLB
223/434	C	M	不明	浮き家	自	KLB	215/435	T	M	徭役従事者	アタップ	自	KLB
223/436	C	M	不明	浮き家	自	KLB	215/437	T	M	徭役従事者	浮き家	自	KLB
223/438	C	M	不明	浮き家	自	KLB	215/439	T	F	不明	浮き家	自	KLB
223/440	T	M	徭役従事者	不明	不明	KLB	215/441	T	F	不明	浮き家	自	KLB
223/442	T	M	徭役従事者	板壁	自	KLB	215/443	C	M	不明	浮き家	自	KLB
223/444	T	F	不明	板壁	自	KLB	215/445	C	M	酒	浮き家	自	KLB
223/446	T	F	不明	浮き家	自	KLB	215/447	T	M	徭役従事者	アタップ	自	KLB
223/448	T	F	不明	板壁	自	KLB	215/449	T	F	不明	板壁	自	KLB
223/450	T	F	不明	板壁	自	KLB	215/451	T	F	不明	アタップ	自	KLB

バンコクノーイ水路

巻末付表

付表2-1　バンコクノーイ水路家屋配置

偶数家屋	民族	性	職業	家屋形態	所有	水路名	奇数家屋	民族	性	職業	家屋形態	所有	水路名
223/452	T	M	徭役従事者	浮き家	自	KLB	215/453	T	F	不明	アタップ	自	KLB
223/454	C	M	製材所主	浮き家	自	KLB	215/455	T	F	不明	板壁	自	KLB
223/456	C	M	不明	浮き家	自	KLB	215/457	T	F	タバコ	浮き家	自	KLB
223/458	C	M	不明	浮き家	自	KLB	215/459	T	F	キンマ	浮き家	自	KLB
223/460	T	F	不明	浮き家	自	KLB	215/461	C	M	椀類	浮き家	自	KLB
224/462	C	M	不明	浮き家	自	KLB	215/463	C	M	油	浮き家	自	KLB
224/464	C	M	不明	浮き家	自	KLB	216/465	T	M	徭役従事者	板壁	自	KLB
224/466	T	F	不明	浮き家	自	KLB	216/467	T	F	不明	木の葉壁	自	KLB
224/468	C	M	不明	浮き家	自	KLB	216/469	T	M	徭役従事者	浮き家	自	KLB
224/470	C	M	不明	浮き家	自	KLB	216/471	T	M	貴族（Luang）	木の葉壁	自	KLB
224/472	C	M	不明	浮き家	自	KLB	216/473	T	F	不明	浮き家	自	KLB
224/474	T	M	徭役従事者	木の葉壁	自	KLB	216/475	T	F	麺類・酒	浮き家	自	KLB
224/476	T	M	徭役従事者	木の葉壁	自	KLB	216/477	C	F	衣料	浮き家	自	KLB
224/480	T	M	貴族（Khun）	板壁	自	KLB	216/479	T	F	衣料	浮き家	自	KLB
224/482	T	M	貴族（Luang）	板壁	自	KLB	216/481	C	M	薬	浮き家	自	KLB
224/484	T	F	不明	板壁	自	KLB	216/483	C	M	衣料	浮き家	自	KLB
224/486	T	F	不明	板壁	自	KLB	216/485	C	M	陶器	浮き家	自	KLB
224/488	T	F	不明	木の葉壁	自	KLB	216/487	C	M	菓子（中国菓子）	浮き家	自	KLB
224/490	T	F	不明	不明	自	KLB	216/489	C	M	菓子（中国菓子）	浮き家	自	KLB
224/492	T	F	不明	板壁	自	KLB	216/491	C	M	薬	浮き家	自	KLB
224/494	T	F	不明	板壁	自	KLB	216/493	C	M	不明	浮き家	自	KLB
224/496	T	M	徭役従事者	板壁	自	KLB	216/495	T	M	不明	浮き家	自	KLB
224/498	T	F	不明	板壁	自	KLB	216/497	C	M	不明	浮き家	自	KLB
225/500	T	F	不明	編み竹壁	自	KLB	216/499	T	F	不明	平土間	自	KLB
225/502	T	F	劇団主	木の葉壁	自	KLB	216/501	T	M	徭役従事者	板壁	自	KLB
225/504	T	M	徭役従事者	編み竹壁	自	KLB	216/503	T	M	徭役従事者	浮き家	自	KLB
225/506	T	M	徭役従事者	木の葉壁	自	KLB	217/505	T	M	徭役従事者	浮き家	自	KLB
225/508	T	F	不明	浮き家	自	KLB	217/507	T	M	貴族（Khun）	板壁	自	KLB
225/510	T	F	不明	木の葉壁	自	KLB	217/509	C	M	椀類	浮き家	自	KLB
225/512	K	M	甕類	浮き家	自	KLB	217/511	T	F	衣料	浮き家	自	KLB
225/514	T	F	不明	浮き家	自	KLB	217/513	C	M	衣料	浮き家	自	KLB
225/516	C	M	不明	浮き家	自	KLB	217/515	T	F	不明	浮き家	自	KLB
225/518	T	F	不明	木の葉壁	自	KLB	217/517	C	M	タバコ・酒	浮き家	自	KLB
225/520	T	F	花火	編み竹壁	自	KLB	217/519	C	M	不明	浮き家	自	KLB
225/522	T	F	花火	不明	自	KLB	217/521	T	F	不明	浮き家	自	KLB
225/524	T	F	不明	板壁	自	KLB	217/523	C	M	茶	浮き家	自	KLB
225/526	T	M	徭役従事者	木の葉壁	自	KLB	217/525	C	M	不明	浮き家	自	KLB
225/528	T	M	徭役従事者	編み竹壁	自	KLB	217/527	C	M	不明	浮き家	自	KLB
225/530	T	M	徭役従事者	編み竹壁	自	KLB	217/529	C	M	衣料	浮き家	自	KLB
225/532	T	M	徭役従事者	木の葉壁	自	KLB	217/531	C	M	薬	浮き家	自	KLB
225/534	T	M	官吏・花火	浮き家	自	KLB	217/533	C	M	椀類	浮き家	自	KLB
226/536	T	F	不明	浮き家	自	KLB	217/535	C	M	香辛料	家船	自	KLB
226/538	T	M	金細工師	板壁	自	KLB	217/537	C	M	椀類	浮き家	自	KLB
226/540	T	M	徭役従事者	板壁	自	KLB	217/539	C	M	酒	浮き家	自	KLB
226/542	T	M	徭役従事者	浮き家	自	KLB	217/541	C	M	油	浮き家	自	KLB
226/544	T	M	貴族（Khun）	不明	不明	KLB	217/543	C	M	酒	浮き家	自	KLB
226/546	T	M	船長	浮き家	自	KLB	218/545	C	M	衣料	浮き家	自	KLB
226/548	T	M	貴族（Luang）	板壁	自	KLB	218/547	C	M	薬	浮き家	自	KLB
226/550	T	M	徭役従事者	板壁	自	KLB	218/549	T	F	タバコ	浮き家	自	KLB
226/552	T	M	徭役従事者	木の葉壁	自	KLB	218/551	C	M	不明	編み竹壁	自	KLB
226/554	T	F	不明	編み竹壁	自	KLB	218/553	C	M	不明	浮き家	自	KLB
226/556	C	M	不明	木の葉壁	自	KLB	218/555	C	M	不明	浮き家	自	KLB
226/558	T	F	不明	浮き家	自	KLB	218/557	T	F	不明	浮き家	自	KLB
226/560	T	M	徭役従事者	板壁	自	KLB	218/559	C	M	不明	編み竹壁	自	KLB

バンコクノーイ水路

205

付表 2-1　バンコクノーイ水路家屋配置

偶数家屋	民族	性	職業	家屋形態	所有	水路名	奇数家屋	民族	性	職業	家屋形態	所有	水路名
226/562	T	M	徭役従事者	浮き家	自	KLB	218/561	T	M	徭役従事者	編み竹壁	自	KLB
226/564	T	M	徭役従事者	板壁	自	KLB	218/563	C	M	衣料	浮き家	自	KLB
226/566	T	F	不明	木の葉壁	自	KLB	218/565	C	M	油・タバコ	浮き家	自	KLB
226/568	T	M	徭役従事者	板壁	自	KLB	218/567	C	M	阿片	浮き家	自	KLB
226/570	T	F	甕類	浮き家	自	KLB	218/569	T	F	籠	浮き家	自	KLB
226/572	T	M	甕類	浮き家	自	KLB	218/571	C	M	不明	編み竹壁	自	KLB
226/574	T	M	徭役従事者	木の葉壁	自	KLB	218/573	C	M	不明	編み竹壁	自	KLB
227/576	T	F	甕類	浮き家	自	KLB	218/575	C	M	不明	平土間	自	KLB
227/578	T	M	貴族 (Luang)	板壁	自	KLB	218/577	T	F	不明	浮き家	自	KLB
227/580	C	M	不明	浮き家	自	KLB	218/579	T	M	金細工師	編み竹壁	自	KLB
227/582	T	M	不明	板壁	自	KLB	218/581	T	M	徭役従事者	木の葉壁	借	KLB
227/584	T	M	徭役従事者	板壁	自	KLB	218/583	T	F	不明	浮き家	自	KLB
227/586	C	M	不明	浮き家	自	KLB	219/585	C	M	油	編み竹壁	自	KLB
227/588	T	F	鉄器・タバコ	浮き家	自	KLB	219/587	C	M	不明	平土間	自	KLB
227/590	T	F	不明	浮き家	自	KLB	219/589	T	F	菓子	平土間	自	KLB
227/592	T	F	不明	浮き家	自	KLB	219/591	C	M	不明	平土間	自	KLB
227/594	T	M	宮内官	板壁	自	KLB	219/593	T	F	不明	浮き家	自	KLB
227/596	T	F	ココナツ売り	浮き家	自	KLB	219/595	C	M	不明	編み竹壁	自	KLB
227/598	T	M	徭役従事者	木の葉壁	自	KLB	219/597	T	F	不明	平土間	自	KLB
227/600	T	M	不明	板壁	自	KLB	219/599	T	F	不明	編み竹壁	自	KLB
227/602	T	M	官吏	板壁	自	KLB	219/601	C	M	紙・香料	浮き家	自	KLB
227/604			寺院 (Wat Bang Tumroo)			KLB	219/603	C	M	人形・椀類	浮き家	自	KLB
227/606	T	F	王族	板壁	自	KLB	219/605	T	F	麺類	浮き家	自	KLB
227/608	T	M	貴族 (Phra)	板壁	自	KLB	219/607	C	M	香辛料	浮き家	自	KLB
227/610	T	M	徭役従事者	木の葉壁	自	KLB	219/609	C	M	酒	浮き家	自	KLB
227/612	T	F	不明	編み竹壁	自	KLB	219/611	C	M	香辛料	家船	自	KLB
227/614	T	F	不明	板壁	自	KLB	219/613	C	M	香辛料	家船	自	KLB
228/616	T	M	貴族 (Khun)	不明	自	KLB	219/615	T	F	香辛料	家船	自	KLB
228/618	T	F	不明	編み竹壁	自	KLB	219/617	C	M	香辛料	家船	自	KLB
228/620	T	M	貴族 (Luang)	板壁	自	KLB	219/619	C	M	砂糖	家船	自	KLB
228/622	T	M	徭役従事者	板壁	自	KLB	219/621	C	M	香辛料	家船	自	KLB
228/624	T	M	貴族 (Phra)	板壁	自	KLB	219/623	C	M	茶・焼き魚	浮き家	自	KLB
228/626	T	M	貴族 (Khun)	板壁	自	KLB	220/625	T	F	不明	板壁	自	KLB
228/628	T	M	徭役従事者	切妻屋根	自	KLB	220/627	T	M	徭役従事者	板壁	自	KLB
228/630	T	M	徭役従事者	板壁	自	KLB	220/629	C	M	不明	平土間	自	KLB
228/632	T	F	不明	板壁	自	KLB	220/631	T	M	不明	浮き家	自	KLB
228/634	T	F	不明	板壁	自	KLB	220/633	T	M	不明	板壁	自	KLB
228/636	T	M	貴族 (Khun)	板壁	自	KLB	220/635	C	M	不明	編み竹壁	自	KLB
228/638	T	M	徭役従事者	板壁	自	KLB	220/637	C	M	不明	平土間	自	KLB
228/640	T	M	貴族 (Luang)	板壁	自	KLB	220/639	C	M	米	平土間	自	KLB
228/642			寺院 (Wat Kilek)			KLB	220/641			寺院 (Wat Kai Tia)			KLB
228/644	C	M	金細工師	浮き家	自	KLB	220/643	T	M	徭役従事者	平土間	自	KLB
228/646	T	F	麺類	浮き家	自	KLB	220/645	C	M	製材作業員	平土間	自	KLB
228/648	T	F	衣料	浮き家	自	KLB	220/647	T	F	不明	板壁	自	KLB
228/650	C	M	衣料	浮き家	自	KLB	220/649	T	M	徭役従事者	木の葉壁	自	KLB
228/652	T	M	徭役従事者	木の葉壁	自	KLB	220/651	T	M	不明	不明	自	KLB
228/656	T	M	徭役従事者	木の葉壁	自	KLB	220/653	T	M	徭役従事者	不明	自	KLB
229/654	T	F	不明	板壁	自	KLB	220/655	T	F	不明	板壁	自	KLB
229/658	T	M	不明	不明	自	KLB							
229/660	T	M	徭役従事者	編み竹壁	自	KLB							
229/662	T	M	徭役従事者	板壁	自	KLB							
229/664	T	M	貴族 (Luang)	板壁	自	KLB							
229/666	T	M	不明	編み竹壁	自	KLB							
229/668	T	M	徭役従事者	板壁	自	KLB							

バンコクノーイ水路

巻末付表

付表 2-1　バンコクノーイ水路家屋配置

偶数家屋	民族	性	職業	家屋形態	所有	水路名	奇数家屋	民族	性	職業	家屋形態	所有	水路名
229/670	T	M	徭役従事者	木の葉壁	自	KLB							
229/672	T	F	不明	板壁	自	KLB							
229/674	T	M	徭役従事者	木の葉壁	自	KLB							
229/676	T	F	不明	板壁	自	KLB							
229/678	T	M	奴隷	編み竹壁	自	KLB							
229/680	T	F	不明	木の葉壁	自	KLB							
229/682	T	F	不明	木の葉壁	自	KLB							
229/684	T	F	不明	木の葉壁	自	KLB							
229/686	T	M	徭役従事者	編み竹壁	自	KLB							
229/688	T	M	徭役従事者	浮き家	自	KLB							
229/690	T	M	薬	木の葉壁	自	KLB							
229/692	T	M	徭役従事者	浮き家	自	KLB							
229/694	C	M	酒・麺類	浮き家	自	KLB							
230/696	T	F	不明	編み竹壁	自	KLB							
230/698	T	F	不明	浮き家	自	KLB							
230/700	T	F	不明	板壁	自	KLB							
230/702	T	F	不明	木の葉壁	自	KLB							
230/704	T	M	不明	板壁	自	KLB							
230/706	T	M	徭役従事者	板壁	自	KLB							

※バンコクノーイ水路

KBN : Khlong Bang Kok Noi
KWN : Kieng Wat Nangchi
KLB : Khlong Lek Bang Khunnonkan

付表 2-2　バンコクヤイ水路家屋配置

進入右岸

偶数家屋	民族	性	職業	家屋形態	所有
151/2	W	M	医師	レンガ	自
151/4	T	M	青物	浮き家	自
152/6	K	M	雑貨	板壁	自
152/8	K	M	雑貨	板壁	自
152/10	T	M	不明	板壁	自
152/12			寺院 (Wat Hong)		
152/14	T	M	薪作り	板壁	自
152/16	T	M	貴族 (Phra)	レンガ (貴族所有)	
152/18	T	F	衣料	板壁	自
152/20	K	M	衣料	板壁	自
153/22	T	F	不明	アタップ	自
153/24	K	F	雑貨	アタップ	自
153/26	K	F	香辛料	板壁	自
153/28	K	M	香辛料	アタップ	自
153/30	T	M	貴族 (Phra)	レンガ (貴族所有)	
153/32	T	M	貴族 (Phra)	レンガ (貴族所有)	
153/34	T	M	食品	板壁	自
153/36	T	M	徭役従事者	板壁	自
154/38	K	F	徭役従事者	不明	不明
154/40	T	M	薪作り	アタップ	自
154/42	K	F	雑貨	アタップ	自
154/44	K	F	雑貨	板壁	自
154/46	T	F	雑貨	アタップ	自
154/48	T	F	徭役従事者	アタップ	自
154/50	T	F	徭役従事者	板壁	自
154/52	T	M	雑貨	板壁	自
155/54	T	M	園芸作物商	編み竹壁	自
155/56	T	M	雑貨	浮き家	自
155/58	T	M	園芸作物商	アタップ	自
155/60	T	M	徭役従事者	アタップ	自
155/62	T	M	金細工師	アタップ	自
155/64			寺院 (Wat Mon)		
155/66	T	F	竹材商	アタップ	自
155/68	T	M	材木	編み竹壁	自
156/70	T	M	徭役従事者	板壁	自
156/72	C	M	酒	板壁	自
156/74	K	M	香辛料	板壁	自
156/76	T	M	徭役従事者	編み竹壁	自
156/78	T	M	貴族 (Phra)	不明	不明
156/80	T	M	竹材商	板壁	自
156/82			寺院 (Wat Sungkajai)		
156/84	T	M	材木	アタップ	自
156/86	C	M	酒	板壁	自
157/88	T	M	園芸作物商	板壁	自
157/90	T	F	キンマ	板壁	自
157/92	T	M	書記	アタップ	自
157/94	T	M	材木	編み竹壁	自
157/96	T	M	徭役従事者	アタップ	自
157/98	T	M	徭役従事者	板壁	自

進入左岸

奇数家屋	民族	性	職業	家屋形態	所有
151/1	C	M	徭役従事者	浮き家	自
151/3	T	M	仏像製作	不明	不明
152/5	K	M	薪	アタップ	自
152/7	T	M	徭役従事者	板壁	自
152/9	T	M	徭役従事者	板壁	自
152/11	C	M	不明	板壁	自
152/13	T	M	貴族 (Phraya)	屋敷	
152/15	K	M	雑貨	板壁	自
152/17	T	F	衣料	板壁	自
152/19	T	M	貴族 (Luang)	レンガ (貴族所有)	
153/21	C	M	セメント製造	平土間	自
153/23	T	M	貴族 (Phraya)	レンガ (貴族所有)	
153/25	T	M	貴族 (Phraya)	レンガ (貴族所有)	
153/27	T	M	製材所主	板壁	自
153/29	T	M	徭役従事者	板壁	自
153/31	T	M	徭役従事者	板壁	自
153/33	T	M	徭役従事者	アタップ	自
153/35	T	M	徭役従事者	板壁	自
154/37	K	M	衣料	板壁	自
154/39	T	F	薪作り	板壁	自
154/41	K	F	雑貨	アタップ	自
154/43	T	M	不明	板壁	自
154/45	T	M	徭役従事者	アタップ	自
154/47	T	M	香辛料	アタップ	自
154/49	T	M	徭役従事者	浮き家	自
154/51	T	M	不明	板壁	自
155/53	T	M	徭役従事者	アタップ	自
155/55	T	M	貴族 (Khun)	レンガ (貴族所有)	
155/57	C	M	賭博胴元	浮き家	自
155/59	T	M	貴族 (Khun)	板壁	自
155/61	T	M	徭役従事者	板壁	自
155/63	T	F	徭役従事者	アタップ	自
155/65	T	F	徭役従事者	アタップ	自
155/67	C	M	徭役従事者	板壁	自
155/69	C	M	製材所主	板壁	自
156/71	C	M	製材所主	板壁	自
156/73	T	M	徭役従事者	板壁	自
156/75	C	M	富籤	編み竹壁	自
156/77	T	M	貴族 (Phraya)	レンガ (貴族所有)	
156/79	T	F	不明	レンガ (貴族所有)	
156/81	T	M	材木	アタップ	自
156/83	T	M	技師	編み竹壁	自
156/85	C	M	菓子	編み竹壁	自
157/87	T	M	園芸作物商	アタップ	自
157/89	T	M	貴族 (Khun)	板壁	自
157/91	T	M	家大工	板壁	自
157/93	T	M	徭役従事者	浮き家	自
157/95	T	F	製材所主	板壁	自
157/97	T	M	徭役従事者	板壁	自

(バンコクヤイ水路)

付表2-2　バンコクヤイ水路家屋配置

偶数家屋	民族	性	職業	家屋形態	所有		奇数家屋	民族	性	職業	家屋形態	所有
157/100	T	M	材木	編み竹壁	自		157/99	T	M	徭役従事者	編み竹壁	自
157/102	T	M	徭役従事者	編み竹壁	自		157/101	T	F	園芸作物商	編み竹壁	自
157/104	T	M	徭役従事者	板壁	自		157/103	T	M	徭役従事者	板壁	自
158/106	T	M	徭役従事者	アタップ	自		158/105	C	M	製材所主	不明	不明
158/108	T	F	砂糖	編み竹壁	自		158/107	T	M	園芸作物商	板壁	自
158/110	K	M	衣料	浮き家	自		158/109	T	M	徭役従事者	板壁	自
158/112	T	F	竿売り	板壁	自		158/111	T	M	退職役人	板壁	自
158/114	T	M	貴族 (Luang)	板壁	自		158/113	T	F	不明	板壁	自
158/116	T	M	徭役従事者	板壁	自		158/115	T	M	家大工	編み竹壁	自
158/118	T	M	製材所主	編み竹壁	自		158/117	T	M	舟大工	アタップ	自
158/120	C	M	園芸農業	板壁	自		158/119	T	M	竹材商	アタップ	自
158/122	T	M	製材所主	板壁	自		158/121	T	M	医師	板壁	自
159/124	C	M	キンマ	板壁	自		159/123	T	M	貴族 (Khun)	板壁	自
159/126	T	F	徭役従事者	板壁	自		159/125	T	M	貴族 (Luang)	板壁	自
159/128	T	M	徭役従事者	板壁	自		159/127	T	M	製材所主	板壁	自
159/130	C	M	アヘン	板壁	自		159/129	C	M	製材所主	板壁	自
159/132	T	F	アタップ	板壁	自		159/131	T	M	キンマ	板壁	自
159/134	T	M	兵士 (小隊長)	板壁	自		159/133	T	M	材木	板壁	自
159/136	C	M	豚	浮き家	借		159/135	T	M	竹材商	板壁	自
160/138	T	M	キンマ	平土間	自		160/137	C	M	製材所主	板壁	自
160/140	T	M	材木	編み竹壁	自		160/139	T	M	貴族 (Luang)	板壁	自
160/142	T	M	材木	編み竹壁	自		160/141	C	M	製材所主	不明	不明
160/144	T	M	オレンジ売	アタップ	自		160/143	T	M	貴族 (Phra)	板壁	自
160/146	K	M	衣料	板壁	自		160/145	C	M	製材所主	平土間	自
160/148	T	M	衣料	板壁	自		160/147	C	M	貴族 (Phraya)	板壁	自
160/150	T	M	衣料	板壁	自		160/149	C	M	麺類	編み竹壁	自
160/152	K	M	衣料	板壁	自		160/151	T	M	徭役従事者	不明	不明
161/154	K	M	徭役従事者	板壁	自		161/153	C	M	富籤	編み竹壁	自
161/156	T	M	徭役従事者	編み竹壁	自		161/155	C	M	石灰製造	板壁	自
161/158	T	M	徭役従事者	編み竹壁	自							
161/160	T	M	徭役従事者	編み竹壁	自		167/159	T	M	徭役従事者	板壁	自
161/162	T	M	徭役従事者	編み竹壁	自		167/161	C	M	雑貨	板壁	自
161/164	T	M	徭役従事者	アタップ	自		167/163	T	M	舟大工	板壁	自
161/166	T	M	徭役従事者	板壁	自		167/165	C	M	キンマ	板壁	自
161/168	T	M	徭役従事者	板壁	自		167/167	T	F	雑貨	板壁	自
161/170	T	M	貴族 (Khun)	板壁	自		167/169	T	M	大工	編み竹壁	自
161/172	T	M	貴族 (Khun)	アタップ	自		167/171	T	F	雑貨	アタップ	自
161/174	T	F	不明	アタップ	自		167/173	T	F	雑貨	アタップ	自
161/176	T	M	雑貨	アタップ	自		167/175	T	M	金細工師	アタップ	自
161/176	C	M	製材所主	不明	不明		167/177	T	M	製材所主	板壁	自
161/178	T	F	製材所主	板壁	自		167/179	C	M	製材所主	板壁	自
162/180	C	M	竹材商	板壁	自		167/181	C	M	雑貨	編み竹壁	自
162/182	T	M	竹材商	板壁	自		167/183	C	M	富籤	板壁	自
162/184	T	F	徴税請負	板壁	自		167/185	C	M	精米所主	板壁	自
162/186	T	F	徭役従事者	板壁	自		167/187	C	M	精米所主	編み竹壁	自
162/188	C	M	富籤	編み竹壁	自		167/189	C	M	精米所主	平土間	自
							168/191	T	F	精米所主	板壁	自
							168/193	C	M	水瓶製造	編み竹壁	自
							168/195			寺院 (Wat Intraram)		
							166/195	T	M	巡査	不明	不明
							165/197	T	M	不明	不明	不明
162/200	T	M	質屋	編み竹壁	自		165/197			寺院 (Wat Rachakrihathahan)		
168/202	T	M	貴族 (Khun)	板壁	自		165/201	C	M	薬	編み竹壁	自
168/204	C	M	製材所主	板壁	自		166/203	C	M	雑貨	板壁	自

バンコクヤイ水路

付表2-2　バンコクヤイ水路家屋配置

偶数家屋	民族	性	職業	家屋形態	所有	奇数家屋	民族	性	職業	家屋形態	所有
162/206	T	M	舟大工	板壁	自	166/205	T	F	不明	板壁	自
162/208	T	M	舟大工	編み竹壁	自	166/207	C	M	不明	板壁	自
162/210	T	M	徭役従事者	板壁	自	166/209	C	M	味噌製造	板壁	自
162/212	T	M	徭役従事者	板壁	自	166/211	T	M	雑貨	編み竹壁	自
162/214	C	M	製材所主	板壁	自	166/213	C	M	賭博場	不明	不明
162/216	T	M	製材所主	板壁	自	166/215	C	M	富籤	板壁	自
162/218	C	M	製材所主	板壁	自	166/217	T	F	不明	板壁	自
162/220	T	M	大工	板壁	自	166/219	T	F	雑貨	編み竹壁	自
163/222	T	F	徭役従事者	アタップ	自	166/221	C	M	不明	編み竹壁	自
163/224	C	M	製材所主	板壁	自	166/223	C	M	味噌製造	編み竹壁	自
163/226	T	M	雑貨	板壁	自	166/225	C	M	キンマ	編み竹壁	自
163/228	T	F	徭役従事者	板壁	自	166/227	T	M	徭役従事者	不明	不明
163/230	T	M	徭役従事者	アタップ	自						
163/232	K	M	雑貨	板壁	自	166/231	T	M	貴族（Khun）	板壁	自
163/234	C	M	雑貨	レンガ	自	170/233	T	M	園芸農業	板壁	自
163/236	T	M	兵士	板壁	自	170/235	T	F	櫂売り	板壁	自
163/238	T	M	徭役従事者	板壁	自	170/237	C	M	キンマ	編み竹壁	自
163/240	T	F	雑貨	アタップ	自	171/239	T	F	バナナ	平土間	自
163/242	T	M	宮内官	板壁	自	171/241	C	M	徴税請負	レンガ	自
163/244	C	M	不明	不明	不明	171/243	C	M	富籤	編み竹壁	自
163/244	C	M	製材所主	不明	不明	171/245	T	M	王族	レンガ	自
163/246	T	M	徭役従事者	板壁	自						
163/248	T	M	官吏	板壁	自	171/247	C	M	豚	編み竹壁	自
163/250	T	F	キンマ	アタップ	自	171/249	T	F	仕立て	板壁	自
164/252	T	M	宮内官・紙製造	アタップ	自	171/251	C	M	精米所主	編み竹壁	自
164/254	T	F	雑貨	アタップ	自	171/253	C	M	精米所主	平土間	自
164/256	T	M	雑貨	アタップ	自	171/255	T	M	徭役従事者	板壁	自
164/258	T	M	貴族（Luang）	板壁	自	171/257	T	M	徭役従事者	板壁	自
164/260	T	M	宮内官	板壁	自	171/259	T	M	徭役従事者	板壁	自
164/262	T	M	官吏	アタップ	自	171/261	C	M	精米所主	編み竹壁	自
164/264	T	M	宮内官	アタップ	自	171/263	C	M	キンマ	板壁	自
164/266	T	M	教師	アタップ	自	171/265	T	M	園芸農業	板壁	自
164/268	C	M	園芸農業	アタップ	自	172/267	T	M	徭役従事者	板壁	自
164/270	T	M	製材所主	板壁	自	172/269	T	M	徭役従事者	板壁	自
164/272	C	M	雑貨	板壁	自	172/271	T	F	園芸農業	板壁	自
164/274	T	F	雑貨	板壁	自	172/273	C	M	精米所主	板壁	自
164/276	T	M	徭役従事者	板壁	自	172/275	T	F	菓子	アタップ	自
164/278	T	M	味噌製造	板壁	自	172/277	T	F	衣料	編み竹壁	自
165/280	T	M	徭役従事者	板壁	自	172/279	T	M	園芸農業	板壁	自
165/282	C	M	製材所主	不明	不明	172/281	T	M	園芸農業	板壁	自
165/284	C	M	染色	板壁	自	172/283	T	M	徭役従事者	アタップ	自
165/286	C	M	豆醤製造	平土間	不明	172/285	T	M	園芸農業	板壁	自
165/288	T	M	徭役従事者	板壁	自	172/287	T	F	園芸農業	板壁	自
165/290	C	M	製材所主	板壁	自	172/289	T	F	精米所主	板壁	自
165/292	T	M	貴族（Khun）	板壁	自	172/291	C	M	酒	編み竹壁	自
165/294	T	M	貴族（Luang）・宮内官	板壁	自	172/293	C	M	不明	平土間	自
165/296	T	M	貴族（Phra）	板壁	自	172/295	C	M	陶磁器	編み竹壁	自
165/298	T	F	雑貨	板壁	自	172/297	C	M	アヘン	板壁	自
165/300	T	F	不明	板壁	自	173/299	C	M	板材商	編み竹壁	自
168/302	C	M	豚	編み竹壁	自	173/301	C	M	精米所主	編み竹壁	自
168/304	T	F	キンマ	編み竹壁	自	173/303	C	M	塗料製造	編み竹壁	自
168/306	T	M	キンマ	編み竹壁	自	173/305	C	M	精米所主	板壁	自
168/308	C	M	キンマ	アタップ	自	173/307	T	F	ランプ作り	浮き家	自
168/310	T	M	園芸農業	アタップ	自	173/309	C	M	豆腐	編み竹壁	自

付表2-2　バンコクヤイ水路家屋配置

偶数家屋	民族	性	職業	家屋形態	所有	奇数家屋	民族	性	職業	家屋形態	所有
168/312	T	M	徭役従事者	アタップ	自	173/311	T	F	園芸農業	板壁	自
168/314	T	M	園芸農業	アタップ	自	173/313	T	F	米	板壁	自
168/316	C	M	精米所主	板壁	自	173/315	T	M	園芸農業	板壁	自
168/318	T	M	徭役従事者	板壁	自	173/317	T	F	菓子	板壁	自
168/320	T	M	徭役従事者	板壁	自	173/319	T	M	徭役従事者	板壁	自
168/322	T	M	徭役従事者	編み竹壁	自	173/321	T	F	魚(焼き魚)	板壁	自
169/324	T	M	貴族(Luang)	板壁	自	173/323	C	M	酒	浮き家	自
169/326	C	M	精米所主	編み竹壁	自	173/325	C	M	ランプ	板壁	自
169/328	C	M	精米所主	編み竹壁	自	173/327	C	M	茶	板壁	自
169/330	C	M	精米所主	編み竹壁	自	173/329	C	M	米	板壁	自
169/332	T	F	園芸農業	板壁	自	173/331	C	M	アタップ	板壁	自
169/334	T	M	徭役従事者	板壁	自	173/333	T	F	枝編細工	板壁	自
169/336	C	M	キンマ	板壁	自	173/335	C	M	オレオ・レジン	板壁	自
169/338	T	M	貴族(Khun)	板壁	自	174/337	C	M	米	編み竹壁	自
169/340	C	M	塗料製造	編み竹壁	自	174/339	C	M	青物	板壁	自
169/342	C	M	塗料製造	平土間	自	174/341	T	F	網類	板壁	自
169/344	T	F	米	板壁	自	174/343	C	M	徴税請負・青物	板壁	自
169/346	T	M	徭役従事者	板壁	自	174/345	C	M	酒	板壁	自
169/348	T	M	園芸農業	板壁	自	174/347	C	M	青物	板壁	自
169/350	T	M	貴族(Phra)	板壁	自	174/349	C	M	塗料製造	平土間	自
169/352	T	F	米	板壁	自	174/351	C	M	紙類	平土間	自
169/354	C	M	衣料	家船	自	174/353	C	M	キンマ	平土間	自
170/356	T	M	徭役従事者	板壁	自	174/355	T	M	園芸農業	板壁	自
170/358	T	M	園芸農業	板壁	自	174/357	C	M	青物	平土間	自
170/360	T	M	徭役従事者	板壁	自	174/359	C	M	劇団主	平土間	自
170/362	T	F	麺類	板壁	自	174/361	T	F	甕類	板壁	自
170/364	T	F	麺類	板壁	自	174/363	C	M	青物	平土間	自
170/366	T	M	徭役従事者	板壁	自	174/365	C	M	青物	編み竹壁	自
170/368	T	M	貴族(Luang)	レンガ(貴族所有)		174/367	T	F	園芸農業	アタップ	自
170/370	C	M	園芸農業	レンガ	自	174/369	C	M	松類	平土間	自
170/372	T	M	徭役従事者	浮き家	自	174/371	C	M	魚(乾魚)	アタップ	自
170/374	C	M	徭役従事者	レンガ	自	175/373	T	M	魚(乾魚)	アタップ	自
170/376	T	M	徭役従事者	浮き家	自	175/375	C	M	砂糖	アタップ	自
170/378	T	F	園芸農業	編み竹壁	自	175/377	T	F	園芸農業	板壁	自
170/380	C	M	酒	家船	自	175/379	T	F	園芸農業	アタップ	自
186/782	C	M	衣料	家船	自	175/381	T	M	真鍮器	編み竹壁	自
186/784	C	M	陶磁器	平土間	自	175/383	T	M	園芸農業	アタップ	自
186/786	C	M	賭博場	編み竹壁	自	175/385	T	F	園芸農業	アタップ	自
186/788	C	M	陶磁器	平土間	自	175/387	T	M	園芸農業	アタップ	自
186/790	C	M	麺類	平土間	自	175/389	T	M	園芸農業	板壁	自
186/792	T	M	官吏	板壁	自	175/391	T	F	園芸農業	アタップ	自
186/794	C	M	不明	平土間	自	175/393	T	M	園芸農業	板壁	自
186/796	T	F	砂糖	家船	自	175/395	T	F	不明	編み竹壁	自
187/398	T	M	徭役従事者	板壁	自	175/397	T	F	キンマ	編み竹壁	自
187/400	C	M	富籤	浮き家	自	175/399	C	M	商売	板壁	自
187/402	C	M	アヘン	板壁	自	175/401	T	F	米	板壁	自
187/404	C	M	酒	浮き家	自	175/403	C	M	精米所主	平土間	自
187/406	T	M	兵士	編み竹壁	自	175/405	C	M	養豚	編み竹壁	自
187/408	C	M	富籤	編み竹壁	自	175/407	C	M	キンマ	編み竹壁	自
187/410	T	F	園芸農業	板壁	自	176/409	T	M	園芸農業	板壁	自
187/412	C	M	不明	編み竹壁	自	176/411	C	M	金細工師	編み竹壁	自
187/414	C	M	富籤	浮き家	自	176/413	T	F	園芸農業	アタップ	自
187/416	C	M	不明	編み竹壁	自	176/415	C	M	富籤	平土間	自
187/418	C	M	蜜蝋	家船	自	176/417	C	M	園芸農業	板壁	自

(中央列: バンコクヤイ水路)

付表2-2　バンコクヤイ水路家屋配置

偶数家屋	民族	性	職業	家屋形態	所有	奇数家屋	民族	性	職業	家屋形態	所有
187/420	T	F	紙類	板壁	自	176/419	C	M	園芸農業	板壁	自
187/422	T	M	劇団主	浮き家	自	176/421	T	M	園芸農業	アタップ	自
187/424	C	M	甕類	板壁	自	176/423	T	F	キンマ	編み竹壁	自
187/426	T	M	舟大工	アタップ	自	176/425	T	F	キンマ	アタップ	自
187/428	C	M	香料・紙類	編み竹壁	自	176/427	T	M	舟大工	板壁	自
187/430	C	M	酒	編み竹壁	自	176/429	T	M	キンマ	板壁	自
188/432	T	M	徭役従事者	編み竹壁	自	176/431	T	M	園芸農業	アタップ	自
188/434	C	M	米	編み竹壁	自	176/433	T	M	園芸農業	アタップ	自
188/436	T	M	舟大工	板壁	自	176/435	T	M	園芸農業	アタップ	自
188/438	C	M	砂糖	編み竹壁	自	176/437	T	M	園芸農業	板壁	自
188/440		F	やし糖製造	板壁	自	176/439	T	M	園芸農業	アタップ	自
188/442	T	M	園芸農業	板壁	自	177/441	T	M	園芸農業	アタップ	自
188/444	T	M	園芸農業	板壁	自	177/443	T	M	宮内官	板壁	自
188/446	T	M	舟大工	板壁	自	177/445	T	M	園芸農業	板壁	自
188/448	T	M	園芸農業	板壁	自	177/447	T	M	舟大工	アタップ	自
188/450	T	F	不明	板壁	自	177/449	T	M	官吏	アタップ	自
188/452	T	M	園芸農業	アタップ	自	177/451	T	M	官吏	板壁	自
188/454	T	M	徭役従事者	アタップ	自	177/453	T	M	キンマ	アタップ	自
188/456	T	M	青物	アタップ	自	177/455	T	M	キンマ	板壁	自
188/458	T	M	園芸農業	編み竹壁	自	177/457	T	M	キンマ	編み竹壁	自
188/460	T	M	園芸農業	板壁	自	177/459	C	M	賭博場	板壁	自
188/462	T	M	園芸農業	アタップ	自	177/461	C	M	徴税請負	アタップ	自
189/464	T	M	徭役従事者	板壁	自	177/463	T	M	園芸農業	アタップ	自
189/466	T	M	徭役従事者	板壁	自	177/465	T	M	園芸農業	編み竹壁	自
189/468	T	M	徭役従事者	編み竹壁	自	177/467	T	M	竹皿製造	板壁	自
189/470	T	M	徭役従事者	板壁	自	178/369	T	M	竹皿製造	平土間	自
189/472	T	M	園芸農業	アタップ	自	178/471	T	M	竹皿製造	アタップ	自
189/474	T	M	園芸農業	編み竹壁	自	178/473	T	M	竹皿製造		
189/476	C	M	富籤	平土間	自	178/475	T	M	園芸農業	アタップ	自
189/478	T	F	園芸農業	編み竹壁	自	178/477	T	M	園芸農業	アタップ	自
189/480	T	F	キンマ	アタップ	自	178/479	C	M	園芸農業	編み竹壁	自
189/482	T	M	王族	板壁	自	178/481	C	M	園芸農業	編み竹壁	自
189/484	T	M	園芸農業	板壁	自	178/483	T	M	園芸農業	アタップ	自
189/486	T	M	園芸農業	アタップ	自	178/485	T	M	園芸農業	アタップ	自
189/488	T	M	徭役従事者	編み竹壁	自	178/487	T	M	園芸農業	板壁	自
189/490	T	M	園芸農業	板壁	自	178/489	T	M	園芸農業	アタップ	自
189/492	T	F	園芸農業	編み竹壁	自	178/491	T	M	園芸農業	アタップ	自
189/494	T	M	徭役従事者	アタップ	自	178/493	T	F	魚（乾魚）	アタップ	自
190/496	T	M	園芸農業	アタップ	自	178/495	T	M	園芸農業	編み竹壁	自
190/498	T	M	キンマ	編み竹壁	自	178/497	T	M	青物	編み竹壁	自
190/500	T	M	徭役従事者	アタップ	自	178/499	T	M	園芸農業	編み竹壁	自
190/502	T	M	官吏	板壁	自	179/501	T	M	園芸農業	板壁	自
190/504	T	M	官吏	アタップ	自	179/503	T	M	バナナ	アタップ	自
190/506	T	F	アタップ	アタップ	自	179/505	T	F	園芸農業	編み竹壁	自
190/508	T	M	菓子	アタップ	自	179/507	T	F	園芸農業	アタップ	自
190/510	T	M	園芸農業	アタップ	自	179/509	T	M	園芸農業	板壁	自
190/512	T	M	園芸農業	板壁	自	179/511	T	M	園芸農業	板壁	自
190/514	T	M	園芸農業	アタップ	自	179/513	T	M	園芸農業	板壁	自
190/516	T	M	園芸農業	板壁	自	179/515	T	M	園芸農業	板壁	自
190/518	T	M	園芸農業	アタップ	自	179/517	T	M	園芸農業	板壁	自
190/520	T	M	官吏	アタップ	自	179/519	T	M	米	編み竹壁	自
190/522	T	M	園芸農業	アタップ	自	179/521	T	M	園芸農業	アタップ	自
190/524	T	M	官吏	アタップ	自	179/523	T	M	官吏	編み竹壁	自
190/526	C	M	青物	アタップ	自	179/525	T	M	園芸農業	アタップ	自

バンコクヤイ水路

巻末付表

付表2-2　バンコクヤイ水路家屋配置

偶数家屋	民族	性	職業	家屋形態	所有		奇数家屋	民族	性	職業	家屋形態	所有
191/528	T	M	園芸農業	アタップ	自		179/527	T	M	園芸農業	アタップ	自
191/530	C	M	園芸農業	アタップ	自		179/529	T	M	園芸農業	アタップ	自
191/532	C	M	賭博場		自		179/531	T	M	園芸農業	板壁	自
191/534	T	M	園芸農業	アタップ	自		179/533	T	M	農園主	アタップ	自
191/536	T	M	園芸農業	アタップ	自		179/535	T	M	奴隷・農園番人	アタップ	自
191/538	C	M	園芸農業	編み竹壁	自		180/537	T	F	園芸農業	アタップ	自
191/540	C	M	園芸農業	板壁	自		180/539	C	M	刃物師	平土間	自
191/542	T	M	園芸農業	アタップ	自		180/541	T	F	精米所主	平土間	自
191/544	T	M	園芸農業	アタップ	自		180/543	T	F	菓子	アタップ	自
191/546	T	M	徭役従事者	アタップ	自		180/545	T	M	バナナ	編み竹壁	自
191/548	T	F	園芸農業	板壁	自		180/547	T	F	バナナ	編み竹壁	自
191/550	T	M	キンマ	編み竹壁	米		180/549	T	M	米	編み竹壁	自
191/552	T	F	園芸農業	編み竹壁	自		180/551	T	F	園芸農業	板壁	自
191/554	T	M	園芸農業	板壁	自		180/553	T	M	バナナ	アタップ	自
191/556	T	M	官吏	板壁	自		180/555	T	M	園芸農業	アタップ	自
191/558	T	M	園芸農業	アタップ	自		180/557	T	M	園芸農業	アタップ	自
192/560	T	F	不明	編み竹壁	自		180/559	T	M	園芸農業	板壁	自
192/562	T	M	園芸農業	板壁	自		180/561	T	M	園芸農業	アタップ	自
192/564	T	M	園芸農業	板壁	自		180/563	T	M	園芸農業	アタップ	自
192/566	T	F	不明	板壁	自		180/565	T	M	バナナ	編み竹壁	自
192/568	T	M	園芸農業	板壁	自		180/567	T	M	キンマ	アタップ	自
192/570	T	M	園芸農業	板壁	自		181/569	T	M	園芸農業	板壁	自
192/572	T	M	徭役従事者	アタップ	自		181/571	T	M	園芸農業	板壁	自
192/574	T	M	園芸農業	編み竹壁	自		181/573	T	M	園芸農業	アタップ	自
192/576	T	F	園芸農業	板壁	自		181/575	T	F	園芸農業	板壁	自
192/578	T	M	不明		自		181/577	T	F	園芸農業	アタップ	自
192/580	T	F	不明	アタップ	自		181/579	T	M	園芸農業	アタップ	自
192/582	T	M	園芸農業	編み竹壁	自		181/581	T	M	園芸農業	板壁	自
192/584	T	F	園芸農業	板壁	自		181/583	T	F	園芸農業	アタップ	自
192/586	T	M	園芸農業	板壁	自		181/585	T	M	園芸農業	編み竹壁	自
192/588	T	M	園芸農業	板壁	自		181/587	C	M	園芸農業	アタップ	自
192/590	T	M	徭役従事者	板壁	自		181/589	T	M	園芸農業	板壁	自
193/592	T	M	園芸農業	板壁	自		181/591	T	M	園芸農業	アタップ	自
193/594	T	M	園芸農業	板壁	自		181/593	T	M	園芸農業	アタップ	自
193/596	T	F	園芸農業	アタップ	自		181/595	T	F	園芸農業	板壁	自
193/598	T	M	徭役従事者	板壁	自		181/597	T	C	園芸農業	アタップ	自
193/600	T	M	園芸農業	板壁	自		181/599	T	M	園芸農業	アタップ	自
193/602	T	F	園芸農業	アタップ	自		182/601	T	F	園芸農業	アタップ	自
193/604	T	M	園芸農業	板壁	自		182/603	T	M	園芸農業	板壁	自
193/606	T	F	園芸農業	板壁	自		182/605	T	F	園芸農業	平土間	自
193/608	T	F	園芸農業	アタップ	自		182/607	T	F	園芸農業	アタップ	自
193/610	T	M	園芸農業	板壁	自		182/609	T	M	園芸農業	板壁	自
193/612	T	M	園芸農業	板壁	自		182/611	C	M	銀・衣料	平土間	自
193/614	T	F	園芸農業	板壁	自		182/613	T	F	園芸農業	板壁	自
193/616	T	F	園芸農業	板壁	自		182/615	T	F	園芸農業	アタップ	自
193/618	T	F	園芸農業	板壁	自		182/617	T	F	園芸農業	アタップ	自
193/620	C	M	賭博場	不明	不明		182/619	T	M	園芸農業	アタップ	自
193/622	T	M	徭役従事者	アタップ	自		182/621	T	M	園芸農業	アタップ	自
194/624	T	F	園芸農業	アタップ	自		182/623	T	M	園芸農業	アタップ	自
194/626	T	F	園芸農業	板壁	自		182/625	T	M	園芸農業	アタップ	自
194/628	T	M	園芸農業	板壁	自		182/627	T	F	園芸農業	アタップ	自
194/630	T	F	園芸農業	板壁	自		182/629	T	M	園芸農業	アタップ	自
194/632	T	M	園芸農業	アタップ	自		182/631	T	M	園芸農業	アタップ	自
194/634	T	M	園芸農業	板壁	自		182/633	T	M	園芸農業	アタップ	自

バンコクヤイ水路

213

付表2-2　バンコクヤイ水路家屋配置

偶数家屋	民族	性	職業	家屋形態	所有	奇数家屋	民族	性	職業	家屋形態	所有
194/636	T	M	園芸農業	板壁	自	183/635	T	M	園芸農業	アタップ	自
194/638	T	M	園芸農業	板壁	自	183/637	T	F	奴隷	アタップ	自
194/640	T	M	園芸農業	板壁	自	183/639	T	F	園芸農業	アタップ	自
194/642	T	M	園芸農業	アタップ	自	183/641	T	M	園芸農業	アタップ	自
194/644	T	M	徭役従事者	編み竹壁	自	183/643	T	F	園芸農業	アタップ	自
194/646	T	M	園芸農業	アタップ	自	183/645	T	F	園芸農業	アタップ	自
194/648	T	M	園芸農業	アタップ	自	183/647	T	M	園芸農業	アタップ	自
194/650	T	F	園芸農業	板壁	自	183/649	T	M	園芸農業	アタップ	自
194/652	T	M	園芸農業	板壁	自	183/651	T	M	官吏	板壁	自
195/654	T	F	園芸農業	板壁	自	183/653	T	M	園芸農業	アタップ	自
195/656	T	F	園芸農業	板壁	自	183/655	T	F	園芸農業	板壁	自
195/658	T	F	園芸農業	板壁	自	183/657	T	M	園芸農業	板壁	自
195/660	T	M	園芸農業	板壁	自	183/659	T	M	園芸農業	アタップ	自
						183/661	T	M	園芸農業	板壁	自
						183/663	T	F	園芸農業	編み竹壁	自
						183/665	T	M	園芸農業	板壁	自
						184/667	T	M	園芸農業	板壁	自
						184/669	T	M	園芸農業	板壁	自
						184/671	T	M	園芸農業	板壁	自
						184/673	T	M	園芸農業	アタップ	自
						184/675	T	M	園芸農業	アタップ	自
						184/677	T	M	キンマ	アタップ	自
						184/679	T	M	キンマ	アタップ	自
						184/681	T	M	園芸農業	板壁	自
						184/683	T	M	園芸農業	板壁	自
						184/685	T	M	園芸農業	板壁	自
						184/687	T	M	園芸農業	板壁	自
						184/689	T	M	園芸農業	板壁	自
						184/691	T	F	園芸農業	板壁	自
						184/693	T	F	園芸農業	板壁	自
						185/695	T	M	園芸農業	アタップ	自
						185/697	T	M	園芸農業	板壁	自
						185/699	C	M	酒	平土間	自
						185/701	T	M	園芸農業	板壁	自
						185/703	T	M	園芸農業	板壁	自
						185/705	T	M	園芸農業	アタップ	自
						185/707	T	M	園芸農業	編み竹壁	自
						185/709	T	F	園芸農業	板壁	自
						185/711	T	F	園芸農業	板壁	自
						185/713	T	F	キンマ	板壁	自
						185/715	T	M	園芸農業	板壁	自
						185/717	T	M	園芸農業	板壁	自
						185/719	T	M	園芸農業	板壁	自
						185/721	T	F	園芸農業	アタップ	自
						186/723	T	F	園芸農業	アタップ	自
						186/725	T	M	園芸農業	板壁	自
						186/727	T	F	園芸農業	アタップ	自
						186/729	T	M	園芸農業	アタップ	自
						186/731	T	M	園芸農業	アタップ	自
						186/733	T	M	園芸農業	編み竹壁	自
						186/735	T	M	園芸農業	板壁	自
						186/737	T	F	園芸農業	板壁	自
						186/739	T	M	園芸農業	板壁	自
						196/741	T	M	園芸農業	板壁	自

巻末付表

付表2-2　バンコクヤイ水路家屋配置

偶数家屋	民族	性	職業	家屋形態	所有		奇数家屋	民族	性	職業	家屋形態	所有
							196/743	T	M	園芸農業	板壁	自
							196/745	T	M	園芸農業	アタップ	自
							196/747	T	F	園芸農業	アタップ	自
195/750	T	M	園芸農業	板壁	自		196/749	T	M	園芸農業	アタップ	自
195/752	T	M	砂糖	板壁	自		196/751	T	M	徭役従事者	不明	不明
195/754	T	M	官吏	板壁	自		196/753	T	M	園芸農業	アタップ	自
195/756	T	F	園芸農業	板壁	自		196/755	T	M	園芸農業	板壁	自
195/758	T	M	園芸農業	板壁	自		196/757	T	F	徭役従事者	板壁	自
195/760	T	M	貴族（Khun）	板壁	自		196/759	T	F	キンマ	編み竹壁	自
195/762	T	M	園芸農業	板壁	自		196/761	T	F	菓子	アタップ	自
195/764	T	M	園芸農業	板壁	自	バ	197/763	T	M	園芸農業	アタップ	自
195/766	T	F	園芸農業	板壁	自	ン	197/765	T	F	園芸農業	アタップ	自
195/768	T	F	園芸農業	編み竹壁	自	コ	197/767	T	M	園芸農業	アタップ	自
195/770	T	M	園芸農業	板壁	自	ク	197/769	T	M	園芸農業	アタップ	自
195/772	T	F	園芸農業	アタップ	自	ヤ	197/771	T	M	園芸農業	板壁	自
195/774	C	M	賭博場	不明	不明	イ	197/773	T	M	ジュート商	アタップ	自
195/776	C	M	酒	板壁	自	水	197/775	T	M	絵師	アタップ	自
195/778	T	M	園芸農業	板壁	自	路	197/777	T	M	園芸農業	板壁	自
196/780	T	M	園芸農業	板壁	自		197/779	T	M	園芸農業	板壁	自
196/782	T	M	園芸農業	板壁	自		197/781	T	M	園芸農業	アタップ	自
196/784	T	M	園芸農業	板壁	自		197/783	T	M	園芸農業	アタップ	自
196/786	T	M	官吏	アタップ	自		197/785	T	M	園芸農業	板壁	自
							197/787	T	M	園芸農業	板壁	自
							197/789	C	M	不明	平土間	自
							197/791	T	F	園芸農業	編み竹壁	自

原本の家屋番号に重複や誤植がある場合は，原本記載順序を保ちつつ，奇数および偶数番号家屋への割り振りを行った。

付表 2-3　マハチャイ水路家屋配置

進入右岸						進入左岸					
偶数家屋	民族	性	職業	家屋形態	所有	奇数家屋	民族	性	職業	家屋形態	所有
504/2	C	M	商売	不明	自	531/1	C	M	薬	浮き家	自
504/4	C	M	青物	浮き家	自	531/3	T	M	貴族 (Phraya)	板壁	自
504/6	T	M	徭役従事者	浮き家	自	531/5	T	M	富籤	浮き家	自
504/8	C	M	商売	家船	自	531/7	T	M	甕類	浮き家	自
504/10	C	M	砂糖	家船	自	531/9	T	M	魚	平土間	自
504/12	C	M	砂糖	家船	自	531/11	T	M	魚	浮き家	自
			寺院 (Wat Paknam)			532/13	C	M	米	浮き家	自
504/16	T	M	酒	浮き家	自	532/15	C	M	米	平土間	自
505/18	C	M	キンマ	浮き家	自	532/17	T	M	不明	平土間	自
505/20	C	M	塗料	平土間	自	532/19	C	M	商売	浮き家	自
505/22	T	M	キンマ	板壁	自	532/21	C	M	松明	浮き家	自
505/24	C	M	キンマ	浮き家	自	532/23	C	M	木材	編み竹壁	自
505/26	T	M	キンマ	平土間	自	532/25	C	M	キンマ	浮き家	自
505/28	T	M	木材	編み竹壁	自	532/27	C	M	米	浮き家	自
505/30	C	M	甕類	浮き家	自	532/29	C	M	雇員	平土間	自
505/32	T	M	徭役従事者	編み竹壁	自	532/31	C	M	魚 (煮魚)	平土間	自
505/34	T	M	菓子	平土間	自	532/33	T	F	魚 (煮魚)	平土間	自
505/36	T	M	菓子	板壁	自	532/35	C	M	大工	浮き家	自
505/38	T	M	キンマ	編み竹壁	自	532/37	C	M	野菜	浮き家	自
			寺院 (Wat Moo)			532/39	C	M	大豆	平土間	自
505/42	T	M	徭役従事者	浮き家	自	532/41	C	M	米	平土間	自
505/44	T	M	園芸農業	板壁	自	532/43	C	M	米	浮き家	自
505/46	T	F	キンマ	編み竹壁	自	532/45	C	M	米	平土間	自
505/48	C	M	木材	浮き家	自	532/47	C	M	米	浮き家	自
506/50	C	M	松明	浮き家	自	532/49	T	M	松明	不明	自
506/52	T	F	松明	浮き家	自	532/51	T	M	キンマ	アタップ	自
506/54	C	M	不明	浮き家	自	533/53			寺院 (Wat Khunjan)		
506/56	C	M	木材	浮き家	自	533/55	C	M	米	平土間	自
506/58	T	F	木材	浮き家	自	533/57	T	M	商売	浮き家	自
506/60	C	M	園芸農業	浮き家	自	533/59	C	M	タバコ	編み竹壁	自
506/62	C	M	精米所作業員	平土間	自	533/61	T	F	園芸農業	板壁	自
506/64	C	M	精米所作業員	平土間	自	533/63	C	M	園芸農業	浮き家	自
506/66	T	M	タバコ	浮き家	自	533/65	T	M	貴族 (Khun)	浮き家	自
506/68	C	M	不明	浮き家	自	533/67	T	F	アタップ	浮き家	自
506/70	T	M	不明	浮き家	自	533/69	C	M	富籤	浮き家	自
506/72	C	M	賭博場	浮き家	自	533/71	C	M	人夫頭	浮き家	自
506/74	C	M	賭博従事	浮き家	自	533/73	C	M	キンマ	浮き家	自
506/76	C	M	精米所作業員	編み竹壁	自	533/75	T	F	園芸農業	アタップ	自
506/78	C	M	精米所作業員	平土間	自	533/77	C	M	園芸農業	浮き家	自
506/80	C	M	精米所作業員	編み竹壁	自	533/79	T	M	米	編み竹壁	自
506/82	C	M	青物	編み竹壁	自	533/81	T	M	金細工師	浮き家	自
506/84	C	M	アヘン	浮き家	自	533/83	T	M	園芸農業	平土間	自
506/86	C	M	松明	浮き家	自	533/85	T	F	米	浮き家	自
506/88	T	M	園芸農業	板壁	自	533/87	C	M	徴税請負	浮き家	自
507/90	C	M	キンマ栽培	浮き家	自	534/89	T	M	舟大工	板壁	自
507/92	T	M	不明	浮き家	自	534/91	T	M	舟大工	浮き家	住
507/94	T	M	松明	浮き家	自	534/93	C	M	甕類	浮き家	自
507/96	T	M	徭役従事者	浮き家	自	534/95	C	M	甕類	浮き家	自
507/98	T	M	キンマ栽培	板壁	自	534/97	T	M	官吏	板壁	自

巻末付表

付表2-3　マハチャイ水路家屋配置

偶数家屋	民族	性	職業	家屋形態	所有	奇数家屋	民族	性	職業	家屋形態	所有
507/100	C	M	キンマ栽培	平土間	自	534/99	T	M	徭役従事者	アタップ	自
507/102	T	M	徭役従事者	板壁	自	534/101	T	M	徭役従事者	平土間	自
507/104			寺院（Wat Nangchi）			534/103	T	M	不明	レンガ	住
507/106	T	M	舟大工	浮き家	自	534/105	C	M	商売	浮き家	自
507/108	T	M	奴隷	板壁	自	534/107	C	M	商売	浮き家	自
507/110	T	M	舟大工	板壁	自	534/109	T	F	園芸農業	アタップ	自
507/112	C	M	キンマ	平土間	自	534/111	T	F	園芸農業	板壁	自
507/114	T	M	医師	編み竹壁	自	534/113	T	F	商売	編み竹壁	自
507/116	T	M	雇員	編み竹壁	自	534/115	T	F	米	編み竹壁	自
507/118	C	M	舟大工	平土間	自	534/117	C	M	米	編み竹壁	自
507/120	T	M	舟大工	板壁	自	534/119	T	M	米	平土間	自
508/122	T	M	徭役従事者	編み竹壁	自	535/121	C	M	雇員	編み竹壁	自
508/124	T	M	園芸農業	編み竹壁	自	535/123	C	M	米	平土間	自
508/126	T	M	キンマ	アタップ	自	535/125	T	M	不明	編み竹壁	住
508/128	T	M	雇員	平土間	自	535/127	T	M	貴族（Khun）・園芸	板壁	自
508/130	T	M	キンマ	アタップ	自	535/129	T	M	舟大工	アタップ	自
508/132	T	M	キンマ	アタップ	自	535/131	T	M	舟大工	アタップ	自
508/134	T	M	キンマ	アタップ	自	535/133	T	M	舟大工	アタップ	自
508/136	T	M	園芸農業	板壁	自	535/135	T	M	舟大工	編み竹壁	自
508/138	T	M	舟大工	板壁	自	535/137	T	M	舟大工	アタップ	自
508/140	T	M	アタップ	平土間	自	535/139	T	M	舟大工	浮き家	自
508/142	C	M	米	平土間	自	535/141	T	M	園芸農業	板壁	自
508/144	C	M	不明	浮き家	自	535/143	T	M	雇員	アタップ	自
508/146	T	M	園芸農業	板壁	自	535/145	T	M	舟大工	アタップ	自
508/148	T	M	園芸農業	板壁	自	535/147	T	M	舟大工	板壁	自
508/150	T	M	園芸農業	板壁	自	535/149	T	M	舟大工	板壁	自
508/152	T	M	米	平土間	自	535/151	T	M	舟大工	アタップ	自
509/154	C	M	米	平土間	自	536/153	T	M	雇員	アタップ	自
509/156	C	M	鉄器	平土間	自	536/155	T	M	園芸農業	編み竹壁	自
509/158	T	M	園芸農業	浮き家	自	536/157	T	F	舟大工	アタップ	自
509/160	T	M	園芸農業	浮き家	自	536/159	T	M	舟大工	アタップ	自
509/162	T	M	園芸農業	板壁	自	536/161	C	M	米	編み竹壁	自
509/164	T	F	園芸農業	板壁	自	536/163	T	M	米	平土間	自
509/166	T	M	アタップ	板壁	自	536/165	T	M	米	編み竹壁	自
509/168	T	F	キンマ	板壁	自	536/167	C	M	商売	浮き家	自
509/170	T	M	園芸農業	板壁	自	536/169	C	M	商売	浮き家	自
509/172	T	M	園芸農業	板壁	自	536/171	C	M	商売	浮き家	自
509/174	T	M	稲作農業	浮き家	自	536/173	C	M	米	平土間	自
509/176	T	F	キンマ	板壁	自	536/175	T	M	稲作農業	板壁	自
509/178	T	M	園芸農業	板壁	自	536/177	C	M	米	編み竹壁	自
509/180	T	M	官吏	板壁	自	536/179	C	M	商売	浮き家	自
510/182	T	M	徭役従事者	板壁	自	536/181	C	M	キンマ	板壁	自
510/184	T	F	キンマ	平土間	自	536/183	C	M	園芸農業	浮き家	自
510/186	T	M	園芸農業	板壁	自	536/185	T	F	園芸農業	浮き家	自
510/188	T	M	園芸農業	アタップ	自	536/187	C	M	キンマ	浮き家	自
510/190	T	F	不明	板壁	自	537/189	C	M	賭博場	平土間	自
510/192	T	M	舟大工	板壁	自	537/191	C	M	米	平土間	自
510/194	T	M	商売	浮き家	自	537/193	C	M	不明	編み竹壁	自
510/196	T	F	キンマ	アタップ	自	537/195	T	F	森林産物	編み竹壁	自
510/198	T	F	園芸農業	アタップ	自	537/197	C	M	商売	編み竹壁	自
510/200	T	F	園芸農業	板壁	自	537/199	C	M	商売	平土間	自
510/202	T	M	園芸農業	アタップ	自	537/201	T	F	園芸農業	板壁	自
510/204	T	M	園芸農業	板壁	自	537/203	T	M	園芸農業	アタップ	自
510/206	T	F	園芸農業	板壁	自	537/205	T	F	園芸農業	編み竹壁	自

マハチャイ水路

付表2-3　マハチャイ水路家屋配置

偶数家屋	民族	性	職業	家屋形態	所有		奇数家屋	民族	性	職業	家屋形態	所有
510/208	T	M	不明	平土間	自		537/207	C	M	酒	平土間	自
510/210	T	F	園芸農業	板壁	自		537/209	C	M	鉄器	平土間	自
510/212	C	F	キンマ	板壁	自		537/211	C	M	園芸農業	浮き家	自
511/214	T	M	園芸農業	板壁	自		537/213	T	F	不明	浮き家	自
511/216	T	M	園芸農業	浮き家	自		537/215	T	F	不明	アタップ	自
511/218	T	M	不明	アタップ	自		537/217	T	F	商売	アタップ	自
511/220	T	F	米	編み竹壁	自		537/219	T	M	不明	板壁	自
511/222	T	M	米	編み竹壁	自		537/221	T	M	舟大工	板壁	自
511/224	T	M	園芸農業	板壁	自		538/223	T	M	キンマ	アタップ	自
511/226	T	M	園芸農業	浮き家	自		538/225	T	F	雇員	編み竹壁	自
511/228	T	F	園芸農業	アタップ	自		538/227	T	F	雇員	編み竹壁	自
511/230	T	M	園芸農業	編み竹壁	自		538/229	T	M	雇員	編み竹壁	自
511/232	C	M	園芸農業	平土間	自		538/231	T	M	園芸農業	板壁	自
511/234	C	M	舟大工	板壁	自		538/233	T	M	園芸農業	板壁	自
511/236	T	F	菓子	板壁	自		538/235	C	M	商売	浮き家	自
511/238	C	M	質屋	編み竹壁	自		538/237	T	M	園芸農業	板壁	自
511/240	T	M	舟大工	板壁	自		538/239	T	M	園芸農業	不明	自
511/242	C	M	舟大工	板壁	自		538/241	T	M	園芸農業	編み竹壁	自
511/244	T	F	園芸農業	板壁	自		538/243	C	M	キンマ	編み竹壁	自
511/246	T	M	園芸農業	板壁	自		538/245	T	M	園芸農業	板壁	自
511/248	T	M	キンマ	平土間	自		538/247	T	M	園芸農業	アタップ	自
512/250	T	M	園芸農業	板壁	自		538/249	T	M	園芸農業	アタップ	自
512/252	C	M	酒	平土間	自		538/251	T	M	園芸農業	編み竹壁	自
512/254	T	F	キンマ	板壁	自		538/253	T	M	キンマ	平土間	自
512/256	C	M	キンマ	浮き家	自		538/255	C	M	キンマ	平土間	自
512/258	T	F	園芸農業	アタップ	自		538/257	T	M	舟大工	板壁	自
512/260	T	F	商売	アタップ	自		539/259	T	M	園芸農業	アタップ	自
512/262	T	M	稲作農業	アタップ	自		539/261	T	F	園芸農業	板壁	自
512/264	T	M	寺院（Wat Nang）				539/263	T	M	書記	板壁	自
512/266	T	M	教師	平土間	自		539/265	T	M	園芸農業	板壁	自
512/268	T	M	園芸農業	アタップ	自		539/267	T	M	商売	平土間	自
512/270	T	F	不明	浮き家	自		539/269	T	M	舟大工	板壁	自
512/272	T	M	商売	浮き家	自		539/271	T	M	商売	板壁	自
512/274	C	M	酒	浮き家	自		539/273	T	M	稲作農業	板壁	自
512/276			寺院（Wat Chomthong）				539/275	C	M	キンマ	アタップ	自
511/278	T	M	徭役従事者	浮き家	自		539/277	C	M	キンマ	アタップ	自
513/280	T	M	籠	浮き家	自		539/279	C	M	園芸農業	平土間	自
513/282	T	F	稲作農業	平土間	自		539/281	T	M	不明	編み竹壁	自
513/284	T	M	稲作農業	アタップ	自		539/283	T	M	稲作農業	アタップ	自
513/286	T	M	舟大工	アタップ	自		539/285	T	M	稲作農業	アタップ	自
513/288	T	M	木材	アタップ	自		539/287	T	M	園芸農業	アタップ	自
513/290	T	F	舟大工	アタップ	自		539/289	T	M	商売	アタップ	自
513/292	T	F	園芸農業	浮き家	自		540/291	T	M	園芸農業	板壁	自
513/294	T	M	米	浮き家	自		540/293	T	M	園芸農業	板壁	自
513/296	C	M	米	浮き家	自		540/295	T	M	官吏	アタップ	自
513/298	T	M	園芸農業	板壁	自		540/297	T	M	絵師	板壁	自
513/300	T	M	官吏	板壁	自		540/299	T	M	貴族（Khun）	板壁	自
513/302	T	M	官吏	編み竹壁	自		540/301	T	M	園芸農業	アタップ	自
513/304	T	M	商売	浮き家	自		540/303	T	M	園芸農業	アタップ	自
513/306	T	M	金	板壁	自		540/305	T	M	不明	板壁	自
513/308	C	M	雇員	板壁	自		540/307	T	M	不明	板壁	自
513/310	C	M	魚（揚げ魚）	浮き家	自		540/309	T	M	園芸農業	編み竹壁	自
513/312	T	F	園芸農業	浮き家	自		540/311	T	M	園芸農業	アタップ	自
513/314	T	M	園芸農業	浮き家	自		540/313	T	F	園芸農業	板壁	自

マハチャイ水路

付表2-3　マハチャイ水路家屋配置

偶数家屋	民族	性	職業	家屋形態	所有	奇数家屋	民族	性	職業	家屋形態	所有
514/316	T	F	キンマ	編み竹壁	自	540/315	T	M	園芸農業	板壁	自
514/318	C	M	キンマ	平土間	自	540/317	T	F	園芸農業	アタップ	自
514/320	T	M	キンマ	編み竹壁	自	540/319	T	M	園芸農業	アタップ	自
514/322	T	M	教師	板壁	自	540/321	T	M	園芸農業	板壁	自
514/324	T	M	奴隷	編み竹壁	自	540/323	T	M	徭役従事者	板壁	自
514/326	T	M	奴隷	アタップ	自	540/325	T	M	稲作農業	アタップ	自
514/328	C	M	商売	浮き家	自	541/327	T	M	園芸農業	アタップ	自
514/330	C	M	賭博従事	浮き家	自	541/329	T	M	稲作農業	平土間	自
514/332	T	M	籠	アタップ	自	541/331	T	F	雇員	平土間	自
514/334	T	F	産婆	アタップ	自	541/333	T	M	退職役人	編み竹壁	自
514/336	T	M	商売	アタップ	自	541/335	T	M	稲作農業	アタップ	自
514/338	T	F	不明	アタップ	自	541/337	T	F	キンマ	編み竹壁	自
514/340	T	F	商売	アタップ	自	541/339	T	F	キンマ	アタップ	自
514/342	T	M	稲作農業	板壁	自	541/341	T	M	園芸農業	アタップ	自
515/344	T	M	徭役従事者	板壁	自	541/343	T	M	園芸農業	アタップ	自
515/346	C	F	酒	浮き家	自	541/345	T	M	園芸農業	アタップ	自
515/348	T	M	賭博場	平土間	不明	541/347	T	M	稲作農業	編み竹壁	自
515/350	C	F	娼家	平土間	自	541/349	T	F	園芸農業	編み竹壁	自
515/352	C	M	アヘン	浮き家	自	541/351			寺院（Wat Nangnong）		
515/354	T	M	酒	浮き家	自	541/353	T	M	園芸農業	板壁	自
515/356	T	M	舟大工	浮き家	自	541/355	T	M	園芸農業	板壁	自
515/358	C	M	キンマ	浮き家	自	541/357	T	M	園芸農業	板壁	自
515/360	T	M	キンマ	浮き家	自	541/359	T	M	園芸農業	板壁	自
515/362	T	M	徭役従事者	平土間	自	541/361	T	M	園芸農業	板壁	自
515/364	T	M	廟管理人	不明	不明	542/363	T	F	園芸農業	板壁	自
515/366	T	M	不明	編み竹壁	自	542/365	T	M	園芸農業	板壁	自
515/368	T	M	廟管理人	板壁	自	542/367	T	F	園芸農業	板壁	自
515/370	T	F	キンマ	平土間	自	542/369	T	M	園芸農業	板壁	自
516/372	T	M	教師	アタップ	自	542/371	T	M	園芸農業	板壁	自
516/374	T	F	園芸農業	平土間	自	542/373	T	F	園芸農業	板壁	自
516/376	T	M	舟大工	浮き家	自	542/375	T	M	商売	板壁	自
516/378	C	M	木材	平土間	自	542/377	T	M	商売	板壁	自
516/380	T	M	園芸農業	浮き家	自	542/379	T	M	稲作農業	板壁	自
516/382	T	M	香辛料	浮き家	自	542/381	T	M	商売	板壁	自
516/384	T	F	衣料	浮き家	自	542/383	T	M	園芸農業	浮き家	自
516/386	T	F	衣料	浮き家	自	542/385	T	F	商売	アタップ	自
516/388	T	F	不明	浮き家	自	542/387	T	F	稲作農業	アタップ	自
516/390	T	M	キンマ	編み竹壁	自	542/389	T	M	商売	板壁	自
516/392	T	M	徭役従事者	編み竹壁	自	542/391	T	F	園芸農業	板壁	自
516/394	T	M	園芸農業	板壁	自	542/393	T	M	稲作農業	アタップ	自
516/396	T	M	園芸農業	平土間	自	542/395	T	M	園芸農業	浮き家	自
516/398	T	M	園芸農業	アタップ	自	542/397	T	M	園芸農業	浮き家	自
517/400	T	M	キンマ	アタップ	自	542/399	C	M	商売	浮き家	自
517/402	T	M	園芸農業	アタップ	自	542/401	C	M	甕類	浮き家	自
517/404	T	M	園芸農業	編み竹壁	自	543/403	C	M	甕類	平土間	自
517/406	T	M	稲作農業	板壁	自	543/405	T	M	稲作農業	浮き家	自
517/408	C	M	キンマ	編み竹壁	自	543/407	C	M	稲作農業	平土間	自
517/410	C	M	徴税請負	平土間	自	543/409				廟	
517/412	T	M	キンマ	平土間	自	543/411	C	M	不明	不明	不明
517/414	C	M	青物	浮き家	自	543/413	C	M	商売	浮き家	自
517/416	C	M	キンマ	浮き家	自	543/415	C	M	アヘン	浮き家	自
517/418	T	M	園芸農業	板壁	自	543/417	C	M	商売	浮き家	自
517/420	T	M	園芸農業	編み竹壁	自	543/419	C	M	商売	浮き家	自
517/422	T	M	菓子	浮き家	自	543/421	C	M	商売	浮き家	自

（マハチャイ水路）

付表2-3　マハチャイ水路家屋配置

偶数家屋	民族	性	職業	家屋形態	所有	奇数家屋	民族	性	職業	家屋形態	所有
517/424	C	M	キンマ	平土間	自	543/423	C	M	園芸農業	浮き家	自
517/426	C	M	不明	編み竹壁	自	543/425	T	M	園芸農業	板壁	自
517/428	T	F	砂糖	浮き家	自	543/427	C	M	商売	浮き家	自
517/430	T	M	キンマ	浮き家	自	543/429	T	M	貴族（Khun）	浮き家	自
518/432	C	M	綿紐	浮き家	自	543/431	C	M	商売	浮き家	自
518/434	C	M	綿紐	浮き家	自	543/433	T	M	賭博場	浮き家	自
518/436	C	M	商売	浮き家	自	543/435	C	M	酒	浮き家	自
518/438	C	M	米	浮き家	自	543/437	T	F	園芸農業	板壁	自
518/440	C	M	綿紐	浮き家	自	543/439	C	M	徴税請負	板壁	自
518/442	C	M	米	編み竹壁	自	543/441	C	M	徴税請負	浮き家	自
518/444	C	M	園芸農業	浮き家	自	544/443	C	M	徴税請負	浮き家	自
518/446	T	F	魚（塩干魚）	浮き家	自	544/445	C	M	徴税請負	浮き家	自
518/448	C	M	商売	浮き家	自	544/447	C	M	木材	浮き家	自
518/450	C	M	園芸農業	編み竹壁	自	544/449	C	M	賭博場	平土間	自
518/452	C	M	園芸農業	編み竹壁	自	544/451	C	M	商売	浮き家	自
518/454	C	M	不明	編み竹壁	自	544/453	C	M	キンマ	板壁	自
518/456	C	M	綿紐	浮き家	自	544/455	C	M	米	平土間	自
518/458	C	M	商売	浮き家	自	544/457	T	F	園芸農業	編み竹壁	自
518/460	C	M	衣料	浮き家	自	544/459	T	M	稲作農業	アタップ	自
518/462	C	M	綿紐	浮き家	自	544/461	C	M	稲作農業	平土間	自
518/464	C	M	不明	浮き家	自	544/463	T	M	キンマ	アタップ	自
518/466	C	M	魚	浮き家	自	544/465	T	M	園芸農業	アタップ	自
518/468	C	M	酒	浮き家	自	544/467	C	M	園芸農業	平土間	自
518/470	C	M	稲作農業	浮き家	自	544/469	C	M	キンマ	アタップ	自
519/472	C	M	稲作農業	平土間	自	544/471	T	M	商売	浮き家	自
519/474	C	M	不明	平土間	自	544/473	T	M	不明	浮き家	自
519/476	T	F	不明	浮き家	自	544/475	T	M	雇員	平土間	住
519/478	C	F	商売	浮き家	自	544/477	C	M	商売	浮き家	自
519/480	T	M	キンマ	編み竹壁	自	544/479	C	M	商売	浮き家	自
519/482	T	M	キンマ	編み竹壁	自	544/481	T	M	園芸農業	編み竹壁	自
519/484	C	M	徴税請負	浮き家	自	545/483	T	F	酒	浮き家	自
519/486	C	M	徴税請負	浮き家	自	545/485	T	M	稲作農業	平土間	自
519/488	T	M	刃物	平土間	自	545/487	C	M	米交換	平土間	自
519/490	T	M	酒	浮き家	自	545/489	C	M	キンマ	浮き家	自
519/492			寺院（Wat Bagpathum Nok）			545/491	T	M	徭役従事者	浮き家	自
519/494	T	F	商売	浮き家	自	545/493	C	M	商売	浮き家	自
519/496	T	M	松明	浮き家	自	545/495	T	M	不明	板壁	自
519/498	T	M	キンマ	アタップ	自	545/497	T	M	園芸農業	板壁	自
519/500	T	M	キンマ	アタップ	自	545/499	T	M	不明	板壁	自
519/502	T	M	不明	アタップ	自	545/501	T	M	園芸農業	板壁	自
520/504	T	F	産婆	アタップ	自	545/503	T	M	賭博従事	浮き家	自
520/506	T	M	石油	浮き家	自	545/505	T	M	徭役従事者	アタップ	自
520/508	T	M	園芸農業	浮き家	自	545/507	T	F	園芸農業	アタップ	自
520/510	T	M	園芸農業	板壁	自	545/509	T	M	園芸農業	板壁	自
520/512	T	M	園芸農業	アタップ	自	545/511	T	F	園芸農業	アタップ	自
520/514	T	M	乞食	浮き家	自	545/513	T	M	園芸農業	板壁	自
520/516	T	M	舟大工	板壁	自	545/515	T	F	商売	板壁	自
520/518	T	M	貴族（Khun）	板壁	自	545/517	T	M	園芸農業	板壁	自
520/520	T	M	園芸農業	板壁	自	546/519	T	M	徭役従事者	アタップ	自
520/522	T	M	舟大工	アタップ	自	546/521	T	M	園芸農業	板壁	自
520/524	T	M	雇員	浮き家	自	546/523	T	M	教師	板壁	自
520/526	T	M	園芸農業	平土間	自	546/525	T	F	米交換	アタップ	自
520/528	T	F	不明	浮き家	自	546/527	T	M	園芸農業	板壁	自
520/530	T	F	商売	浮き家	自	546/529	T	F	不明	板壁	自

マハチャイ水路

付表2-3　マハチャイ水路家屋配置

偶数家屋	民族	性	職業	家屋形態	所有	奇数家屋	民族	性	職業	家屋形態	所有
521/532	T	M	稲作農業	アタップ	自	546/531	T	M	園芸農業	板壁	自
521/534	T	M	園芸農業	浮き家	自	546/533	T	M	稲作農業	浮き家	自
521/536	T	M	園芸農業	浮き家	自	546/535	C	M	砂糖	浮き家	自
521/538	T	M	商売	板壁	自	546/537	C	M	家鴨	平土間	自
521/540	T	M	商売	板壁	自	546/539	T	M	米交換	平土間	自
521/542	T	M	商売	浮き家	自	546/541	T	F	家鴨	平土間	自
521/544	T	M	稲作農業	浮き家	自	546/543	T	F	奴隷	板壁	自
521/546	T	M	舟大工	板壁	自	546/545	T	M	舟大工	板壁	自
521/548	T	M	稲作農業	平土間	自	546/547	T	F	不明	板壁	自
521/550	T	F	商売	アタップ	自	546/549	T	M	園芸農業	アタップ	自
521/552	T	M	商売	編み竹壁	自	547/551	T	F	米交換	アタップ	自
521/554	T	M	商売	アタップ	自	547/553	T	M	米	板壁	自
521/556	T	M	園芸農業	板壁	自	547/555	T	F	不明	アタップ	自
521/558	T	M	キンマ	平土間	自	547/557	T	M	稲作農業	アタップ	自
521/560	T	M	稲作農業	平土間	自	547/559	T	M	園芸農業	平土間	自
521/562	T	M	稲作農業	平土間	自	547/561	C	M	不明	平土間	自
522/564	T	M	稲作農業	板壁	自	547/563	T	F	米交換	浮き家	自
522/566	T	F	稲作農業	アタップ	自	547/565	T	M	米交換	浮き家	自
522/568	T	M	医師	板壁	自	547/567	C	M	米交換	平土間	自
522/570	T	M	園芸農業	板壁	自	547/569	T	F	米交換	アタップ	住
522/572	T	M	稲作農業	板壁	自	547/571	T	F	不明	浮き家	自
522/574	T	M	稲作農業	板壁	自	547/573	T	F	不明	編み竹壁	自
522/576	T	M	稲作農業	編み竹壁	自	547/575	T	M	園芸農業	浮き家	自
522/578	T	M	乞食	アタップ	自	547/577	T	M	園芸農業	アタップ	自
522/580	T	M		寺院 (Wat Sai)		547/579	T	F	商売	アタップ	自
522/582	C	M	商売	浮き家	自	547/581	T	M	商売	アタップ	自
522/584	T	M	園芸農業	平土間	自	548/583	T	M	稲作農業	平土間	自
522/586	T	M	稲作農業	平土間	自	548/585	T	M	彫像師	浮き家	自
522/588	T	M	人夫	編み竹壁	自	548/587	T	M	不明	板壁	自
522/590	T	M	人夫	アタップ	自	548/589	T	M	徭役従事者	板壁	自
522/592	T	M	人夫	編み竹壁	自	548/591	T	F	園芸農業	板壁	自
522/594	T	M	人夫	編み竹壁	自	548/593	T	F	園芸農業	板壁	自
523/596	T	M	人夫	アタップ	自	548/595	T	F	キンマ	平土間	自
523/598	T	M	人夫	アタップ	自	548/597	T	F	砂糖	平土間	自
523/600	T	M	人夫	アタップ	自	548/599	T	M	商売	平土間	自
523/602	T	M	人夫	アタップ	自	548/601	T	M	稲作農業	浮き家	自
523/604	T	M	稲作農業	編み竹壁	自	548/603	T	M	商売	浮き家	自
523/606	T	M	人夫	アタップ	自	548/605	T	M	松明	編み竹壁	自
523/608	T	M	人夫	アタップ	自	548/607	T	M	舟大工	平土間	自
523/610	T	F	キンマ	アタップ	自	548/609	T	M	園芸農業	浮き家	自
523/612	T	M	稲作農業	アタップ	自	548/611	T	M	園芸農業	浮き家	自
523/614	T	M	稲作農業	平土間	自	548/613	T	M	徭役従事者	平土間	自
523/616	T	M	キンマ	アタップ	自	549/615	T	M	稲作農業	平土間	自
523/618	T	M	稲作農業	アタップ	自	549/617	C	M	稲作農業	平土間	自
523/620	T	M	キンマ	アタップ	自	549/619	T	M	官吏	板壁	自
523/622	T	M	稲作農業	アタップ	自	549/621	T	F	園芸農業	板壁	自
524/624	T	M	稲作農業	アタップ	自	549/623	T	M	園芸農業	板壁	自
524/626	T	F	稲作農業	アタップ	自	549/625	T	M	園芸農業	板壁	自
524/628	T	M	園芸農業	板壁	自	549/627	T	M	キンマ	平土間	自
524/630	T	M	キンマ	アタップ	自	549/629	T	F	園芸農業	板壁	自
524/632	T	M	稲作農業	アタップ	自	549/631	T	M	園芸農業	板壁	自
524/634	T	M	稲作農業	アタップ	自	549/633	T	M	園芸農業	アタップ	自
524/636	T	M	園芸農業	板壁	自	549/635	T	M	園芸農業	アタップ	自

付表2-3　マハチャイ水路家屋配置

偶数家屋	民族	性	職業	家屋形態	所有		奇数家屋	民族	性	職業	家屋形態	所有
524/638	T	M	園芸農業	アタップ	自		549/637	T	M	園芸農業	アタップ	自
524/640	T	M	園芸農業	板壁	自		549/639	T	M	園芸農業	板壁	自
524/642	T	M	米交換	アタップ	自		549/641	T	M	園芸農業	板壁	自
524/644	T	M	園芸農業	アタップ	自		549/643	T	F	園芸農業	板壁	自
524/646	T	M	園芸農業	アタップ	自		549/645	T	F	稲作農業	平土間	自
524/648	T	M	園芸農業	アタップ	自		550/647	T	F	稲作農業	平土間	自
524/650	T	M	稲作農業	アタップ	自		550/649	T	M	園芸農業	編み竹壁	自
524/652	T	F	園芸農業	アタップ	自		550/651	T	M	キンマ	アタップ	自
524/654	T	M	園芸農業	板壁	自		550/653	T	F	米交換	アタップ	自
525/656	T	M	キンマ	アタップ	自		550/655	T	M	園芸農業	板壁	自
525/658	T	M	園芸農業	アタップ	自		550/657	T	M	商売	平土間	自
525/660	T	M	稲作農業	浮き家	自		550/659	T	M	園芸農業	板壁	自
525/662	T	F	キンマ	アタップ	自		550/661	T	M	園芸農業	アタップ	自
525/664	T	M	稲作農業	アタップ	自		550/663	T	M	稲作農業	アタップ	自
525/666	T	M	園芸農業	平土間	自		550/665	T	M	園芸農業	浮き家	自
525/668	T	M	木材	平土間	自		550/667	T	M	園芸農業	アタップ	自
525/670	T	M	舟大工	平土間	自		550/669	T	M	稲作農業	浮き家	自
525/672	T	M	塗料絵の具	平土間	自		550/671	T	M	園芸農業	浮き家	自
525/674	T	F	稲作農業	平土間	自		550/673	T	M	米交換	平土間	自
525/676	T	M	園芸農業	アタップ	自		550/675	T	F	米交換	編み竹壁	自
525/678	T	M	米交換	アタップ	自		550/677	T	M	園芸農業	編み竹壁	自
525/680	T	M	稲作農業	平土間	自		551/679	T	M	キンマ	編み竹壁	自
525/682	T	M	不明	平土間	自		551/681	T	M	園芸農業	アタップ	自
525/684	T	M	稲作農業	平土間	自		551/683	C	M	キンマ	編み竹壁	自
525/686	T	F	稲作農業	アタップ	自		551/685	T	F	キンマ	アタップ	自
526/688	T	F	稲作農業	平土間	自		551/687	T	M	米交換	アタップ	自
526/690	T	M	稲作農業	平土間	自		551/689	C	M	キンマ	平土間	自
526/692	T	M	稲作農業	アタップ	自		551/691	T	F	米交換	編み竹壁	自
526/694	T	F	稲作農業	アタップ	自		551/693	C	M	園芸農業	平土間	自
526/696	T	M	甕類	アタップ	自		551/695	T	M	園芸農業	平土間	自
526/698			寺院 (Wat Singh)				551/697	T	M	園芸農業	アタップ	自
526/700			寺院 (Wat Kampheang)				551/699	T	M	稲作農業	アタップ	自
526/702	T	M	稲作農業	アタップ	自		551/701	T	M	米交換	アタップ	自
526/704	T	F	稲作農業	平土間	自		551/703	T	F	米交換	板壁	自
526/706	T	M	稲作農業	アタップ	自		551/705	T	M	稲作農業	板壁	自
526/708	T	M	稲作農業	アタップ	自		551/707	T	M	稲作農業	板壁	自
526/710	T	M	稲作農業	アタップ	自		551/709	T	M	稲作農業	平土間	自
526/712			寺院 (Wat Sibbaht)				552/711	T	F	園芸農業	アタップ	自
526/714	T	M	稲作農業	アタップ	自		552/713	T	M	舟大工	編み竹壁	自
526/716	T	M	稲作農業	アタップ	自		552/715	T	M	稲作農業	平土間	自
526/718	T	M	稲作農業	平土間	自		552/717	T	M	官吏	平土間	自
526/720	T	M	稲作農業	アタップ	自		552/719	T	M	園芸農業	平土間	自
526/722	T	M	稲作農業	平土間	自		552/721	T	M	園芸農業	アタップ	自
527/724	T	M	稲作農業	アタップ	自		552/723	T	M	稲作農業	アタップ	自
527/726	T	M	稲作農業	板壁	自		552/725	T	M	キンマ	平土間	自
527/728	T	F	稲作農業	板壁	自		552/727	T	M	米交換	アタップ	自
527/730	T	M	稲作農業	平土間	自		552/729	C	M	酒	平土間	自
527/732	T	M	稲作農業	平土間	自		552/731	T	M	奴隷	平土間	自
527/734	T	M	稲作農業	平土間	自		552/733	T	M	キンマ	浮き家	自
527/736	T	F	稲作農業	アタップ	自		552/735	C	M	酒	浮き家	自
527/738	T	M	稲作農業	平土間	自		552/737	T	M	園芸農業	アタップ	自
527/740	T	M	稲作農業	平土間	自		552/739	T	F	稲作農業	アタップ	自
527/742	T	M	稲作農業	アタップ	自		552/741	T	M	稲作農業	アタップ	自
527/744	T	M	稲作農業	平土間	自		552/743	T	M	稲作農業	平土間	自

マハチャイ水路

付表 2-3　マハチャイ水路家屋配置

偶数家屋	民族	性	職業	家屋形態	所有	奇数家屋	民族	性	職業	家屋形態	所有
527/746	T	M	稲作農業	アタップ	自	552/745	T	M	徭役従事者	平土間	自
527/748	T	M	稲作農業	平土間	自	553/747	T	F	不明	アタップ	自
527/750	T	M	稲作農業	平土間	自	553/749	T	F	米交換	アタップ	自
527/752	T	M	稲作農業	平土間	自	553/751	T	M	マット	アタップ	自
527/754	T	M	稲作農業	平土間	自	553/753	T	M	稲作農業	アタップ	自
527/756	T	M	籠	アタップ	自	553/755	T	M	稲作農業	アタップ	自
527/758	T	M	松明	アタップ	自	553/757	T	M	稲作農業	平土間	自
528/760	T	M	稲作農業	平土間	自	553/759	T	M	稲作農業	アタップ	自
528/762	C	M	松明	平土間	自	553/761	T	M	稲作農業	アタップ	自
528/764	T	M	稲作農業	編み竹壁	自	553/763	T	M	稲作農業	平土間	自
528/766	T	F	不明	不明	不明	553/765	T	M	稲作農業	平土間	自
528/768	T	M	酒	編み竹壁	自	553/767	T	F	稲作農業	アタップ	自
528/770	T	M	稲作農業	アタップ	自	553/769			寺院（Wat Kok）		
528/772	T	M	稲作農業	アタップ	自	553/771	T	M	ラタン	アタップ	自
528/774	T	M	稲作農業	アタップ	自	553/773	T	M	稲作農業	アタップ	自
528/776	T	M	稲作農業	アタップ	自	553/775	T	M	稲作農業	アタップ	自
528/778	T	M	稲作農業	平土間	自	553/777	T	M	稲作農業	アタップ	自
528/780	T	M	稲作農業	アタップ	自	553/779	T	F	稲作農業	アタップ	自
528/782	T	M	稲作農業	アタップ	自	553/781	T	M	稲作農業	アタップ	自
528/784	T	M	稲作農業	アタップ	自	553/783	T	M	稲作農業	アタップ	自
528/786	C	M	稲作農業	アタップ	自	553/785	T	M	稲作農業	アタップ	自
528/788	C	M	稲作農業	アタップ	自	554/787	T	M	稲作農業	アタップ	自
528/790	T	F	稲作農業	アタップ	自	554/789	T	M	稲作農業	アタップ	自
529/792	T	F	稲作農業	アタップ	自	554/791	T	F	稲作農業	アタップ	自
529/794			不明	空き家		554/793	T	M	米交換	編み竹壁	自
529/796			不明	空き家		554/795	T	M	稲作農業	アタップ	自
529/798			不明	空き家		554/797	T	M	稲作農業	アタップ	自
529/800			不明	空き家		554/799	T	F	稲作農業	アタップ	自
529/802			不明	空き家		554/801	C	M	稲作農業	アタップ	自
529/804			不明	空き家		554/803	T	M	稲作農業	アタップ	自
529/806			不明	空き家		554/805	T	M	稲作農業	編み竹壁	自
529/808			不明	空き家		554/807	T	M	稲作農業	アタップ	自
529/810			不明	空き家		554/809	T	M	稲作農業	アタップ	自
529/812	T	M	キンマ	アタップ	自	554/811	T	M	稲作農業	板壁	自
						554/813	T	M	稲作農業	編み竹壁	自
						554/815			寺院（Wat Lao）		
						554/817	T	F	稲作農業	アタップ	自
						554/819	T	M	稲作農業	アタップ	自
						554/821	T	M	ラタン	編み竹壁	自
						555/823	T	M	稲作農業	平土間	自
						555/825	T	M	稲作農業	平土間	自
						555/827	T	M	稲作農業	平土間	自
						555/829				一軒家	空き家
						555/831				一軒家	空き家
						555/833				一軒家	空き家
						555/835				一軒家	空き家
						555/837				一軒家	空き家
						555/839			記載なし		
						555/841	T	M	稲作農業	アタップ	自
						555/843				空き家	
						555/845	T	F	稲作農業	アタップ	自
						555/847	T	M	稲作農業	アタップ	自
						555/849	T	M	稲作農業	アタップ	自

マハチャイ水路

付表2-3　マハチャイ水路家屋配置

偶数家屋	民族	性	職業	家屋形態	所有	奇数家屋	民族	性	職業	家屋形態	所有
						555/851	T	M	稲作農業	アタップ	自
						555/853	T	M		一軒家	空き家
						555/855	T	M		一軒家	空き家
						555/857	T	M		一軒家	空き家
						555/859	T	F	稲作農業	アタップ	自
						555/861	T	M	稲作農業	編み竹壁	自
						555/863	T	M	稲作農業	アタップ	自
						555/865	Burmese	M	稲作農業	アタップ	自
						555/867	Burmese	M	稲作農業	アタップ	自
						556/869	T	M	稲作農業	アタップ	自
						556/871	Burmese	M	稲作農業	平土間	自
						556/873	T	M	稲作農業	アタップ	自
						556/875	T	M	稲作農業	アタップ	自
						556/877	T	M	稲作農業	アタップ	自
						556/879	T	M	稲作農業	アタップ	自
						556/881	T	M	稲作農業	アタップ	自
						556/883	T	F	稲作農業	アタップ	自
						556/885	T	M	稲作農業	アタップ	自
						556/887	T	M	稲作農業	アタップ	自
						556/889	T	M	稲作農業	アタップ	自
						556/891	T	M	稲作農業	アタップ	自
						556/893	T	M	稲作農業	アタップ	自
						556/895			寺院 (Wat Sumpakon)		
						556/897	T	M	稲作農業	アタップ	自
						556/899	T	M	稲作農業	アタップ	自
						556/901	Burmese	M	稲作農業	アタップ	自
						556/903	Burmese	M	稲作農業	アタップ	自
529/898	T	M	稲作農業	アタップ	自	557/905	Burmese	M	稲作農業	アタップ	自
529/900			寺院 (Wat Samdam)			557/907	Burmese	M	稲作農業	平土間	自
529/902	T	F	稲作農業	平土間	自	557/909	Burmese	M	稲作農業	アタップ	自
529/904	T	M	稲作農業	平土間	自	557/911	Burmese	M	稲作農業	平土間	自
529/906	T	M	稲作農業	平土間	自	557/913	Burmese	M	稲作農業	平土間	自
529/908	T	F	稲作農業	平土間	自	557/915	Burmese	M	稲作農業	平土間	自
529/910	T	M	稲作農業	平土間	自	557/917	Burmese	M	稲作農業	アタップ	自
529/912	T	M	稲作農業	平土間	自	557/919	Burmese	M	稲作農業	平土間	自
530/914	T	M	稲作農業	平土間	自	557/921	Burmese	M	稲作農業	平土間	自
530/916	T	M	稲作農業	平土間	自	557/923	Burmese	M	稲作農業	アタップ	自
530/918	T	M	稲作農業	平土間	自	557/925	Burmese	M	稲作農業	編み竹壁	自
530/920	T	M	稲作農業	アタップ	自	557/927	Burmese	M	稲作農業	編み竹壁	自
530/922	T	M	稲作農業	アタップ	自	557/929	Burmese	M	稲作農業	アタップ	自
530/924	T	M	徭役従事者	平土間	自	557/931	Burmese	M	稲作農業	アタップ	自
530/926	T	M	稲作農業	平土間	自	557/933	Burmese	M	稲作農業	平土間	自
530/928	T	M	稲作農業	アタップ	自	557/935	Burmese	M	稲作農業	アタップ	自
530/930	T	F	稲作農業	アタップ	自	557/937	Burmese	M	稲作農業	アタップ	自
530/932	T	M	稲作農業	アタップ	自	557/939	Burmese	M	稲作農業	平土間	自
530/934	T	M	稲作農業	アタップ	自	558/941	Burmese	M	稲作農業	平土間	自
530/936	T	M	稲作農業	アタップ	自	558/943	Burmese	F	稲作農業	アタップ	自
530/938	T	M	稲作農業	平土間	自	558/945	Burmese	M	稲作農業	アタップ	自
530/940	T	F	稲作農業	平土間	自	558/947	Burmese	M	稲作農業	平土間	自
530/942	T	M	稲作農業	アタップ	自	558/949	Burmese	M	稲作農業	平土間	自
530/944	T	M	稲作農業	アタップ	自	558/951	Burmese	M	稲作農業	平土間	自
530/946	T	M	稲作農業	アタップ	自	558/953	Burmese	M	稲作農業	平土間	自
530/948	T	M	稲作農業	平土間	自	558/955	Burmese	M	稲作農業	アタップ	自
531/950	T	M	徭役従事者	平土間	自	558/957	Burmese	M	稲作農業	アタップ	自
531/952	T	M	徭役従事者	平土間	自						
531/954	T	M	稲作農業	平土間	自						
531/956	T	M	稲作農業	平土間	自						

巻末付表

付表2-3　マハチャイ水路家屋配置

偶数家屋	民族	性	職業	家屋形態	所有		奇数家屋	民族	性	職業	家屋形態	所有
531/958	T	M	アタップ	アタップ	自		558/959	Burmese	M	稲作農業	アタップ	自
531/960	T	M	アタップ	アタップ	自		558/961	Burmese	M	稲作農業	アタップ	自
531/962	T	M	アタップ	平土間	自		558/963	Burmese	M	稲作農業	平土間	自
531/964	T	M	稲作農業	平土間	自		558/965	Burmese	M	稲作農業	アタップ	自
531/966	T	M	稲作農業	平土間	自		558/967	Burmese	M	稲作農業	アタップ	自
531/968	T	M	稲作農業	平土間	自		558/969	Burmese	M	稲作農業	アタップ	自
531/970	T	M	薬	平土間	自		558/971	Burmese	M	稲作農業	アタップ	自
							558/973	Burmese	M	稲作農業	アタップ	自
							558/975	Burmese	M	稲作農業	アタップ	自
							559/977	Burmese	M	稲作農業	アタップ	自
							559/979	Burmese	F	稲作農業	平土間	自
						マハチャイ水路	559/981	Burmese	M	稲作農業	アタップ	自
							559/983	Burmese	F	稲作農業	平土間	自
							559/985	T	M	稲作農業	平土間	自
							559/987	T	F	稲作農業	平土間	自
							559/989	T	M	稲作農業	平土間	自
							559/991	T	M	稲作農業	平土間	自
							559/993	T	M	稲作農業	平土間	自
							559/995	T	M	稲作農業	平土間	自
							559/997	T	M	稲作農業	平土間	自
							559/901				一軒家	空き家
							559/903				一軒家	空き家
							559/905				一軒家	空き家
							559/907				一軒家	空き家
							559/909				一軒家	空き家
							559/911				一軒家	空き家
							559/913	T	M	稲作農業	アタップ	自
							559/915	T	M	稲作農業	アタップ	自
							559/917	T	M	稲作農業	アタップ	自
							559/919	T	M	稲作農業	アタップ	自

225

付表 2-4　パシチャルン水路家屋配置

偶数家屋	民族	性	職業	家屋形態	所有		奇数家屋	民族	性	職業	家屋形態	所有
677/2	C	M	青物	平土間	自		669/1	C	M	菓子	平土間	自
677/4	C	M	精米所	平土間	自		669/3	C	M	砂糖	平土間	自
677/6	C	M	キンマ	編み竹	自		670/5	T	M	タバコ	浮き家	自
677/8	T	M	キンマ	編み竹	自		670/7	C	M	鍛冶	平土間	自
677/10	C	M	豆腐	平土間	自		670/9	C	M	キンマ	編み竹	自
677/12	C	M	精米所	平土間	自		670/11	C	M	菓子	平土間	自
677/14	C	M	精米所	平土間	自		670/13	C	M	賭博場	平土間	自
677/16	C	M	米	平土間	自		670/15	C	M	酒	平土間	自
678/18	C	M	米	平土間	自		670/17	C	M	酒	平土間	自
678/20	C	M	アヘン	平土間	自		670/19	C	M	精米所	編み竹	自
678/22	C	M	精米所	平土間	自		670/21	C	M	アヘン	平土間	自
678/24	C	M	精米所	平土間	自		670/23	C	M	精米所	平土間	自
678/26	C	M	園芸農業	板壁	自		670/25	C	M	精米所	平土間	自
678/28	C	M	鍛冶	平土間	自		670/27	C	M	精米所	平土間	自
678/30	C	M	鍛冶	平土間	自		670/29	C	M	精米所	平土間	自
678/32	T	F	アタップ	平土間	自		670/31	C	M	酒	平土間	自
678/34	C	M	鍛冶	平土間	自		670/33	C	M	精米所	平土間	自
678/36	T	F	菓子	板壁	自		670/35	C	M	精米所	平土間	自
678/38	C	M	火薬	平土間	自		670/37	C	M	精米所	平土間	自
678/40	C	M	精米所	平土間	自		670/39	C	M	精米所	平土間	自
678/42	C	M	米	平土間	自		670/41	C	M	精米所	平土間	自
678/44	T	M	園芸農業	編み竹壁	自		670/43	C	M	精米所	平土間	自
678/46	T	F	キンマ	編み竹壁	自		671/45	C	M	精米所	平土間	自
678/48	T	M	園芸農業	板壁	自		671/47	C	M	豆腐	平土間	自
678/50	T	M	徴税請負	編み竹壁	自		671/49	C	M	豆腐	平土間	自
678/52	T	M	キンマ	編み竹壁	自		671/51	C	M	精米所	平土間	自
679/54	T	F	衣料	編み竹壁	自		671/53	C	M	精米所	平土間	自
679/56	C	M	大工	平土間	自		671/55	C	M	精米所	平土間	自
679/58	T	M	園芸農業	板壁	自		671/57	C	M	精米所	平土間	自
679/60	T	F	園芸農業	アタップ	自		671/59	C	M	園芸農業	板壁	自
679/62	C	F	園芸農業	平土間	自		671/61	T	F	キンマ	平土間	自
679/64	C	F	園芸農業	板壁	自		671/63	C	M	甕類	平土間	自
679/66	T	M	キンマ	アタップ	自		671/65	T	M	園芸農業	平土間	自
679/68	T	M	園芸農業	板壁	自		671/67	T	M	園芸農業	編み竹壁	自
679/70	T	F	園芸農業	編み竹壁	自		671/69	C	M	菓子	平土間	自
679/72	C	M	キンマ	平土間	自		671/71	T	F	園芸農業	板壁	自
679/74	C	M	キンマ	平土間	自		671/73	C	M	鍛冶	平土間	自
679/76	T	F	キンマ	平土間	自		671/75	C	M	キンマ	平土間	自
679/78	C	M	園芸農業	平土間	自		671/77	C	M	酒	平土間	自
679/80	T	F	酒	平土間	自		671/79	T	M	園芸農業	編み竹壁	自
679/82	C	M	キンマ	平土間	自		672/81	T	M	キンマ	平土間	自
679/84	T	F	園芸農業	編み竹壁	自		672/83	C	M	キンマ	平土間	自
679/86	T	M	衣料	編み竹壁	自		672/85	T	M	キンマ栽培	編み竹壁	自
679/88	C	M	香料	平土間	自		672/87	C	M	キンマ栽培	板壁	自
680/90	T	F	衣料	編み竹壁	自		672/89	C	M	園芸農業	板壁	自
680/92	C	M	キンマ	平土間	自		672/91	T	M	アタップ	編み竹壁	自
680/94	T	F	園芸農業	板壁	自		672/93	T	M	園芸農業	アタップ	自
680/96	T	F	園芸農業	板壁	自		672/95	T	M	園芸農業	編み竹壁	自
680/98	T	M	園芸農業	板壁	自		672/97	T	M	園芸農業	板壁	自
680/100	T	M	園芸農業	編み竹壁	自		672/99	T	M	園芸農業	板壁	自

パシチャルン水路

付表 2-4　パシチャルン水路家屋配置

偶数家屋	民族	性	職業	家屋形態	所有	奇数家屋	民族	性	職業	家屋形態	所有
680/102	T	F	園芸農業	アタップ	自	672/101	T	M	園芸農業	板壁	自
680/104	T	M	園芸農業	アタップ	自	672/103	C	M	園芸農業	平土間	自
680/106	C	M	香料	平土間	自	672/105	T	M	園芸農業	平土間	自
680/108	C	M	園芸農業	板壁	自	672/107	T	M	園芸農業	編み竹	自
680/110	C	M	園芸農業	平土間	自	672/109	T	M	園芸農業	平土間	自
680/112	T	M	園芸農業	平土間	自	672/111	T	M	園芸農業	板壁	自
680/114	T	F	金細工師	平土間	自	672/113	C	M	園芸農業	編み竹壁	自
680/116	C	M	キンマ	平土間	自	672/115	C	M	園芸農業	アタップ	自
680/118	T	M	園芸農業	板壁	自	673/117	T	F	園芸農業	平土間	自
680/120	T	F	園芸農業	板壁	自	673/119	T	M	園芸農業	アタップ	自
680/122	T	M	園芸農業	アタップ	自	673/121	T	F	園芸農業	アタップ	自
680/124	T	M	園芸農業	板壁	自	673/123	T	F	不明	アタップ	自
681/126	T	M	園芸農業	平土間	自	673/125	T	M	園芸農業	平土間	自
681/128	T	M	園芸農業	編み竹壁	自	673/127	T	M	園芸農業	アタップ	自
681/130	T	M	稲作農業	平土間	自	673/129	T	F	園芸農業	アタップ	自
681/132	T	M	園芸農業	アタップ	自	673/131	T	M	園芸農業	平土間	自
681/134	T	M	園芸農業	板壁	自	673/133	T	M	園芸農業	平土間	自
681/136	T	M	園芸農業	平土間	自	673/135	C	M	園芸農業	平土間	自
681/138	C	M	園芸農業	平土間	自	673/137	C	M	園芸農業	平土間	自
681/140	T	M	園芸農業	平土間	自	673/139	C	M	園芸農業	板壁	自
681/142	T	M	医師	平土間	自	673/141	T	F	園芸農業	平土間	自
681/144	T	F	園芸農業	板壁	自	673/143	C	M	園芸農業	平土間	自
681/146	T	M	園芸農業	平土間	自	673/145	T	M	園芸農業	板壁	自
681/148	T	F	キンマ	平土間	自	673/147	C	M	園芸農業	平土間	自
681/150	T	F	園芸農業	編み竹壁	自	673/149	C	M	園芸農業	平土間	自
681/152	T	M	園芸農業	アタップ	自	673/151	C	M	園芸農業	平土間	自
681/154	C	M	園芸農業	平土間	自	674/153	C	M	園芸農業	平土間	自
681/156	T	M	園芸農業	アタップ	自	674/155	C	M	酒	平土間	自
682/158	T	F	園芸農業	板壁	自	674/157	C	M	賭博場	平土間	自
682/160	T	M	園芸農業	平土間	自	674/159	C	M	園芸農業	平土間	自
682/162	T	M	園芸農業	板壁	自	674/161	C	M	園芸農業	平土間	自
682/164	C	F	キンマ	平土間	自	674/163	T	F	園芸農業	平土間	自
682/166	T	M	不明	平土間	自	674/165	C	M	園芸農業	平土間	自
682/168	T	M	官吏	編み竹壁	自	674/167	C	M	園芸農業	平土間	自
682/170	C	M	園芸農業	アタップ	自	674/169	T	M	園芸農業	平土間	自
682/172	C	M	園芸農業	平土間	自	674/171	C	M	園芸農業	平土間	自
682/174	T	M	徭役従事者	平土間	自	674/173	C	M	園芸農業	平土間	自
682/176	T	F	園芸農業	板壁	自	674/175	C	M	稲作農業	平土間	自
682/178	T	M	青物	編み竹壁	自	674/177	T	M	稲作農業	平土間	自
682/180	C	M	砂糖黍	平土間	自	674/179	T	M	稲作農業	平土間	自
682/182	T	M	不明	編み竹壁	自	674/181	T	M	稲作農業	平土間	自
682/184	C	M	園芸農業	平土間	自	674/183	T	M	稲作農業	平土間	自
682/186	C	M	キンマ	平土間	自	674/185	C	M	園芸農業	平土間	自
683/188	T	F	園芸農業	平土間	自	674/187	C	M	稲作農業	平土間	自
683/190	T	M	徴税請負	平土間	自	675/189	T	M	稲作農業	平土間	自
683/192	C	M	徴税請負	板壁	自	675/191	T	M	稲作農業	平土間	自
683/194	C	M	徴税請負	平土間	自	675/193	T	M	稲作農業	平土間	自
683/196	C	M	園芸農業	平土間	自	675/195	T	M	稲作農業	平土間	自
683/198	T	M	キンマ	アタップ	自	675/197	T	M	園芸農業	平土間	自
683/200	T	M	園芸農業	平土間	自	675/199	T	M	稲作農業	平土間	自
683/202	T	M	園芸農業	平土間	自	675/201	T	M	稲作農業	アタップ	自
683/204	T	F	稲作農業	平土間	自	675/203	T	M	稲作農業	平土間	自
683/206	T	M	園芸農業	平土間	自	675/205	C	M	園芸農業	平土間	自
683/208	C	M	園芸農業	平土間	自	675/207	C	M	園芸農業	平土間	自

パシチャルン水路

付表2-4　パシチャルン水路家屋配置

偶数家屋	民族	性	職業	家屋形態	所有	奇数家屋	民族	性	職業	家屋形態	所有
683/210	C	M	奴隷	平土間	自	675/209	C	M	稲作農業	平土間	自
683/212	C	M	アヘン	平土間	自	675/211	C	M	園芸農業	平土間	自
683/214	T	M	稲作農業	平土間	自	675/213	C	M	園芸農業	平土間	自
683/216	T	M	園芸農業	平土間	自	675/215	C	M	園芸農業	平土間	自
683/218	T	M	園芸農業	平土間	自	675/217	C	M	園芸農業	平土間	自
683/220	T	M	奴隷	平土間	自	675/219	C	M	園芸農業	平土間	自
683/222	C	M	奴隷	平土間	自	675/221	C	M	園芸農業	平土間	自
684/224	C	M	園芸農業	平土間	自	675/223	C	M	園芸農業	平土間	自
684/226	C	M	園芸農業	平土間	自	675/225	T	M	稲作農業	平土間	自
684/228	T	M	奴隷	平土間	自	675/227	T	M	稲作農業	平土間	自
684/230	T	M	稲作農業	平土間	自	676/229	T	M	稲作農業	平土間	自
684/232	T	M	稲作農業	平土間	自	676/231	T	M	稲作農業	平土間	自
684/234	T	M	稲作農業	平土間	自	676/233	T	F	稲作農業	平土間	自
684/236	T	M	稲作・奴隷	平土間	自	676/235	T	M	園芸農業	板壁	自
684/238	T	M	稲作・奴隷	平土間	自	676/237	T	M	稲作農業	平土間	自
684/240	T	M	稲作・奴隷	アタップ	自	676/239	T	M	稲作農業	平土間	自
684/242	T	M	園芸農業	平土間	自	676/241	T	M	稲作農業	平土間	自
684/244	C	M	園芸農業	平土間	自	676/243	T	M	稲作農業	平土間	自
684/246	C	M	稲作農業	平土間	自	676/245	T	M	稲作農業	平土間	自
684/248	T	F	稲作農業	平土間	自	676/247	T	M	稲作農業	平土間	自
684/250	T	M	稲作農業	平土間	自	676/249	T	F	稲作農業	平土間	自
684/252	T	M	稲作農業	平土間	自	676/251	T	F	稲作農業	平土間	自
684/254	T	M	稲作農業	平土間	自	676/253	T	F	稲作農業	平土間	自
684/256	T	M	稲作農業	平土間	自	676/255	T	M	稲作農業	平土間	自
684/258	T	M	稲作農業	板壁	自	676/257	T	M	稲作農業	平土間	自
685/260	T	M	稲作農業	平土間	自	676/259	T	M	徭役従事者	板壁	自
685/262	T	M	稲作農業	平土間	自	677/261	T	M	稲作農業	平土間	自
685/264	T	M	稲作農業	平土間	自	677/263	C	M	賭博場	平土間	自
685/266	C	M	酒	平土間	自	677/265	C	M	酒	平土間	自
685/268	T	F	稲作農業	平土間	自	677/267	C	M	酒	平土間	自
685/270	T	F	稲作農業	平土間	自	677/269	C	M	酒	平土間	自
685/272	C	M	稲作農業	平土間	自	677/271	C	M	酒	平土間	自
685/274	T	M	稲作農業	平土間	自	677/273	C	M	園芸農業	平土間	自
685/276	T	M	稲作農業	平土間	自	677/275	C	M	稲作農業	平土間	自
685/278	T	M	稲作農業	平土間	自	677/277	T	M	稲作農業	平土間	自
685/280	T	M	稲作農業	平土間	自	677/279	T	M	稲作農業	平土間	自
685/282	T	M	稲作農業	平土間	自						
685/284	C	M	酒	平土間	自						
685/286	T	F	稲作農業	板壁	自						
685/288	T	M	稲作農業	平土間	自						
685/290	T	M	稲作農業	平土間	自						
686/292	C	M	稲作農業	平土間	自						
686/294	T	M	稲作農業	平土間	自						
686/296	T	M	稲作農業	平土間	自						
686/298	T	M	稲作農業	板壁	自						
686/300	T	M	園芸農業	板壁	自						
686/302	T	M	稲作農業	平土間	自						
686/304	T	M	酒	平土間	自						
686/306	T	M	稲作農業	アタップ	自						
686/308	T	M	稲作農業	平土間	自						
686/310	T	M	稲作農業	平土間	自						
686/312	C	M	稲作農業	平土間	自						
686/314	C	M	稲作農業	平土間	自						
686/316	C	M	稲作農業	平土間	自						

パシチャルン水路

あとがき

　東南アジアを「小人口世界」として捉え，人口を基点において地域の特性を捉える試みを続けてきたが，この小冊子では19世紀末のバンコクに焦点を当てた。やや誇張的に言えば，植民地勢力が主導権を握る前，すなわち伝統的あるいは土着的な時代には，東南アジアは，「大都市不在の地域」として特徴づけられる。本書で描き出そうとしたのは，支配の要となる王宮を中心として，複数の線状に展開する，極言すれば，面積を持たない首都の原型とその変容の過程である。萌芽期の多民族社会の姿もここに示されている。水路に代わって新設された道路が，中国人優位の空間として発展し始めると同時に，タイ人と中国人との融合の姿がかすかながらも見えている。

　本書の原点となった『郵便家屋台帳』をめぐる研究経過について触れておきたい。タイ国で郵便制度の創始に先立ってバンコクを対象に『郵便家屋台帳』が作成されたのは1883年で，日本での郵便制度創設（1871年）よりも12年後のことであった。その時から数えてまもなく100年を迎えようとしていた1981年頃に，バンコクの国立図書館に保管されていた『郵便家屋台帳』のマイクロフィルムが，当時京都大学東南アジア研究センター教授であった石井米雄先生によって筆者の前にもたらされた。当時，筆者は同センターに助教授として在籍し，東南アジア人口を対象にその把握方法を模索していた。

　『郵便家屋台帳』に記載された戸主について民族所属の識別が可能であると判り，その頃のバンコクの多民族状況を把握するために利用を試みることにした。筆者自身のタイ語は，1960年代半ばに石井先生自身から手ほどきを受ける機会があって，その性格に関する理解はできていたものの，時の経過のためにこの時点で既に実用から程遠いものとなっていた。当時，大阪外国語大学タイ・ベトナム語学科助教授であった吉川利治氏の指導下の学生，綱中賀子氏が研究室に通ってきてカード化の作業を手伝ってくれた。この際，職業記載や家屋形状の翻訳とコード化も行われた。カード化の作業はその後同大学同学科の

229

大橋靖子氏にひきつがれた。この二人は作成したカードを用いてそれぞれの卒業論文を仕上げたと記憶している。吉川利治氏からは，その後も，郵便家屋台帳記載の地名の同定などさまざまな協力をしてもらった。

　作成されたカードを用いて1982年に最初の報告，「郵便家屋台帳からみた19世紀末のバンコク人口―予備的考察―」（『東南アジア研究』20巻2号，1982年9月）を石井米雄先生との連名で執筆した（本書付論1所収）。これに続いて，対象を外ニューロード（外チャルンクルン道路）に限定して，タイ人と中国人との混住のあり方を探ってみた。東南アジア研究センターに外国人客員研究者として滞在していたニティ・イーオシーウォン氏からタイ国の家屋形態などに関する情報を提供してもらったのもこの頃であった。

　『郵便家屋台帳』が4巻からなり，これまでの分析が3巻までを使用したものであることが確認されたのは，最初の分析報告から16年を経過してからのことであった。『郵便家屋台帳』第4巻（水路と運河）の利用が可能になったのは，日本学術振興会の共同研究プロジェクトによって1998年6月から1年半にわたって京都に滞在したタイ国の社会経済史研究者ポーパント・ウーヤノン氏とともにこの資料に関する分析を再び開始したときであった。この前後に何度かバンコクを訪ねる機会もあった。筆者自身は，東南アジア島嶼部を主な研究対象とするようになっていたので，『郵便家屋台帳』の分析はこの時まで休止状態になっていた。ポーパント氏および当時大学院学生であったタイ人研究協力者による郵便家屋台帳のデータベース化が行われ，ポーパント氏と筆者の連名でいくつかの研究報告となった。先行のスターンスタイン氏の分析との対比が可能になると同時に，同氏の報告の問題点が明確になった。当時，東京大学東洋文化研究所から宮崎公立大学に移っておられた友杉孝氏の助言を得ることもできた。

　2002年8月にバンコクを訪ねて，『郵便家屋台帳』に記載されている水路沿いや道路沿いの家屋がどのあたりまで展開していたか，当時の様相が辿れるような景観が残っているか，そのような周辺部の住民の特性はどのようなものかなどを垣間見る機会があった。ポーパント氏に加えて，藤田渡氏（当時京都大学東南アジア研究センター非常勤研究員）および2人の京都大学大学院アジア・アフリカ地域研究研究科院生が同行した。その1人河野元子氏にはこの研究遂行における連絡業務を含むさまざまな雑用を引き受けてもらった。他の1人水

あとがき

　谷康弘氏を学業半ばで失ったことは，この研究の進展と同時に思い出されるできごとである。この調査は，筆者が水路沿いのバンコクに注目し始めたという点で，重要な展開の契機となった。この後バンコクには数回赴き，現地での確認を少しずつ加えていった。甲南女子大学で教鞭をとることになった藤田氏には，『郵便家屋台帳』に記載されたタイ語の意味などをめぐって多大な助力を受けた。

　上述の過程を経て，当時のバンコクの概要をまとめようとして，今回改めてデータベースを点検していたときに，ポーパント氏との共同作業において報告されたバンコク居住者の戸数に関して，重大な計数上のミスを発見した。それは，タイ人戸主1,497人，中国人戸主220人，ケーク戸主18人，欧米人戸主1人，寺院21等を含む第4巻における家屋データの二重集計であった。本書では，これらを修正するとともに，これまでに得た知見から，当時のバンコクを再現することを試みた。

　思えば，途切れながらも30年近くにわたって継続してきた研究作業であった。筆者自身，タイ国研究が専門ではないので，その分だけ，多くの人々のお世話になった。この研究に関して大きな援助を得た石井米雄先生および吉川利治氏が相次いで他界され，この書物の執筆に当たって助言を得る機会を途中で失ってしまった。石井先生には，共同論文の再録を了承していただいており，2009年末に京都でさらなる打ち合わせの約束を取り付けていたのでことさらに残念である。

　本書において不完全さが見出されるとすれば，それは筆者にとって言葉が自由にならない国に関する研究であることと，データベース作成という基礎作業に自分の手を用いなかったことに起因する部分が大きい。他方，タイ研究者がその専門性のゆえに却って見過ごしてきた側面を取り上げることができたとすれば，それは望外の喜びである。

　本書の出版に際しては，甲南女子学園学術研究及び教育振興奨励基金からの助成を受けた。第二の人生のかなりの部分を研究生活にあてられると期待して就職した甲南女子大学では，大学の変動期に遭遇するとともに，大部分を管理職として10年間を過ごす羽目になった。それでも在職中に2冊の書物を刊行する我儘を許容してくれた伝統の学風と教職員諸氏の協力に対して感謝の意を表したい。

本書の出版に際して，立本成文氏（総合地球環境学研究所所長），高橋真一氏（神戸大学名誉教授），松田素二氏（京都大学文学部教授）などから懇切なコメントや推薦状をいただいた。京都大学学術出版会の鈴木哲也氏には，前著に続いて出版に至る相談に乗っていただき，福島祐子氏には編集者として細かい点までお世話になった。また，地図の作成は，横山早春氏の手を煩わした。記して謝意を表するしだいである。

　京都大学東南アジア研究センター（現東南アジア研究所）および大学院アジア・アフリカ地域研究研究科，さらには甲南女子大学において，筆者は，東南アジアを対象とする研究に 40 年以上従事してきたことになる。この長い旅において，ごく短い部分ではフィールドをともにしつつも，大部分，後方支援にまわってくれた妻玲子に対して，場所違いながらも感謝の意を表するしだいである。

2011 年 2 月

坪内良博

索　引

人名・地名　カッコ内にアルファベット表記を付す。

[あ行]

アユタヤ　3
石井米雄　iii, 123
内側周環道路（Thanon Rop Phranakhon Chan Nai Kampang）　64, 193-197
内ニューロード（内チャルンクルン道路, Thanon Charoen Krung Nai）　47-48, 60, 67, 166-167
オンアン水路（Khlong Ong'ang）　60

[か行]

クルンテープ（Krungthep）　iv, 6, 8-9, 112-113
クロファード（Crawfurd, J.）　4, 9
クロン・クム・ムー 1（Khlong Kum Mu 1）　146

[さ行]

サイデンファデン（Seidenfaden, E.）　6
サナムチャイ水路（Khlong Sanam Chai）　144
サムットサーコン（Samut Sakhon）　86, 142-143
サンチャオ水路（Khlong San Chao）　85
サンペン地区（Sampheng）　3, 55, 112
サンペン道路（Thanon Sampheng）　55, 58, 67, 108, 180-184
シーサクラブー（Sisa Krabue）　151
シーサクラブー水路（Khlong Sisa Krabue）　95
シーサクラブー水路西　95
スキナー（Skinner, G. W.）　8, 126
スターンスタイン（Sternstein, L.）　9, 11, 14, 16, 19, 21, 128, 149, 151
センーンセープ水路（Khlong Saen Saep）　144
外側周環道路（Thanon Rop Phranakhon Chan Nok Kampang）　64, 66, 198-200
外ニューロード（外チャルンクルン道路, Thanon Charoen Krung Nok）　47-48, 50-51, 55, 108, 168-179

[た行]

ターヴィエル（Terwiel, B. J.）　8-9
ターチン川（Tha Chin R.）　71, 86

タナオ道路（Thanon Tanao）　62
タノン・チャルンクルン（Thanon Charoen Krung）　6　→ニューロード（チャルンクルン道路）
タリンチャン水路（Khlong Talingchan）　86
チャオプラヤー河（Chaophraya R.）　iii, 3-4, 71-72
チャルンクルン道路（Thanon Charoen Krung）　iv, 6, 47-50, 54, 146-148　→ニューロード　→内ニューロード（内チャルンクルン道路）　→外ニューロード（外チャルンクルン道路）
ディスクラブー（Dis Krabue）　95, 151
トゥアゴーク小路（Trok Thua'ngok）　106
トムリン（Tomlin, J.）　8
友杉　孝　62-63
トンブリ（Thon Buri）　iii, 3, 71
トンブリ地域　113

[な行]

ニューロード（Thanon Charoen Krung, the New Road）　iv, 6, 47-50, 54, 67, 147　→チャルンクルン道路

[は行]

バーンウェーク水路（Khlong Bang Waek）　81
バーンカピ（Bang Kapi）　145
バーンカワン（Bang Khawang）　53
バーンクラチャン水路（Khlong Bang Krachan）　85
バーンクラディ（Bang Kradi）　86, 96, 98, 143, 151, 155
バーンクンノン水路 2（Khlong Bang Khunnon 2）　86
バーンタトゥン水路（Khlong Bang Tatun）　94
バーンチュアクナン水路（Khlong Bang Chueaknang）　16, 81-82
バーンノーイ水路（Khlong Bang Noi）　81-82
バーンプロム水路（Khlong Bang Phrom）　81, 84
バーンラマート水路（Khlong Bang Ramat）　81,

233

85
バーンワー水路（Khlong Bang Wa）　93
パシチャルン水路（Khlong Pasi Charoen）　71,
　　90, 141-142, 157, 226-228
パドゥンクルンカセム水路（Khlong Phadung
　　Krung Kasem）　62
バムルンムアン道路（Thanon Bamrung
　　Mueang）　6, 48, 60, 185-188
バンコクノーイ水路（Khlong Bang Kok Noi）
　　16, 19, 39, 71-72, 140, 158, 201-207
バンコクノーイ西側　72
バンコクヤイ水路（Khlong Bang Kok Yai）　19,
　　39, 71, 76, 140, 157, 208-215
バンモー道路（Thanon Ban Mo）　62-63
バンランブー・オンアン水路（Khlong Bang
　　Lamphu-Ong'ang）　3
ビルマ　4
フアクラブー（Hua Krabue）　95, 151
フアンナコン道路（Thanon Fuang Nakhon）
　　62-63, 189-192
ポーパント・ウーヤノン（Porphant Ouyyanont）
　　iii, 11, 16, 139

[ま行]
マハチャイ水路（Khlong Mahachai）　71, 86,
　　141-144, 155, 216-225

マルコム（Malcom, H.）　9
マロック（Malloch, D. E.）　8
ミャンマー　4
モーン水路（Khlong Mon）　81, 83
モントン・クルンテープ（Monthon Krungthep）
　　149

[や行]
ヤナワー寺（Wat Yannawa）　147-148
ヤワラート道路（Thanon Yaowarat）　55

[ら行]
ラーマ1世（Rama I）　3, 55
ラタナコーシン島（Ratanakosin Is.）　3, 19, 67,
　　111, 153
ランシット地域（Rangsit）　114
ルアン・ナーワー（Luang Nawa）　51, 53, 179
レック・バーン・クンノンカン水路（Khlong
　　Lek Bang Khunnonkan）　72
ロート水路（Khlong Lot）　3

[わ行]
ワットターイタラート水路（Khlong Wat Tai
　　Talat）　81, 83
ワットナンチー（Wat Nangchi）水路　92
ワニット小路（Soi Wanit）　55

事　項

[あ行]
青物商　40
空き家　11, 55
　空き家率　55, 62
アタップ（ニッパヤシの葉葺き）家屋　77, 82-
　　85, 94-95
アタップ取引　98
家鴨　27-28
アヘン　27, 29-30, 40, 52, 54, 59, 63, 66, 74, 89,
　　104, 114
編み竹壁高床の家屋　66, 74
アムデーン（amdεεŋ）　20, 103
筏上家屋　4
医師　36, 38
板壁家屋（板壁高床の家屋）　74, 83-85
稲作農業　iv, 25, 85, 88-89, 91, 94, 98, 104
衣料　26-27, 31, 40, 59, 61, 63, 73
インド人　20

浮き家　iv, 4, 15-16, 38-40, 42-43, 72-74, 77,
　　89-90, 156
絵師　33-34
家船　72, 74, 76-77
園芸農業　iv, 25, 77, 79, 81-85, 88-91, 93-94,
　　104, 114
王宮　iii, 48, 112, 159
　王宮居住者　18
王室財産局　39, 47-48, 51, 55-56, 60, 67
　王室財産局所有レンガ造り家屋（tuk PPB）
　　40, 60, 62, 66, 114
　王室財産局所有レンガ造り長屋　40, 42
欧米人経営精米所　25
欧米人人口　21
大きく拡散した都市　118, 152-153　→広がり
　の都市
大きな広がりの都　6
男の世界　110

索　引

[か行]
カード手集計　18
家屋群　125-126
家屋形状　80, 135
家屋番号　10, 124
　　家屋番号のつけ方　72
　　奇数家屋番号　77
　　奇数番号家屋　72
　　偶数家屋番号　77
　　偶数番号家屋　72
拡散的存在　111
拡散都市　152
隔離（segregation）の程度　130
貸車庫　53
貸家（借家）　40, 54
鍛冶屋　33-34, 58, 91
菓子類　27, 29
甕類　26-27
官位保持者　22, 48, 51, 104
歓楽　48, 52-54, 59, 67, 74, 79, 89, 104, 114
官吏　iv, 22, 40, 48, 51, 63, 73, 77, 83-84, 99, 104
貴族　63, 73, 77, 82-84
　　貴族所有レンガ造り家屋　40, 43
　　貴族の投資先　42
絹物　40, 59, 61
教師　36, 38
漁業　14-15, 24
居住者民族別家屋数　56
金細工師　33-34
近代的郵便制度　123
キンマ　27, 30-31, 79, 89
果物　27, 29
クルンテープ人口　11, 13, 19
ケーク（Khaek）　13, 20, 79
後期に開発された水路　90
交通運輸業務　53
木の葉壁家屋　83
米屋・米取引　35, 36
コルベー　iv, 15　→徭役従事者
混住　131
　　混住的居住傾向　109
　　他民族との混住　129

[さ行]
酒　iv, 27, 29-30, 40, 52, 54, 59, 61, 63, 66, 104, 114
雑貨　26, 27, 40, 51, 53, 58, 89
市域　19

寺院　11, 18, 78, 93, 95, 151
市街拡張の限界　67
市街部　47
仕立屋　40
質屋　iv, 31-32, 52, 59, 63, 74, 104, 114
失業者　63
自動車交通の発達　116
借家　47-48, 50, 56, 58, 62, 135
　　借家居住者　50
奢侈（化）　48, 59, 67
首位都市（プライメートシティ）　116, 119
集計ミス　18
収録戸主の合計　18
娼家　iv, 31, 52, 54, 62
小人口世界　111
小人口的状況　116
小人口的性格　3
城壁　3-4, 55, 64, 149, 153-154
　　城壁都市　4
職業　52
　　職業記載　22, 25
　　職業構成　63, 66, 134
　　職業選択可能戸主人口　25
　　職業選択の自由　25
　　職業不明者　104, 106
　　職業分類　22
職人　33
食品（食料）　26, 28, 31, 66
女性戸主　103, 131-132
　　女性戸主の比率　108
ショッピングセンター　73, 78, 91
新開地の様相　51
水路　iv, 4, 10, 20, 71, 113
　　水路交通　6
スターンスタインの分類　25
製材業（製材所）　78
製造従事者　25
精米業（精米所）　25, 35-36, 78, 90, 114
鮮魚　27-28
専門化　59, 67
専門職　36, 38
僧衣　40, 61

[た行]
大工　33-34, 40
タイ国郵便制度　10
タイ人　63, 74, 83-85, 88
　　タイ人の関与　74, 76

235

タイ人の割合　20
タイ人女性戸主　104
　　タイ人女性戸主の比率　109
タイ人平民男子　20
高床　15
タバコ　27, 30-31, 40, 66
多民族社会　iv
地域推定　134
チーン（Ciin）　20
茶　27-28
チャクリ王朝　iii, 3
中国人　58, 61, 66, 88
　　中国人移民の減少　137
　　中国人居住区　112
　　中国人の割合　20-21, 29, 54, 89, 109, 125-126, 156
　　中国人家主　58
中心を持つ広がり　112
彫刻師　34
徴税請負人　35-36, 89
低廉な家賃　114
天使の都　6, 112
同化過程　21
投資　55, 60, 67
　　投資の対象　48
東洋のヴェニス　iii, 4, 153
道路建設　112, 114
独立家屋　15
独立集落　95
時計　59
都市概念　111, 118
　　都市概念の欠如　149
　　都市概念の不在　111
都市の広がり　iv
都市の不在　111
賭博　31-32, 40, 52, 54, 59, 74, 104
富籤　32-33, 52, 54, 59, 74, 104
トンブリ王朝　3

[な行]
ナーイ（Naai）　20
長屋　15, 48
日用品　25, 27
農業および漁業従事者　13-15, 23-24
農業従事者　14-15, 24-25, 85-86, 94, 99
　　農業従事者の割合　90
農業地域　134
農業的職業　134

農業的性格　92

[は行]
売春　31-32, 104, 114
バナナ　25, 27, 29
バンコク市域　12, 20, 113, 128
バンコク市域人口　11, 13
バンコク人口　iv, 8-9, 112
バンコクの範囲　21
バンコクの非組織性　126
『バンコク郵便家屋台帳』（郵便局職員のための
　　クルンテープ住民リスト）　iii, 112
販売従事者　25
PPB: Privy Purse Bureau　39　→王室財産局
非都市的要素　134
平土間　15
ビルマ人（モーン人）　98, 156
広がりの都市　99, 118　→大きく拡散した都市
豚　27-28
仏像製作　33
舟大工　79, 89, 93
船　15
ブラッドレーの地図　19
平均世帯員数　13
兵士　18
放射状都市　v, 116
Postal roll　9, 11, 125
法律業　36, 38

[ま行]
マレー人　20
水柄杓　76
都　112
民族構成　66
民族所属　iv, 20, 54, 80
　　民族所属別戸主数　54
民族的隔離　128
民族別人口　12, 20
ムーン・ナーイ（主人）　10, 124, 135
麺類　27, 29
モーン人　98, 144, 156
木造ないし板壁の高床家屋　77
木造平土間家屋　50, 82-83, 92, 95
持家　80

[や行]
野菜栽培　25

索　引

家主　51, 179
郵便家屋台帳　10-13, 15-16, 123, 139
郵便局職員のためのクルンテープ住民リスト
　　iii, 10, 112
郵便住所録　139
郵便制度創設　iii, 124
輸送力　20, 99
徭役従事者　iv, 15, 22-23, 25, 48, 51, 61, 63-64,
　　66, 73-74, 77, 82-84, 104

［ら行］
理髪業　40
レンガ造り家屋（tuk）　20, 38-39, 50-51, 55-56,
　　60, 67, 72
連絡水路　92

237

著者略歴

坪内　良博（つぼうち　よしひろ）
甲南女子大学学長，京都大学名誉教授
1938年京都府に生まれる。京都大学文学部卒業。同大学院文学研究科博士課程修了。京都大学文学博士。
京都大学東南アジア研究センター助手，助教授を経て1982年教授，1993年より同センター所長，1998年大学院アジア・アフリカ地域研究研究科へ移籍，研究科長を経て定年退職。甲南女子大学文学部教授を経て現職。

主要著書
『離婚――比較社会学的研究』（共著），創文社，1970年
『マレー農村の研究』（共著），創文社，1976年
『核家族再考――マレー人の家族圏』（共著）弘文堂，1977年
『東南アジア人口民族誌』勁草書房，1986年
『東南アジアの社会』（編著）弘文堂，1990年
『マレー農村の20年』京都大学学術出版会，1996年
『小人口世界の人口誌』京都大学学術出版会，1998年
『東南アジア多民族社会の形成』京都大学学術出版会，2009年

バンコク1883年――水の都から陸の都市へ
© Yoshihiro TSUBOUCHI 2011

平成23（2011）年3月15日　初版第一刷発行

著　者　坪内良博
発行人　檜山爲次郎
発行所　京都大学学術出版会
　　　　京都市左京区吉田近衛町69番地
　　　　京都大学吉田南構内（〒606-8315）
　　　　電　話（075）761-6182
　　　　FAX（075）761-6190
　　　　URL http://www.kyoto-up.or.jp
　　　　振　替　01000-8-64677

ISBN 978-4-87698-997-3　　　印刷・製本　㈱クイックス
Printed in Japan　　　　　　　装幀　鷺草デザイン事務所
　　　　　　　　　　　　　　　定価はカバーに表示してあります

本書のコピー，スキャン，デジタル化等の無断複製は著作権法上での例外を除き禁じられています。本書を代行業者等の第三者に依頼してスキャンやデジタル化することは，たとえ個人や家庭内での利用でも著作権法違反です。